L'EXPANSION

DE

LA FRANCE

PAR

Louis VIGNON

PROFESSEUR A L'ÉCOLE COLONIALE
ET A L'ÉCOLE DES HAUTES ÉTUDES COMMERCIALES

> « *Vous avez des yeux. Ouvrez-les.
> Regardez un peu plus loin que
> votre arrondissement, votre club,
> votre coterie, votre village.* »
>
> Mac CARTHY.

PARIS

LIBRAIRIE GUILLAUMIN ET Cie

Éditeurs de la Collection des principaux Économistes, du Journal des Économistes
du Dictionnaire de l'Économie politique,
du Dictionnaire universel du Commerce et de la Navigation
RUE RICHELIEU, 14
—
1891

Librairie GUILLAUMIN et Cie, Éditeurs

EXTRAIT DU CATALOGUE

La France dans l'Afrique du Nord. Algérie et Tunisie, par Louis Vignon. 1 vol. in-8° (ouvrage honoré d'une récompense à l'Académie des Sciences morales et politiques). Prix. 7 fr.

Les Colonies françaises, leur commerce, leur situation économique, leur utilité pour la Métropole, leur avenir, par LE MÊME. 1 vol. in-8. Prix.......................... 6 fr.

De la Colonisation chez les peuples modernes, par M. P. Leroy-Beaulieu, membre de l'Institut. 3e *édition*, revue corrigée et augmentée. Prix.......................... 10 fr.

L'Algérie et la Tunisie, par LE MÊME. 1 vol. in-8°. Prix. 8 fr.

Questions coloniales. — Constitution et Sénatus-Consultes, par A. Isaac, sénateur de la Guadeloupe. 1 vol. in-18. Prix.......................... 3 fr.

L'Algérie et les Colonies françaises, par Jules Duval, avec une préface bibliographique sur l'auteur, par M. Levasseur, membre de l'Institut, et une préface de M. Laboulaye, membre de l'Institut. 1 vol. in-8. Prix.......................... 7 fr. 50

Réflexions sur la politique de l'empereur en Algérie, par LE MÊME. 1 vol. in-8. Prix.......................... 2 fr. 50

Étude sur le système colonial, par M. le comte de Chazelles. 1 vol. grand in-8. Prix.......................... 5 fr.

La traite, l'émigration et la colonisation au Brésil, par Ch. Expilly. 1 vol. in-8. Prix.......................... 7 fr. 50

La traite orientale, par M. E.-F. Berlioux, avec une carte des pays parcourus par les traitants. 1 vol. in-8. Prix.... 6 fr.

André Brue, ou l'Origine de la Colonie française au Sénégal, avec une carte de la Sénégambie, par LE MÊME. 1 vol. in-8. Prix.......................... 6 fr.

La colonisation au Brésil, par M. Charles Reynaud, documents officiels. Brochure in-8. Prix.......................... 2 fr.

Études algériennes. — I. L'Algérie politique et économique. II. A travers la province d'Oran. — III. Lettres sur l'insurrection dans le Sud Oranais, par M. Audoyn de Mazer. 1 vol. in-8. Prix.......................... 6 fr.

Algérie et Sahara. Carte et itinéraire de la première mission Flatters, par M. Lucien Rabourdin, membre de la première mission Flatters, professeur d'économie politique. 1 vol. in-8. Prix.......................... 3 fr. 50

La colonisation algérienne au Congrès d'Alger, par M. Georges Renaud, professeur d'économie politique au collège Chaptal. Broch. in-8. Prix.......................... 2 fr.

Considérations sur l'abolition de l'esclavage et sur la colonisation au Brésil, par M. Michaux-Bellaire. Broch. in-8. Prix.......................... 2 fr.

7820-90. — Corbeil. Imprimerie Crété.

L'EXPANSION

DE

LA FRANCE

OUVRAGES DU MÊME AUTEUR

Les Colonies françaises, leur commerce, leur situation économique, leur utilité pour la Métropole, leur avenir. 1 vol. in-8.

La France dans l'Afrique du Nord, Algérie et Tunisie. 1 vol. in-8 2e édition (ouvrage honoré d'une récompense par l'Académie des Sciences morales et politiques).

L'EXPANSION
DE
LA FRANCE

PAR

Louis VIGNON

PROFESSEUR A L'ÉCOLE COLONIALE
ET A L'ÉCOLE DES HAUTES ÉTUDES COMMERCIALES

> « *Vous avez des yeux. Ouvrez-les. Regardez un peu plus loin que votre arrondissement, votre club, votre coterie, votre village.* »
>
> Mac CARTHY.

PARIS
LIBRAIRIE GUILLAUMIN ET Cie

Éditeurs de la Collection des principaux Économistes, du Journal des Économistes
du Dictionnaire de l'Économie politique,
du Dictionnaire universel du Commerce et de la Navigation

RUE RICHELIEU, 14

1891

J'OFFRE

A LA MÉMOIRE DE MA MÈRE

ce livre, — le premier que je publie depuis sa mort.

Je l'offre, dans un sentiment d'inaltérable reconnaissance, à celle dont les conseils et la direction m'ont été si précieux, à celle qui s'est efforcée, en m'élevant pour le travail, de me rendre digne du nom qu'elle me laissait.

Louis VIGNON

INTRODUCTION

Depuis une dizaine d'années on a beaucoup parlé, beaucoup écrit dans notre pays pour et contre la « politique coloniale ».

Dans le même temps la France a considérablement augmenté son domaine d'outre-mer, son « Empire » : elle s'est établie en Tunisie, en Annam, au Tonkin, à Madagascar; elle a acquis de larges territoires en Afrique.

Ces agrandissements, — cette expansion, — n'ont rallié jusqu'à ce jour ni l'unanimité des Chambres ni celle du pays.

L'opinion publique applaudissait à nos victoires, acclamait nos soldats, puis en même temps, par une évidente contradiction, elle écoutait et parfois suivait ceux qui, devant elle, condamnaient la « politique coloniale ». On lui disait alors que la France était inhabile à coloniser, que ses colonies nouvelles ne lui serviraient de rien, que la « politique coloniale », inutile en soi, compromettait, d'autre part, notre sécurité en Europe.

Les esprits étaient à ce point égarés que l'on vit en 1885 des représentants du pays réclamer au Palais Bourbon « l'évacuation du Tonkin ».

Les temps sont passés où une semblable proposition pouvait être formulée. Il est même permis de dire qu'un revirement se fait dans l'opinion lorsqu'on voit combien a été favorablement accueilli, il y a quelques mois, le vote d'une loi douanière indispensable au développement de la Tunisie et combien la France a paru tenir à réclamer sa part dans les récents partages de l'Afrique.

Et, cependant, les Chambres ont refusé hier au Tonkin les sommes indispensables à sa mise en valeur, croyant faire assez en réglant l'arriéré de ses dépenses ; — le gouvernement tarde toujours à suivre résolûment une « politique coloniale », à donner, sur divers points, l'effort nécessaire !

Pourquoi les membres du Parlement sont-ils

aussi timides ? pourquoi l'opinion publique paraît-elle hésiter encore ?

C'est, d'abord, parce que certains hommes ont écrit la condamnation de la « politique coloniale » au nombre des principaux articles de leur programme de *politique intérieure;* c'est, ensuite, parce que l'on a cru souvent que cette politique était chose nouvelle, les arguments présentés pour sa défense improvisés, superficiels.

Ce sont là de graves erreurs ! La « politique coloniale » ne doit, ne peut pas être inscrite sur un programme de *politique intérieure*, car elle est bien au-dessus des disputes des coteries et des groupes; elle est indiscutablement une part de notre *politique extérieure*, de la *politique nationale*. La « politique coloniale » n'est pas non plus une chose nouvelle, car elle est aussi vieille que notre « politique européenne » même; l'histoire de la « France coloniale » se confond avec l'histoire de la « France continentale ».

Les pages qui suivent ont été écrites pour rallier et convaincre les esprits hésitants, leur donner une conception très nette des destinées de la France dans le monde.

Peut-être ce but sera-t-il atteint si, après avoir rappelé les grands faits de notre histoire, la double politique suivie par notre pays depuis quatre siècles, nous parvenons à convaincre le lecteur de la richesse présente et de l'avenir de nos établissements d'outre-mer, — de la grandeur des intérêts matériels et moraux que notre pays possède hors d'Europe.

Alors il n'hésitera plus : il jugera que la *politique nationale* est, en Europe, le « recueillement » et la dignité, — hors d'Europe, la mise en valeur de notre domaine colonial, la défense de notre commerce et de notre légitime autorité morale contre la concurrence universelle des peuples.

L'EXPANSION
DE
LA FRANCE

I

Politique continentale et coloniale de la France du XVIᵉ au XIXᵉ siècle.

La situation géographique de la France explique son histoire continentale et coloniale.
La France en Europe. — Sa double expansion sur le continent et sur les mers.
Premier Empire colonial. — Rivalité entre la France et l'Angleterre pour les colonies. — Fautes de la politique continentale.
Situation actuelle de la France. — Elle a fondé un second Empire colonial.
Plan général des chapitres suivants.

La France au lendemain du traité de Westphalie en 1648, puis trente ans après au lendemain du traité de Nimègue, tient en Europe le premier rang : elle a pris des provinces et des villes ; l'Empire et l'Espagne sont vaincus; l'Angleterre a assisté aux succès de nos armes. Dans les dernières années du xviiiᵉ siècle la Révolution victorieuse de toutes les coalitions porte notre drapeau sur le Rhin; dans les premières années du xixᵉ siècle, Napoléon après avoir étendu son empire en Espagne, en Italie, en Allemagne et jusqu'à quelques lieues de Vienne, laisse notre pays vaincu et mutilé. Aujourd'hui les traités de 1814 et de 1815 sont déchirés, mais la France a perdu, en 1871, deux anciennes provinces, conquêtes de la monarchie, et si elle est toujours une des grandes puissances du continent, la suprématie ne lui appartient plus.

La France, la même France, est à la fin du xviiᵉ siècle au premier rang des puissances coloniales; elle a sur le Portugal, l'Espagne, la Hollande, l'Angleterre même, une avance décidée. Au xviiiᵉ siècle et au commencement du xixᵉ siècle elle perd dans des guerres continentales son « Empire colonial » que recueille l'Angleterre. Aujourd'hui, enfin, elle possède en Afrique, en Asie, en Amérique, en Océanie, d'importantes colonies la plupart acquises ou agrandies dans ces soixante dernières années, ayant ainsi édifié un nouvel « Empire colonial ».

Comment expliquer ces événements européens et extra-européens? comment raconter leur histoire?

Nos historiens ont surtout insisté sur trois ou quatre idées dominantes qu'ils ont dégagées des faits principaux et auxquelles ils voudraient rattacher tous les événements : l'établissement, la grandeur, le déclin et la ruine de la monarchie absolue, — la Réforme et ses conséquences dans les relations entre les États, — la défense par la France contre la maison d'Autriche, puis par l'Europe contre la France du « système d'équilibre ».

Ces événements principaux mis en lumière, développés dans leurs conséquences, suffisent-ils à expliquer les guerres européennes et les entreprises coloniales, les alliances, les succès, les revers, la *politique* de la France et des États européens en rapport avec elle? Cette *politique*, c'est-à-dire *notre histoire extérieure, notre expansion*, en Europe, en Amérique, en Afrique, en Asie, en Océanie pendant quatre siècles, — du XVI⁰ siècle à l'époque actuelle, — ne paraîtrait-elle pas plus claire, ne serait-elle pas à la fois mieux expliquée dans son ensemble et dans chacune de ses manifestations si l'on avait toujours présente à l'esprit, dans l'étude de chaque vénement et la recherche de ses causes, *la situation géographique de la France*, les conséquences « naturelles » de cette situation?

Regardons la carte. Voici dans l'Europe occidentale un pays dont les mers, les montagnes et les fleuves ont nettement indiqué les limites : il est compris entre la mer du Nord, la Manche, l'Océan Atlantique, les Pyrénées, la Méditerranée, les Alpes, le Jura et le Rhin. Ce pays, c'est la Gaule de l'Empire romain et de l'Empire de Charlemagne, c'est la France de la Révolution au lendemain du traité de Campo Formio[1].

Le simple examen d'une semblable situation géographique ne fait-il pas pressentir quelle sera la *politique*, l'*expansion*, de ce pays? N'est-il pas évident qu'elle sera double, qu'elle devra être double : d'une part *maritime et coloniale*, de l'autre *continentale*?

Les côtes de la Manche et de l'Océan, — celles de la mer du Nord n'ont été françaises que pendant quelques années, — se développent sur une longueur de plus de 1,500 kilomètres et regardent le Nouveau Monde. La nature en les dessinant y a

---

[1] L'Empire romain et l'Empire franc dépassèrent la limite du Jura et comprirent l'Helvétie.

L'Helvétie, c'est-à-dire les bassins du Haut-Rhône et du Haut-Rhin, appartient assurément à la « région française »; toutefois la ceinture de montagnes qui l'entoure la constitue en quelque sorte à l'état d'unité géographique. Cette situation « naturelle » si nettement accusée explique comment la Suisse put gagner son indépendance dès les premières années du xive siècle et comment depuis elle n'a jamais été conquise par ses voisins. Ce qui importe à la France ce n'est point, ce n'a jamais été, la possession de l'Helvétie, mais la neutralité de ce pays afin qu'il ne soit jamais un passage ouvert à nos ennemis.

ménagé de nombreux abris, creusé plusieurs ports; les populations riveraines habituées à la mer, sollicitées par le murmure des flots, seront braves sur les navires, habiles au commerce, audacieuses dans la découverte et la colonisation des terres lointaines. Trois fleuves, la Seine, la Loire et la Garonne sont, en outre, des voies de tout temps ouvertes au commerce, des routes d'une navigation facile qui assurent la circulation des produits des rives de l'Océan au centre de la France; à l'embouchure de ces fleuves se fonderont de grands ports où viendront s'échanger les marchandises de l'Amérique et de l'Afrique.

Sur la Méditerranée, du cap Cerbère à la Roya, nos côtes ont une étendue de 615 kilomètres. Six cents ans avant notre ère les Phocéens ont fondé sur ces rivages, dans une heureuse situation, une colonie qui, depuis ces temps lointains, n'a cessé de se développer. Le Rhône et la Saône relient la vieille cité au bassin de la Seine et font de cette ville le lieu de passage, l'entrepôt naturel des produits de notre pays et de ceux du Levant.

Ainsi la France se trouve posséder une situation maritime privilégiée : elle entretiendra ses escadres à la fois sur l'Océan et la Méditerranée; ses navires marchands, ses colons, pourront, en franchissant l'Océan, se rendre en Amérique, en Afrique et aux Indes, — par la route du Cap, à la suite des Portugais ; — en même temps ils atteindront en traversant la Méditerranée l'Égypte, les Échelles, Constantinople, et plus tard, dans la seconde partie de ce siècle, les Indes par le canal de Suez.

La Seine, la Saône et le Rhône, la Garonne et l'Aude sont des routes naturelles qui rendent facile le passage d'une mer à l'autre, plus facile même qu'il n'est à travers la péninsule Ibérique coupée de nombreuses sierras.

L'Angleterre, rejetée à l'ouest de l'Europe entre la mer du Nord et l'Océan, l'Italie, enfermée dans le bassin de la Méditerranée, ne sont assurément pas aussi heureusement placées que la France pour leurs relations maritimes. « Il semble, avait remarqué Richelieu, que la nature ait voulu offrir l'empire de la mer à la France par l'avantageuse situation de ses deux côtes, également pourvues d'excellents ports, aux deux mers Océane et Méditerranée. »

Mais en même temps que notre pays est baigné par deux mers il tient au continent : Au midi la barrière des Pyrénées sépare la France de l'Espagne ; ses deux portes, le versant nord de la Navarre et le Roussillon, sont fermées depuis Henri IV et Louis XIV ; — au sud-est, la ligne des Alpes conquise d'abord par la Révolution est définitivement assurée depuis 1860 ; — à l'est, la Franche-Comté qui s'étend jusqu'au Jura est une acquisition du traité de Nimègue ; — enfin, à l'est et au nord-est coule le Rhin, limite naturelle, mais nous ne touchons plus à la rive gauche du Rhin. Cette rive n'a été d'ailleurs notre frontière, de Bâle jusqu'à la mer, que durant quelques années entre 1797 et 1814, car l'ancienne monarchie, si elle possédait l'Alsace depuis le traité de Westphalie, n'avait jamais conquis les Pays Rhénans et la Belgique. Les alliés nous laissèrent l'Alsace en 1815, la Prusse nous l'a arrachée en 1871.

Le Rhin est le point faible de cette frontière continentale ; il n'est pas infranchissable, ce n'est pas un « mur » comme la chaîne des Pyrénées ou celle des Alpes ; tout au contraire : tandis que les habitants des deux versants opposés d'une montagne se tournent le dos, les populations établies sur les rives d'un fleuve se regardent, et « les fleuves sont des chemins non seulement dans le sens de leur longueur, mais aussi dans le sens de leur largeur [1] ». C'est par le Rhin que les Barbares ont envahi la Gaule ; trois grands cours d'eau, la Moselle, la Meuse et l'Escaut ouvrent à travers la France des routes naturelles aux armées envahissantes ; les territoires de la rive gauche du Rhin,

[1] P. Foncin, *La formation territoriale des principaux États civilisés. Revue de géographie*, janvier 1887, Charles Delagrave, éditeur, Paris.

les vallées de la Moselle et de la Meuse forment une zone mixte où les races se sont rencontrées, confondues, souvent heurtées.

La constatation de ce fait géographique qu'entre le fleuve et la vallée de la Seine aucun obstacle ne s'élève, que les Vosges et les Ardennes ne forment pas une « barrière » ni même une frontière solide, amène à reconnaître que la France est une puissance continentale avant d'être une puissance maritime et coloniale. Si les flots de l'Océan et de la Méditerranée la sollicitent au commerce, à la colonisation, sa situation continentale ne lui permet pas, d'autre part, de se désintéresser des questions européennes. Elle a des intérêts vitaux au midi, au sud-est, à l'est, au nord-est, des frontières à conquérir et à garder ; ouverte du côté du Rhin, il lui faut toujours craindre une attaque facile à ses voisins ; enfin, elle doit avoir pour assurer son indépendance et sa liberté le constant souci du maintien d'un juste équilibre parmi les nations du continent.

La situation géographique qui vient d'être brièvement décrite a certainement apporté déjà dans l'esprit une vue plus nette des conditions dans lesquels s'est développée notre histoire.

L'Angleterre isolée par « la ceinture d'argent » qui l'entoure, n'appartenant à l'Europe qu'autant qu'il lui convient, peut, lorsque l'Irlande est vaincue, l'Écosse réunie, employer toute son activité, toutes ses forces au commerce et à la colonisation. L'Allemagne, placée au centre du continent, ne touchant ni à l'Océan ni à la Méditerranée, dont les côtes, sur leur plus grande longueur, sont baignées par une mer septentrionale, est une contrée beaucoup plus continentale que maritime ; elle doit vivre exclusivement en Europe et y soutenir pendant longtemps mille luttes à la fin desquelles elle trouvera, enfin, son unité. La France, au contraire, possédant les limites maritimes que nous venons de rappeler, ayant de bonne heure conscience des frontières continentales qu'elle doit prétendre, une, d'ailleurs, sous la main de son roi, doit agir, se développer *naturellement*, fatalement même sur deux théâtres : sur les mers et sur le continent. On peut prétendre, sans aucun doute, en s'abandonnant aux hypothèses, que si tel fait ne s'était pas produit, si telle guerre n'avait pas été déclarée, la France n'aurait pas éprouvé tel échec, perdu telle colonie ou telle province. Mais la libre puissance d'action des individus et des peuples est limitée par la volonté supérieure de la nature qui a écrit sur la carte du monde les aptitudes des habitants et les destinées des régions : or, il n'est pas possible de concevoir la France, puissance maritime, sans flottes ou sans colonies, la France, puissance continentale, sans armées, étrangère aux luttes entre les nations européennes.

Dès la seconde moitié du xiv° siècle les Dieppois et les Rouennais visitent la côte occidentale d'Afrique ; au xv° siècle Jean Cousin parcourt l'Atlantique ; dans les premières années du xvi° siècle Paulmier de Gonneville et Denis de Honfleur touchent au Brésil, puis après eux Jacques Cartier entre dans le Saint-Laurent. Les voies sont désormais ouvertes : nos armateurs et nos émigrants des côtes de l'Océan abordent dans l'Amérique du Nord et aux Antilles, fondent des établissements, les développent, les rendent prospères ; au xvii° siècle et dans la première moitié du xviii° ils doublent le cap de Bonne-Espérance, débarquent à Madagascar, à Bourbon, à l'Ile de France et aux Indes où ils jettent les bases d'un empire. D'un autre côté, les Marseillais commercent avec toutes les contrées du bassin de la Méditerranée : jusque dans les premières années du xvi° siècle, — époque de la conquête du Magreb par les frères Barberousse, — ils ont avec cette région un important mouvement d'affaires ; contrariés alors par les Turcs de l'Afrique du Nord ils portent au xvi°, au xvii° et au xviii° siècle leur activité commerciale dans la Méditerranée orientale, et fondent, à l'abri des Capitulations, des comptoirs, des « colonies franques », en Égypte, en Asie Mineure, dans la Turquie d'Europe de Constantinople à la pointe septentrionale de la Morée [1].

Dans ce grand mouvement d'expansion sur toutes les mers qui atteint son plus large développement à la fin du XVIIe siècle, la France rencontre en pleine prospérité une rivale, une ennemie : l'Angleterre. L'Angleterre est une île ; sa situation géographique et l'amour du déplacement, qui est un des traits essentiels du caractère de ses habitants, la destinent au commerce et aux entreprises coloniales. Si elle n'a pas l'avantage d'être, comme la France, placée à la fois sur deux mers, elle en possède un autre beaucoup plus précieux : rejetée à l'ouest de l'Europe, appartenant, à volonté, à l'ancien monde ou au nouveau, protégée par les flots contre toutes les tentatives d'invasion, elle est insaisissable, gardée contre toutes les attaques. Lorsqu'au XVIIIe siècle elle commence à prétendre à la domination universelle des mers, elle encourage en Europe les ennemis de la

[1] Nous définirons une « colonie » une réunion d'hommes qui quittent leur pays pour aller s'établir au loin sur un territoire étranger, une communauté qui tire son origine d'une mère patrie et qui tantôt reste avec elle dans une relation de dépendance (« colonie d'État »), tantôt, au contraire, n'est tenue que par un sentiment de parenté (« colonie libre »).

France, profite de ses fautes de puissance continentale, noue, sans jamais se lasser, des coalitions européennes qu'elle soutient plus par ses subsides que par ses soldats. Alors, pendant que nos armées combattent sur le continent, les Anglais portent tous leurs efforts contre nos colonies, abandonnées à leurs seules ressources, et s'en emparent. C'est ainsi que de 1713 à 1814 la France perd son « Empire colonial [1] ».

Pourquoi subissons-nous, du fait de l'Angleterre, de pareils revers, une diminution aussi sensible? C'est précisément parce que la France est une puissance continentale en même temps qu'une puissance coloniale, c'est qu'elle est surtout, ainsi que nous l'avons montré, une puissance continentale.

Faut-il rappeler l'histoire? Lorsque la guerre de Cent ans est terminée, la résistance des grands vassaux brisée, lorsqu'au commencement du XVIᵉ siècle « la France est faite », il faut aussitôt qu'elle défende sa liberté contre l'ambition de la puissante maison d'Autriche. Celle-ci vaincue, nos frontières

---

[1] Cet ouvrage sur l'expansion continentale et coloniale de la France se rencontre en plusieurs points avec les remarquables leçons de M. Seeley, professeur à l'Université de Cambridge sur l'*Expansion de l'Angleterre*. Cela n'a d'ailleurs rien que de naturel, M. Seeley étudiant les causes qui ont amené la suprématie maritime et coloniale de son pays. — Traduction française chez Armand Colin, éditeur, Paris.

des Pyrénées et du Jura assurées, la médiation de la France dans les affaires d'Allemagne acquise par le traité de Westphalie, Louis XIV, égaré par ses succès, fait alors la guerre pour établir sa suprématie en Europe. Il a élevé la France au premier rang des nations, mais il la laisse vaincue et déjà diminuée. Après lui, Louis XV est entraîné par ses courtisans et ses maîtresses dans des guerres impolitiques sur le continent à l'heure où il faudrait défendre nos colonies contre l'Angleterre. Vingt-six ans plus tard éclate la Révolution française : Au siècle précédent la Révolution d'Angleterre, — de la nation insulaire, — s'est accomplie sans être menacée d'aucune intervention ; la Révolution de la France continentale doit, au contraire, se défendre contre les monarchies européennes coalisées et conduites par l'Angleterre libérale. La République et l'Empire triomphent de ces coalitions ; mais comme Louis XIV, Napoléon victorieux prétend rompre le « système d'équilibre » et dominer l'Europe, — il est vaincu.

C'est ainsi qu'en 1713, 1763, 1814, la France puissance continentale perd ses colonies sur les champs de bataille européens sans avoir jamais fait une guerre coloniale.

Mais les traités de 1815, les désastres de cette année terrible ne laissent point la France longtemps abattue ; ses révolutions intérieures n'empêchent ni son relèvement, ni ses progrès. En 1860 elle recouvre le comté de Nice et la Savoie — la frontière des Alpes, — et malgré le traité de Francfort qui, en 1871, lui a enlevé deux provinces, la Lorraine et l'Alsace, elle est aujourd'hui une des grandes puissances de l'Europe. Dans le même temps la Fortune l'a mieux servie sur l'océan que sur le continent : ses escadres, ses navires de commerce promènent son pavillon sur toutes les mers ; l'Algérie, la Tunisie, le Sénégal, le Congo, Madagascar, l'Indo-Chine sont de riches colonies de grand avenir dont la possession nous rend moins sensible la perte du Canada et de l'Inde : nous avons acquis un nouvel « Empire colonial ». Un trait toutefois assombrit ce tableau : au moment où la France, puissance maritime et coloniale, s'établit en Tunisie et en Indo-Chine, elle éprouve, à la suite d'une faute politique qu'il était facile d'éviter, un grave échec en Égypte, — échec qui affecte la grande situation que notre pays a conquise dans le Levant par son commerce et sa politique.

L'objet de cet ouvrage est de retracer, suivant les vues qui viennent d'être exposées, la politique continentale et coloniale de la France du xvi° siècle à l'heure présente, de montrer l'*expansion* de notre pays en Europe et hors d'Europe durant quatre siècles.

Il ne s'agit pas, toutefois, de raconter les règnes, les guerres, les batailles et les traités. Un simple « catalogue chronologique » suffira pour dégager bien nettement le dessin général de notre histoire extérieure, la tendance invariable des affaires françaises depuis François Ier jusqu'à la troisième République. On verra par ce simple « catalogue » que tous les faits, nos guerres sur le continent aussi bien que nos entreprises sur les terres lointaines, trouvent leur cause, leur raison d'être dans la situation géographique de la France.

Mais en même temps que les noms des plus fameuses batailles livrées sur le continent seront à peine cités et seulement pour rappeler les grandes lignes de notre histoire européenne, l'expansion de notre pays en Amérique, en Afrique, en Asie, en Océanie, fournira matière à une étude détaillée. On verra François Ier et Henri IV encourager la fondation des premières colonies, Richelieu et Colbert doter la France — grande sur le continent, — d'un Empire d'outre-mer, Louis XV perdre cet Empire et Napoléon le laisser plus réduit encore. En poursuivant l'histoire durant ce siècle on assistera sous Charles X, Napoléon III et la République, à la reconstitution d'un nouvel « Empire colonial ».

Enfin on apprendra, dans un dernier chapitre, que l'autorité morale, l'influence, le commerce, la langue, de la vieille nation française ne se rencontrent point seulement dans ses colonies, mais aussi en plusieurs contrées du monde, comme des témoignages certains de la grandeur et de la vitalité de la patrie[1].

[1] L'histoire de notre pays depuis François Ier jusqu'à nos jours se divise, — si l'on néglige, ainsi qu'il convient, les distributions arbitraires par « règne » qui ne répondent à aucune vue logique, — en quatre grandes périodes, quatre grandes étapes :

1515-1688 : La France établit sa suprématie en Europe par des « guerres politiques » et fonde un « Empire colonial » ;

1688-1792 : La France fait en Europe des « guerres impolitiques » qui lui coûtent ses colonies ;

1792-1815 : La Révolution donne à la France ses frontières naturelles ; Napoléon les lui fait perdre ainsi que ses dernières colonies ;

1815-1890 : La France, en Europe, remporte des succès et subit des revers ; par delà les mers elle fonde un nouvel « Empire colonial. »

Ces quatre périodes font chacune l'objet d'un chapitre (chapitres II à V), puis les deux suivants (VI et VII) sont consacrés, l'un à la description de notre « Empire colonial » actuel, l'autre aux « colonies libres » de la France en Amérique, en Orient et en Extrême-Orient. Enfin un dernier chapitre dégage les conclusions de l'ouvrage.

II

Politique continentale et politique coloniale de 1515 à 1688 [1].

La France en 1515.
François Ier commence la lutte avec la maison d'Autriche et fonde nos premières colonies. — Les Capitulations et le commerce de Marseille.
Règne de Henri IV.
Politique continentale de Richelieu. — Les traités de Westphalie et des Pyrénées. — La Ligue du Rhin.
Politique coloniale de Richelieu. — Acquisitions en Amérique et en Afrique. — Comment se peuplent nos colonies. — Les compagnies privilégiées. — Le commerce de Marseille dans le Levant. — Développement parallèle des colonies anglaises.
Guerres d'ambition de Louis XIV en Europe. — Ministère de Colbert. — État des colonies françaises et anglaises lorsqu'il prend les affaires. — Sa politique coloniale. — Régime commercial de nos possessions. — Les grandes compagnies des Indes occidentales et des Indes orientales. — Prospérité de nos colonies. — Étendue de notre premier

[1] Les ouvrages historiques qui ont été consultés pour ce chapitre et les trois suivants sont : les *Histoire de France* de Michelet, Henri Martin et Théophile Lavallée, le *Précis de l'histoire moderne* de Michelet et l'*Europe militaire et diplomatique au XIXe siècle*, de Frédérick Nolte.

Empire colonial. — Importance du commerce de Marseille dans le Levant ; sa réglementation. — Influence politique de la France en Orient.

Grandeur de la France en Europe et sur les mers en 1688.

Le règne de François Iᵉʳ (1515-1547) est le point de départ de la première période de notre histoire ; c'est la plus glorieuse. De 1515 à 1688 la France, définitivement constituée, formant une nation, n'entreprend que des « guerres politiques », des « guerres nécessaires ». Toutes sont heureuses. Elle lutte d'abord pour défendre son indépendance contre la puissante maison d'Autriche, puis elle enlève successivement aux deux branches de cette maison, — la branche allemande et la branche espagnole, — les trois évêchés de Lorraine, l'Alsace, l'Artois, le Hainaut, la Flandre, le Roussillon, la Franche-Comté, provinces indispensables à sa sécurité. Par une conséquence naturelle de ses victoires elle acquiert en Europe le premier rang.

Dans le même temps nos populations maritimes de l'Océan colonisent le Canada, les Antilles, prennent possession de territoires considérables dans l'Amérique du Nord, débarquent à Bourbon, à Madagascar et dans l'Inde, tandis que d'un autre côté les négociants marseillais augmentent chaque année le mouvement de leurs affaires avec les populations du bassin oriental de la Méditerranée.

En 1515 la guerre de Cent ans est terminée depuis près d'un demi-siècle; Louis XI a brisé la résistance de ces grands qui « aiment tant le royaume de France qu'au lieu d'un seul ils en auraient voulu six »; les guerres d'Italie, — guerres de chevalerie entreprises sans raison, faites sans profit, — vont finir au traité de Noyon (1516). La France est loin de posséder ses limites naturelles. Le traité de Verdun les lui a enlevées en 843. Bien qu'elle se soit récemment agrandie de la Bourgogne, de la Provence et de la Bretagne, sa superficie ne représente pas les quatre cinquièmes de ce qu'elle est aujourd'hui. Il lui manque : au Nord, Calais, — au Nord-Est et à l'Est, une bande comprenant l'Artois, la Flandre et le Hainaut, la Lorraine et l'Alsace, la Franche-Comté, la Bresse, le Bugey, la Savoie et Nice, — au Sud, le versant nord de la Navarre, la Cerdagne, le Roussillon, et, dans la Méditerranée, la Corse. A l'intérieur plusieurs petites principautés, dont la plus importante est le comtat d'Avignon, sont indépendantes.

Mais tel qu'il est ainsi, avec ses frontières ouvertes, notre pays est déjà une nation : il a sa langue, sa religion, son histoire, ses souvenirs; la résistance aux Anglais, l'épopée de Jeanne d'Arc ont éveillé le sentiment national; la politique royale a saisi la bourgeoisie et le peuple; — la nation est dans les mains de son roi, elle a une armée, elle est prête à faire face au péril extérieur, on peut dire que *la France existe.*

A ce moment même se constitue sur ses frontières une puissance formidable faite d'une informe agglomération de royaumes réunis dans les mêmes mains : Charles Ier d'Espagne, fils de Philippe le Beau archiduc d'Autriche et de Jeanne la Folle fille de Ferdinand et d'Isabelle et héritière de Castille, est élu empereur d'Allemagne sous le nom de Charles-Quint (1519). Il possède l'Espagne et Naples, les Pays-Bas et l'Autriche, il est empereur; Fernand Cortez et Pizarre font pour lui la conquête du Mexique et du Pérou; son ambition menace la France; il l'enserre : La prendra-t-il ?

C'est alors qu'éclate une guerre sanglante entre François Ier et Charles-Quint. Le roi de France défend à la fois, contre la maison d'Autriche, l'indépendance de son royaume et ce que l'on a appelé le « système d'équilibre ». François est plusieurs fois vaincu, mais son fils Henri II (1547-1559) reprend l'avantage. En 1556, Charles abandonné par la fortune « qui n'aime pas les vieillards » laisse l'Empire à son frère Ferdinand, l'Espagne à son fils Philippe, faisant ainsi deux parts de son lourd héritage. Les hostilités continuent pendant trois ans entre Henri II et Philippe II.

Le premier acte de la longue rivalité entre la France et la maison d'Autriche se termine au traité de Cateau-Cambrésis (1559) : Philippe vaincu abandonne les trois évêchés de Lorraine, Metz, Toul et Verdun, dont la possession ouvrira cette province à la France en même temps qu'elle couvrira la Bourgogne et la Champagne; les Anglais, alliés du roi d'Espagne, doivent renoncer à Calais, dernière place qu'ils tiennent dans notre pays.

En même temps qu'il luttait sur le continent, pour assurer la liberté de son royaume, François Ier faisait de notre expansion au dehors une « affaire de roy ». Déjà, nos hardis marins des ports de l'Océan visitaient la côte occidentale de l'Afrique depuis un siècle et demi et celle du Brésil depuis quelques années, tandis que les négociants marseillais commerçaient avec tout le bassin de la Méditerranée.

François Ier, en cela précurseur de Richelieu, s'intéresse à ces tentatives, assure aux entreprises privées l'appui de la couronne, adoptant ainsi le premier « une politique maritime, commerciale et coloniale ».

Il entretient une flotte sur l'Océan, commandée par l'amiral du Ponant, une autre sur la Méditerranée, aux ordres de l'amiral du Levant; il fonde le port du Havre. L'Italien Giovanni Verazzano est chargé par lui d'explorer les côtes de l'Amérique du Nord, de la Georgie au cap Breton; il visite Terre-Neuve. Après Verazzano, un Français, Jacques Cartier, entre dans le fleuve Saint-Laurent (1534-1535), fonde nos premiers établissements au Canada, région fertile et tempérée, que plus tard on appellera « la Nouvelle-France ».

L'alliance de François Iᵉʳ avec Soliman dans ses guerres contre Charles-Quint, — « alliance impie et monstrueuse du croissant et des fleurs de lis » —, a, d'autre part, pour conséquence la signature d'un acte dont la portée sera considérable.

Depuis le moyen âge, les négociants marseillais entretenaient un important mouvement d'échanges avec les populations musulmanes du Magreb, avec Jérusalem, la Syrie et l'Égypte. La conquête d'Alger et de Tunis par les frères Barberousse (1515-1535) qui venait de faire de ces deux villes commerçantes des nids de pirates, — « une République de larrons », — obligeait nos négociants à restreindre leurs affaires avec le Magreb et les incitait à porter leur activité vers les riches provinces de l'Empire ottoman. C'est précisément à ce moment que François Iᵉʳ traite avec la Sublime Porte. Les « Capitulations » de 1535, qui seront confirmées, étendues, à différentes dates par des « lettres patentes » ou de nouvelles « Capitulations » accordées par les successeurs de Soliman, assurent aux rois de France le protectoral des chrétiens d'Orient et des Lieux Saints, transforment les comptoirs de nos marchands en « colonies franques » placées sous l'autorité et la juridiction de leurs consuls, indépendantes des fonctionnaires turcs, obligent, enfin, toutes les puissances chrétiennes à ne naviguer dans les mers ottomanes que sous pavillon français, ce qui constitue, en quelque sorte, notre nation comme l'intermédiaire unique entre l'islamisme et l'Europe trafiquante[1].

C'est ainsi qu'à l'abri de ces actes, dont le respect sera constamment exigé par nos ambassadeurs à Constantinople, les Marseillais fonderont dans le Levant des colonies d'une nature particulière.

Lorsque nos compatriotes des rives de la Manche, les Dieppois, les Rouennais, les Bretons, les Saintongeois, les Rochellois, débarquent dans l'Amérique du Nord, aux Antilles, ils ne trouvent devant eux que des peuplades clairsemées, sauvages et misérables ; ils les refoulent, les soumettent ou en font des alliés, puis arrivent en nombre dans le but de peupler et de cultiver les régions nouvelles : leurs établissements sont ce que l'on pourrait appeler des « colonies d'État », terres conquises, propriété, accroissement de la nation colonisatrice. Les éta-

---

[1] Les Génois et les Vénitiens paraissent avoir obtenu des Capitulations de la Porte avant notre pays, mais elles n'eurent jamais l'importance des nôtres.

blissements des Provençaux dans les Échelles ont un caractère tout autre parce qu'ils sont établis dans un milieu bien différent. Les Marseillais rencontrent, en effet, dans le bassin de la Méditerranée orientale, non des tribus sauvages, mais un État organisé, puissant même, capable de résistance si on tentait de lui enlever quelque province, d'ailleurs suffisamment fort et policé pour qu'il soit possible de nouer avec lui des relations politiques et commerciales. En présence d'un pareil état de choses les Marseillais ne sauraient songer comme leurs compatriotes des rives de l'Océan à conquérir les lieux où ils débarquent; ils ne fondent point des « colonies d'État » sur une terre devenue française, mais des « colonies libres » sur une terre demeurée étrangère.

Les négociants marseillais jouissaient en Orient d'une situation privilégiée avant même que les Capitulations de 1535 fussent signées. A cette date ils possédaient déjà des comptoirs à Tripoli de Syrie, Beyrouth, Chypre, Alexandrie, Alexandrette, Alep et Constantinople. La politique inaugurée par François Ier allait leur assurer une protection nouvelle, encourager leurs efforts et leurs initiatives[1].

---

[1] Dès 1478, quelques négociants Provençaux avaient obtenu des Turcs le privilège exclusif de la pêche sur la côte africaine s'étendant de Tabarca à Bougie. Ce privilège fut confirmé dans les Capitulations de 1535 et les Provençaux n'ont jamais

Les guerres de religion qui ensanglantent les règnes de François II, Charles IX et Henri III (1559-1589) arrêtent pour un temps le développement de la France moderne. C'est une époque de luttes civiles et de haines au milieu desquelles la politique nationale, les intérêts du pays sont oubliés : Charles IX n'ose soutenir en Europe les Pays-Bas révoltés (parti protestant) contre Philippe II (parti catholique) et, en Amérique, il n'a pas l'énergie de soutenir les tentatives coloniales de Coligny au Brésil et en Floride [1]. Henri III doit, pour obéir aux volontés de la Sainte-Ligue, éconduire les ambas-

cessé depuis cette époque jusqu'à la conquête de l'Algérie, de posséder en ces lieux des établissements protégés par un fortin. Richelieu et Louis XIV durent même défendre le « Bastion de France » contre les vexations des Barbaresques.

[1] L'amiral de Coligny poursuivit par deux fois au milieu des guerres religieuses de l'époque l'idée de donner à son pays une colonie dans les « terres chaudes » de l'Amérique.

En 1555, il envoya Villegagnon au Brésil où il rêvait de fonder une « France antarctique ». L'expédition mal commandée, divisée par des querelles religieuses, attaquée par les Portugais qui se prétendaient les maîtres de la contrée, échoua bientôt.

Peu d'années après (1562), l'amiral dirige Jean Ribaud et Laudonnière vers la Floride. Ils baptisent la colonie nouvelle du nom de Caroline en l'honneur du roi, établissent quelques colons, mais se voient bientôt attaqués par les Espagnols qui, sur cette terre, comme les Portugais au Brésil, réclament un droit de priorité. En 1565, alors que les cours de Madrid et de Paris sont en paix, les Espagnols massacrent les Français et les chassent. Charles IX reste indifférent à cet affront.

sadeurs hollandais qui viennent lui offrir la souveraineté de provinces dont la possession étendrait le royaume de France jusqu'aux bouches du Rhin; — enfin, honte dernière, le parti catholique des Ligueurs appelle l'étranger (Philippe II) à son secours.

Henri IV (1589-1610) triomphe enfin et délivre à la fois le royaume du péril intérieur et du péril extérieur. En 1598, il assure par l'édit de Nantes la paix des consciences et refait l'unité morale du pays. La même année, il contraint Philippe à renoncer à ses prétentions sur son royaume et à signer le traité de Vervins, confirmation de celui de Cateau Cambrésis. Peut-être ferait-il plus, si la mort ne le surprenait pas, car il a en même temps que la haine de la maison d'Autriche la sensation de la frontière et le désir de « rendre le Rhin la borne de la France. »

Cependant, tandis que la France renaît, l'Espagne demeure épuisée et amoindrie : les guerres malheureuses de Charles-Quint et de Philippe II, la destruction de l'Invincible Armada (1588), la séparation des Provinces-Unnies (1609) sont des désastres dont la branche espagnole de la maison d'Autriche ne se relèvera pas.

Pendant qu'il défendait victorieusement son royaume sur le continent, qu'il l'étendait même vers les Pyrénées et le Jura par l'annexion du versant nord de la Navarre, de la Bresse et du Bugey, Henri IV poursuivait en Amérique la politique coloniale inaugurée par François Ier. Il entretenait un lieutenant-général au Canada et donnait comme limite sud à cette possession le 40e degré de latitude, revendiquant ainsi pour la « Nouvelle France » les territoires qui forment aujourd'hui l'Amérique anglaise et la partie septentrionale des États-Unis jusqu'à Philadelphie. Sous son règne les côtes et le Saint-Laurent sont explorés, Poutrincourt et de Mons fondent Port-Royal en Acadie (1605), Champlain élève les premières constructions de Québec sur la rive gauche du Saint-Laurent (1608), découvre les grands lacs; des colons s'établissent, des relations commerciales se nouent. Enfin, dans l'Amérique du sud, un cadet de Gascogne, Adalbert de la Ravardière, prend possession de la Guyane, — « la France équinoxiale, » — au nom du roi.

A ce moment où les premières colonies de la France se développent, où les Marseillais commercent presque seuls en Orient, où le Portugal, l'Espagne, la Hollande sont des puissances coloniales et maritimes, l'Angleterre paraît bien éloignée des destinées qui l'attendent. Jusqu'au règne de la grande Élisabeth, contemporaine de Henri IV, les Anglais sont, en effet, demeurés sans entendre dans le murmure des flots qui battent leurs rivages les voix qui leur promettent l'empire des mers. C'est seulement en 1584 que Walter Raleigh conduit quelques émigrants en Virginie et à cette époque la marine anglaise est encore dans l'enfance. Il est vrai que nous verrons dans peu d'années la puissance dernière venue dans les affaires coloniales progresser rapidement et tirer de nombreux avantages de sa situation insulaire.

Sous le règne de Louis XIII (1610-1643) et l'administration de Richelieu (1624-1642) la double politique continentale et coloniale de la France se dessine plus nettement encore qu'à l'époque précédente. Notre pays vient d'ailleurs à la conscience de ses destinées : le proverbe dit :

> Quand Paris boira le Rhin
> Toute la Gaule aura sa fin,

les géographes ajoutent : « de la Belgique, le roi de France ne tient que la seule Picardie, et c'est ici que gît une des principales pertes de nos rois sur la possession de leur ancien héritage [1]; » enfin, Richelieu observe que « la nature a offert l'empire de

[1] Cité par Gabriel Hanotaux, *La France en 1614*. — *Revue des Deux-Mondes*, 15 juillet 1890.

la mer à un pays également pourvu d'excellents ports sur les mers Océane et Méditerranée. »

Une compréhension aussi claire de notre situation géographique, de ses exigences et de ses avantages sera récompensée par de grands résultats.

Tandis qu'à l'intérieur le premier ministre affermit l'autorité royale et brise la résistance du parti calviniste pour consolider l'unité nationale, il poursuit au dehors à la fois l'abaissement de la maison d'Autriche, le développement de notre commerce et de nos colonies. Une semblable politique aura pour conséquence l'expansion de notre pays en Europe et par delà les mers.

A ce moment, la maison d'Autriche tenait encore l'héritage presque entier de Charles-Quint. La branche espagnole, bien que déjà vaincue et amoindrie, possédait l'Espagne et ses colonies (auxquelles furent unis pendant soixante années le Portugal et les colonies portugaises de 1580 à 1640), Naples, le Milanais, la Valteline — par où se touchaient les possessions italiennes et allemandes des deux branches de la maison d'Autriche, — les Pays-Bas. La branche allemande avait l'Autriche, la Hongrie, la Bohême, la Moravie, l'Alsace et la couronne impériale.

Richelieu ruina d'abord l'influence autrichienne en Italie ; il la fit ensuite attaquer dans l'Empire par

2.

Gustave Adolphe, — c'est la « période suédoise » de la guerre de Trente ans, — puis, enfin, la France intervint directement en 1635 dans la guerre d'Allemagne. La même année le cardinal déclare la guerre à l'Espagne. Nos soldats remportent alors de glorieuses victoires sur les Impériaux et les Espagnols, nos flottes triomphent dans plusieurs combats des marins de la péninsule. La mort de Richelieu, celle de Louis XIII n'interrompent point les hostilités (victoires de Condé et de Turenne, Rocroy, Fribourg, Nordlingen, Lens, Sommershausen). Les traités de Westphalie (1648) et des Pyrénées (1659), consécration de la politique du « cardinal d'État », appartiennent par leurs dates à l'administration de Mazarin.

Le premier de ces traités, signé par l'empereur, confirme la France dans la possession des Trois Évêchés et lui donne l'Alsace, moins Strasbourg. Mais il fait plus encore que de nous assurer la rive gauche du Rhin moyen, il donne au « saint Empire Romain » une constitution qui met fin pour toujours aux tentatives de restauration du pouvoir monarchique dans l'empire, il annule l'autorité de l'Empereur en sa qualité de roi de Germanie, il ouvre officiellement l'Allemagne aux influences et aux intrigues de l'étranger. La souveraineté des divers États de l'Allemagne, dans l'étendue de leurs territoires, est sanctionnée ainsi que leurs droits aux

Diètes générales de l'empire ; ces droits sont garantis, à l'intérieur, par la composition de la Chambre impériale et du Conseil aulique où les protestants et les catholiques entrent désormais en nombre égal (paix religieuse), à l'extérieur, par la médiation de la France et de la Suède, notre alliée, qui obtient une partie de la Poméranie, Brême, etc... C'est l'ingérence de l'étranger dans les affaires de l'Empire reconnue légitime, c'est le droit accordé aux États de s'allier avec l'étranger lui-même. Ainsi la France, si elle ne peut atteindre vers l'est sa frontière naturelle, n'aura du moins de ce côté qu'un voisin affaibli et chez lequel elle pourra toujours intervenir.

Une autre des principales clauses reconnaît indépendants de l'Empire germanique les treize cantons suisses qui depuis longtemps se sont soustraits à la souveraineté impériale sans qu'un acte public ait régularisé cet état de chose. Cette importante disposition et la précieuse alliance qui devait longtemps exister entre la Confédération et l'ancienne monarchie allaient couvrir notre pays en un point où la trouée de Belfort ouvre à une armée d'invasion venue d'Allemagne une large route vers la vallée de la Seine [1].

---

[1] Le traité de Westphalie reconnut également indépendantes de l'Espagne et de l'Empire les Provinces Unies qui s'étaient séparées de la monarchie espagnole en 1609.

Le traité de Westphalie ruinait, au profit de la France, l'autorité de l'Empereur en Allemagne, c'est-à-dire de la maison d'Autriche, puisque la dignité impériale était, bien qu'en droit élective, en fait héréditaire, dans cette maison. Grâce à ce traité, notre pays sera jusqu'à la Révolution, et surtout pendant les deux longs règnes de Louis XIV et de Louis XV, le protecteur de l'Empire affaibli; il ne s'élèvera aucun embarras dans la conduite des affaires du Corps germanique sans qu'on ne recoure à la médiation du roi de France. — Aussi a-t-on pu dire avec raison que le traité de Westphalie commençait un nouveau monde.

Mazarin voulut accentuer encore les avantages que cet acte diplomatique assurait à notre pays. Dans ce but, il forma avec les trois Électeurs ecclésiastiques dont les États étaient sur la rive gauche du Rhin et avec les maisons de Bavière, de Hesse, de Brunswick une « Ligue » dite « du Rhin » dirigée, en réalité, contre l'Empereur et dont le but avoué était de « conserver la liberté germanique et de faire observer la paix de Westphalie. » Cette Ligue mettait les princes signataires dans la dépendance et à la solde de Louis XIV, étendait militairement la frontière française sur les rives du Rhin; son armée s'appelait « armée de Sa Majesté très chrétienne et des électeurs et princes ses alliés »

(1658). Les intrigues de l'Empereur amenèrent sa dissolution après quelques années, mais la France n'en continua pas moins à entretenir des relations d'amitié, qu'elle reconnaissait par des pensions, avec plusieurs des princes rhénans.

Le traité de Westphalie avait assuré notre pays du côté de l'est, celui des Pyrénées conclu onze ans après avec le roi d'Espagne étendit ses frontières au nord, les compléta au midi. Philippe IV cédait à la France, au nord, l'Artois, une partie du Hainaut, ainsi que plusieurs places importantes de la Flandre et du Luxembourg, qui devaient désormais garder les routes ouvertes aux invasions espagnoles, — au midi le Roussillon et le versant septentrional de la Cerdagne, « les monts Pyrénéens qui ont anciennement divisé les Gaules des Espagnes devant faire dorénavant la division des deux mêmes royaumes. »

Fait bien digne de remarque et témoignant que notre pays est une puissance continentale plus encore qu'une puissance coloniale : les négociateurs de l'île des Faisans ne réclament à l'Espagne que des provinces ou des villes; à l'heure où les Hollandais et les Anglais ont déjà enlevé à la monarchie espagnole Curaçao (1634) et la Jamaïque (1655), Mazarin ne songe point à obtenir du vaincu quelqu'une de ses possessions d'outre-mer : il est plus utile pour nous de gagner une place du côté des Flandres qu'une île dans les Antilles!

L'abaissement des deux branches de la maison d'Autriche n'est qu'une des grandes préoccupations de Richelieu. « Chef et surintendant général de la navigation et du commerce de France, » en même temps que premier ministre, il veut aussi que notre pays profite de son avantageuse situation maritime, que ses colonies « se dressent en face des possessions de l'Angleterre ». Aussi ne cesse-t-il d'encourager, de seconder toutes les initiatives : dans la mer des Antilles, des Français prennent possession entre 1625 et 1635 de Saint-Christophe, de la Martinique, de la Guadeloupe, de Marie-Galante, des Saintes, de la Désirade; nos « boucaniers[1] » débarquent à Saint-Domingue; Cayenne est fondée; sur la côte d'Afrique les Rouennais s'établissent à Saint-Louis du Sénégal vers 1620; dans la mer des Indes enfin, l'île de la Réunion est occupée et bientôt après Madagascar que l'on appellera « la France orientale ».

Mais il ne suffit pas que de hardis marins plantent

[1] Aventuriers, normands pour la plupart, qui passaient leur vie à la chasse et reçurent le nom de « boucaniers » parce qu'ils avaient l'habitude de « boucaner », c'est-à-dire faire sécher à la fumée les bœufs qu'ils avaient tués à la manière des indigènes.

le drapeau royal sur des terres lointaines; il importe que les territoires de l'Amérique du Nord, les Antilles, la Réunion reçoivent une population européenne indispensable à leur développement, que ces colonies ainsi que les rivages de l'Afrique occidentale nouent avec la métropole des relations commerciales.

Quels sont les émigrants qui se rendront dans les régions nouvelles? Comment s'installeront-ils? Comment notre domaine colonial sera-t-il mis en valeur?

L'historien de notre première province canadienne, l'Acadie[1], a donné une idée très exacte du mode de colonisation suivi, non seulement par la France mais par tous les peuples, en Amérique, il y a trois et quatre siècles. « La colonisation, dit-il, fut entreprise au xvii° siècle à peu près comme la colonisation antique qui amenait avec elle la cité tout entière avec sa hiérarchie, ses formes, son personnel organisé; il n'y avait point de rupture de tradition mais développement de société. »

C'est ainsi que nos pères transportèrent en Amérique le régime féodal dans son organisation rurale: la noblesse trouvait au Canada et aux Antilles de nouveaux fiefs pour établir ses cadets, la bourgeoisie

[1] Rameau de Saint-Père, *Une colonie féodale en Amérique l'Acadie*. Plon, éditeur, Paris.

riche y recherchait des concessions seigneuriales, un titre, les familles d'artisans et de cultivateurs partaient à la suite de leurs chefs animés de l'espérance de devenir tenanciers censitaires, inféodés à la seigneurie nouvelle; ils avaient pour eux et leurs enfants la perspective d'une existence plus large et plus aisée. En même temps un certain nombre d'individus appartenant aux différentes classes sociales s'embarquaient sur l'appât d'une prime une fois reçue (c'était des « engagés ») ou sollicités par la vie d'aventure, par les récits qu'ils entendaient touchant les terres nouvelles. Enfin le clergé s'associait à ce mouvement dans le dessein de convertir les populations indigènes. Il faut encore ajouter que ce n'était ni un surcroît de population, ni la misère, ni la passion de l'or qui poussait nos émigrants; la majorité des colonisateurs français de ce temps n'obéissait qu'à l'idée de l'agrandissement de la patrie (Nouvelle France, France équinoxiale, France orientale) ou à l'esprit d'aventure.

Mais une entreprise coloniale était au commencement du xvii° siècle, bien plus encore qu'aujourd'hui, une affaire de longue haleine. Le peuplement, le défrichement, la mise en culture des régions nouvelles, l'établissement de relations commerciales entre ces provinces et la métropole ou entre les comptoirs, — habités seulement par quelques négociants, — de l'Afrique, de l'Inde et les ports de la nation qui les possédait[1] exigeaient de puissants efforts, de grands capitaux, de nombreux navires, une longue continuité de vues. Les initiatives individuelles laissées seules et libres auraient-elles entrepris une aussi lourde tâche? Si elles l'avaient tentée, combien de temps se serait-il écoulé avant qu'une population suffisante se fût installée en Amérique, et eût mis les terres en rapport? avant qu'un échange régulier de produits se fût établi entre l'Europe et les rivages de l'Afrique ou l'Inde? La question se présentait à toutes les nations européennes possédant des colonies, et toutes la résolurent de même, quoique sous des apparences différentes, en Amérique, en Afrique, en Inde, dans

---

[1] Les nations colonisatrices fournirent « des colons » qui allèrent s'établir à demeure dans l'Amérique du Nord, dans les Antilles, dans l'Amérique du Sud, à l'île de France, à Bourbon..., etc., parce que les individus de race blanche peuvent vivre sous ces climats. Jamais, en revanche, il ne se rendit un nombre appréciable d'émigrants aux côtes occidentale et orientale d'Afrique, régions inclémentes pour des Européens qui ne sauraient résider sous ces climats que pendant peu d'années. Les seuls « colons » qui se fixèrent ou même simplement séjournèrent en Afrique sont quelques négociants intermédiaires indispensables des échanges entre ces pays et l'Europe.

Voir d'ailleurs plus loin, dans les premières pages du chapitre VI, ce qui est dit des différentes sortes de colonies et des caractères propres à chacune d'elles.

l'archipel de la Sonde. Les initiatives privées, jugées trop faibles, furent partout ou exclues ou réglementées, et le soin de fonder les colonies, de créer les nouveaux courants commerciaux fut réservé soit à l'État lui-même, soit, par lui, à des sociétés privilégiées.

Le roi de France, jugeant qu'il était suffisamment occupé en Europe, que ses charges étaient assez lourdes, confia le peuplement et l'exploitation des terres et des îles découvertes en Amérique, le commerce de l'Afrique et de l'Inde à des sociétés privilégiées. Henri IV, le premier, favorisa la formation de compagnies composées de gentilshommes et de marchands (de Rouen, Dieppe, La Rochelle), qui commencèrent la colonisation de l'Acadie et du Canada; Richelieu, après lui, entrant plus avant dans ces vues, fit de la constitution de compagnies privilégiées chargées de la mise en valeur de notre domaine extra-européen la base de son « système colonial ».

Toutes les « chartes royales » accordées à ces compagnies contiennent les mêmes dispositions principales : d'une part les privilèges, de l'autre les obligations.

Privilèges : la seigneurie et la propriété de la contrée appartiennent à la compagnie, elle y jouit des droits de haute et basse justice ainsi que du droit de l'armer et de la fortifier; les terres lui appartiennent, elle les vend ou les cultive à son profit; le monopole du commerce lui est assuré, aucun Français ne pouvant venir trafiquer sans son consentement; enfin, elle bénéficie pendant un certain nombre d'années de l'exemption « de tous impôts et subsides » pour les marchandises qu'elle exporte du royaume à destination de la colonie ainsi que pour les produits de celle-ci qu'elle débarque dans les ports de la métropole. — Obligations : les représentants de la compagnie doivent au roi foi et hommage, celui-ci se réserve d'entretenir dans la colonie un gouverneur général, représentant de la couronne; la compagnie s'engage à mettre dans un temps donné une étendue déterminée de terres en cultures, à élever des villages et des églises, à faire passer dans les contrées qui lui sont remises un certain nombre d'individus des deux sexes de nationalité française, et, de religion catholique, — car nos possessions d'outre-mer sont interdites aux protestants.

Dans le but d'aider à la formation des compagnies, Richelieu accorde des lettres de noblesse aux principaux souscripteurs, fait décider par le roi que « les prélats et autres ecclésiastiques, les seigneurs et gentilshommes et les officiers soit du conseil de Sa Majesté, cours souveraines ou autres qui seront associés ne diminueront en rien de ce qui est de leur noblesse, qualités, privilèges et immunités. » En même temps plusieurs mesures sont prises pour stimuler l'émigration : la noblesse est promise aux bourgeois qui se rendent aux colonies et y achètent des terres, la « maîtrise » aux « compagnons » qui y portent leur industrie[1], etc...

Ce système colonial, élevé sur le privilège et le monopole, n'était point conforme assurément aux sages doctrines économiques, mais il était dans la première moitié du xvie siècle une nécessité qu'il fallait subir et la France comme les autres nations colonisatrices lui doivent leurs premiers succès en Amérique, en Afrique et en Asie. C'est seulement plus tard que ses inconvénients se sont fait sentir. Il faut ajouter que la conception de Richelieu présentait un avantage financier : les compagnies devant supporter toutes les dépenses, le trésor royal ne subissait, sauf certains cas exceptionnels, aucune charge du fait de ses colonies.

Durant le règne de Louis XIII de nombreuses sociétés furent fondées sur les bases qui viennent d'être indiquées sous le patronage du roi et du cardinal pour l'exploitation de toutes les parties de

[1] Pauliat, *La Politique coloniale sous l'ancien régime.* Calmann Lévy, éditeur, Paris, *passim.*

notre domaine; ce sont : les Compagnies « de la Nouvelle-France dite Canada » ou des « cent associés » (1628), « du Sénégal », de « la Guyane » (1638), des « isles d'Amérique », « de Guinée » (1635), « de Madagascar et d'Orient » ou des « Indes Orientales » (1642), d'autres encore.

Pendant que ces compagnies se constituaient les négociants marseillais continuaient à commercer dans le bassin de la Méditerranée. Toutefois les changements ou les nécessités de la politique française n'étaient pas sans nuire à leurs entreprises. François Ier, Henri II, Henri IV avaient entretenu avec la Porte Ottomane une alliance ou des rapports d'amitié favorables au développement du commerce. Mais sous le règne de Louis XIII les relations entre la France et le Divan perdirent le caractère qu'elles avaient eu jusque-là et même s'altérèrent sensiblement; aussi, bien que toujours protégé par les Capitulations, le commerce de Marseille éprouva quelque dommage de ce nouvel état de choses. D'autre part, les pirates barbaresques inquiétaient les côtes de France et d'Italie, poursuivaient les navires marchands et souvent les emmenaient prisonniers dans les ports de Tunis ou d'Alger. Nos flottes, obligées de tenir la mer contre les vaisseaux espagnols, ne pouvaient venger ces injures et assurer la liberté de la mer.

Richelieu cependant n'oubliait pas les intérêts de la France dans la Méditerranée. Il défendait nos négociants et nos religieux contre le mauvais vouloir des fonctionnaires turcs, établissait des consuls dans plusieurs villes, envoyait en Perse un hardi voyageur, Deshayes de Courmessnin, pour obtenir du shah la protection de la religion catholique et du commerce français. Une compagnie de marchands fut même établie à Ispahan par les soins de Deshayes, mais elle ne réussit pas dans ses opérations. Le cardinal formait encore un projet qu'il ne put malheureusement réaliser : il entama des négociations avec les chevaliers de Malte pour faire de cette île une possession française et assurer ainsi à notre pays une situation stratégique de premier ordre dans le grand lac européen.

En 1633, alors que Marseille se plaignait des ravages des corsaires et de la diminution de ses affaires, elle envoyait annuellement 78 navires à Alexandrette (port d'Alep), Alexandrie, Smyrne, Constantinople, Saïde (ancienne Sidon), Chypre, Tunis, Alger, etc... et l'on évaluait son commerce à 5,064,000 livres [1].

En même temps qu'il encourageait avec autant d'habileté et de clairvoyance l'expansion de notre

---

[1] Théophile Lavallée, *Des relations de la France avec l'Orient*. *Revue indépendante*, novembre 1843. Paris, *passim*.

pays au dehors, Richelieu assistait aux premiers progrès de nos voisins les Anglais dans leurs entreprises coloniales.

En Amérique l'établissement de Virginie fondé par Walter Raleigh se développait, la Nouvelle-Angleterre, le Maryland étaient fondés, l'île de la Barbade occupée et mise en culture. Toutes les classes de la société aidaient dans les possessions anglaises comme dans les nôtres à la naissance des colonies nouvelles, mais les persécutions religieuses exercées dans la mère patrie (schisme de Henri VIII et ses suites) hâtaient considérablement le peuplement des territoires britanniques de l'Amérique du Nord. Les colonies anglaises, respectueuses de la liberté de conscience, accueillaient les puritains alors que les nôtres, — fait regrettable pour leur avenir, — demeuraient fermées aux protestants. Dans l'Indoustan la grande Compagnie des Indes élevait ses premiers comptoirs.

Quelques années après la mort de Richelieu, sous le « protectorat » de Cromwell, l'Angleterre avancera plus encore dans la voie où elle est entrée : en 1651 sera voté le fameux « acte de navigation » qui doit causer à la marine hollandaise un préjudice considérable et assurera le merveilleux développement de la marine britannique ; en 1652 et 1653 les flottes anglaises anéantiront les flottes hollandaises ; en 1655, enfin, les Anglais enlèveront à l'Espagne la Jamaïque, une des plus riches des Antilles. Un historien anglais envisageant cette période de son pays a écrit : « A ce moment l'Angleterre s'éveilla à une conscience plus claire qu'auparavant de l'avantage que lui donnait sa position géographique et à la conviction que la vocation maritime était celle que lui destinait la nature. »

Les traités de Westphalie et des Pyrénées laissaient la France forte et agrandie. Depuis le règne de François Ier, c'est-à-dire depuis un siècle et demi, elle luttait en Europe pour « l'équilibre » ; elle va maintenant combattre, de par la volonté du grand roi, pour « la suprématie ». Deux puissances lui portent ombrage : l'Espagne, souvent vaincue, mais qui tient encore la terre et attend sa ruine avec dignité ; la Hollande, ancienne province de la monarchie espagnole, riche en capitaux et en navires, rivale heureuse de la France dans le commerce maritime et dont les bourgeois républicains ont un esprit trop indépendant.

En 1665, à la mort de Philippe IV d'Espagne, Louis XIV prétend tenir du chef de sa femme, Marie-Thérèse d'Autriche, fille aînée du défunt, des droits sur une partie de la succession. Il envahit la

Flandre et la garde (traité d'Aix-la-Chapelle, 1667). Mais bientôt une nouvelle guerre éclate : Le roi veut châtier le peuple hollandais qui a osé s'interposer entre lui et l'Espagne vaincue, il veut aussi ruiner les « routiers des mers ». Cent mille hommes, armés pour la première fois de la baïonnette, s'ébranlent de la Flandre vers la Hollande, et des flottes, créées par Colbert, prennent la mer. L'Espagne, l'électeur de Brandebourg et l'Empereur viennent aussitôt au secours des Provinces Unies. Mais Louis XIV triomphe de la coalition, ruine la marine hollandaise (victoires de Condé, de Turenne et de Duquesne). Le traité de Nimègue donne à la France la Franche-Comté, ce qui l'amène au pied du Jura, et douze places des Pays-Bas espagnols (1678).

C'est ici l'apogée de Louis XIV : depuis qu'il est monté sur le trône, la France s'est agrandie au nord de l'Artois, d'une partie de la Flandre et du Hainaut, à l'est de l'Alsace et de la Franche-Comté, au midi du Roussillon. Ainsi les frontières de notre pays, en comprenant la Lorraine militairement occupée depuis longtemps, sont à peu près en 1678 celles qu'il possédera un siècle plus tard, en 1792.

Louis le Grand règne sur l'Europe qui voit ressusciter Philippe II : Les « chambres de réunion » interprétant le traité de Nimègue « réunissent » Strasbourg, principale défense de la frontière de l'est ; nos flottes bombardent Alger, Tunis, Tripoli, Gênes ; nous intervenons dans les affaires de l'Empire ; nous résistons à la puissance pontificale, l'Édit de Nantes est révoqué.

A ce moment, la France n'est pas seulement une grande puissance continentale ; elle est aussi une grande puissance maritime et coloniale. Colbert est le ministre du règne (officiellement depuis 1669, en réalité, depuis 1661 jusqu'à sa mort, 1683). Son activité embrasse tout : à l'intérieur, il poursuit les progrès de l'industrie et du commerce, au dehors il donne une impulsion puissante à la marine militaire, à la marine marchande, aux colonies.

Par ses soins la France, obligée naguère d'emprunter des vaisseaux à la Hollande, en eut 100 en 1672, et 276 (y compris 68 navires en construction) en 1683 ; deux ans plus tard, on recensait près de 78,000 matelots. Cinq arsenaux de marine furent bâtis, Brest, Rochefort, Toulon, Dunkerque, le Havre. (Les fortifications de Dunkerque devaient malheureusement être rasées plus tard en vertu d'une clause du traité d'Utrecht imposée par les Anglais, clause qui sera ensuite abrogée par le traité de Versailles.)

Le développement de notre « Empire colonial »

préoccupe le ministre au moins autant que le relèvement de notre marine; les questions qu'il faut résoudre sont, d'ailleurs, singulièrement délicates et plus d'années sont nécessaires pour fonder la prospérité de nos établissements d'outre-mer que pour élever des arsenaux ou construire une flotte.

Lorsqu'en 1661 Colbert arriva à la direction des affaires la situation de nos colonies n'était qu'à demi satisfaisante. Les compagnies fondées par Richelieu languissaient ou se montraient par-dessus toute chose préoccupées de s'enrichir en réalisant de gros bénéfices. C'est ainsi qu'elles achetaient les produits des colons à bas prix et leur vendaient très cher les marchandises de France, tandis qu'elles négligeaient souvent de remplir les obligations qui leur étaient imposées quant à l'introduction des émigrants ou au défrichement des terres.

Au Canada, surtout, les progrès de la colonisation paraissaient insensibles : la rudesse du climat, la constitution toute féodale de la propriété avec les charges qu'elle comportait pour le petit agriculteur, le manque de libertés publiques, la négligence de la Compagnie à remplir ses obligations, peut-être aussi le développement des ordres et des couvents étaient autant de causes qui retardaient le peuplement. En 1666, on ne comptait dans la Nouvelle-France que 3,400 colons, — encore tous n'étaient-ils pas attachés à la culture ou à l'élève du bétail, beaucoup vivant de chasse et de pêche au milieu des tribus indigènes (on les nommait « coureurs des bois). »

Dans les Antilles l'état général était plus satisfaisant. L'excellence du climat, la facilité de la vie, les bénéfices rémunérateurs des cultures tropicales avaient sollicité l'émigration davantage que le Canada. Des cadets de noblesse, des bourgeois, des paysans, s'étaient établis sur des terres où ils cultivaient le roucou, le tabac, l'indigo, le coton, puis la canne à sucre introduite dans les îles vers 1644 ; pour les aider ils faisaient venir de France des « engagés » liés par un contrat de trois ans. Un chiffre témoigne que nos compatriotes se rendaient volontiers aux îles : en 1642 la Compagnie, qui s'était engagée à faire passer 4,000 colons, se félicitait d'en avoir introduit 7,000.

A cette époque, c'est-à-dire dans les premières années de la seconde partie du xvii° siècle, les possessions anglaises voisines des nôtres étaient en grand progrès.

Les colonies de l'Amérique du Nord situées dans des régions fertiles et plus tempérées que le Canada, fondées suivant des modes non exempts de vices [1],

---

[1] Les colonies fondées à cette époque par l'Angleterre dans l'Amérique du Nord étaient de deux sortes : les « colo-

mais qui, tous, assuraient au colon une liberté suffisante sur son champ en même temps que certaines libertés locales, se trouvaient déjà, par ces seules conditions premières, plus avantagées que la Nouvelle-France. C'est toutefois moins à ces conditions qu'à un fait particulier à l'état économique et politique de l'Angleterre au xvi° et au xvii° siècle qu'elles devaient leur peuplement beaucoup plus rapide que celui du Canada. Alors qu'en France aucun événement ne se produit qui vienne aider les seigneurs possesseurs de fiefs coloniaux ou les compagnies privilégiées dans le recrutement des émigrants, alors, même, que des mesures malheureuses interdisent nos établissements d'outre-mer aux protestants, en Angleterre deux faits considérables font de l'émigration une nécessité pour des milliers de citoyens. D'une part, le labourage se substitue au pâturage dans toute l'étendue du royaume au xvi° siècle, laissant sans emploi une population rurale importante : « où il y avait eu un grand nombre d'habitants et de ménages l'on ne voyait plus qu'un berger et son chien[1]. » D'autre part, à la

nies de propriétaires » établies par de riches particuliers ayant obtenu de la couronne l'exercice des droits de souveraineté, et les « colonies à charte », concédées à des compagnies privilégiées de marchands.

[1] Paul Leroy-Beaulieu, *De la colonisation chez les peuples modernes.* Guillaumin, éditeur, Paris.

même époque, la Réforme de Henri VIII, les persécutions et les luttes dont elle est la cause sous les successeurs de ce prince contraignent les persécutés, désireux de conserver leur foi, à quitter leur pays. Par une conséquence naturelle de cet état de choses les colonies d'Amérique qui offrent aux immigrants des terres à cultiver et la liberté de conscience reçoivent des milliers de « réfugiés ». Plus tard au xvii° siècle la Révolution d'Angleterre leur assurera encore de nouveaux habitants. C'est ainsi qu'entre les années 1650 et 1660 le peuplement et la culture des colonies anglaises sont déjà très avancés ; on y compte plusieurs dizaines de mille de colons alors que le Canada n'en possède pas 4,000.

Dans la mer des Antilles, des différentes îles sur lesquelles les Anglais ont débarqué, la Barbade est, à la même date, la plus riche. Cette richesse va bientôt disparaître, à la vérité, sous l'influence de plusieurs causes, tandis que les îles françaises ne cesseront de prospérer, mais l'acquisition de la Jamaïque faite à ce moment est pour la Grande-Bretagne un précieux avantage.

L'étude de la situation qui vient d'être décrite, les comparaisons faites entre le développement des colonies françaises et anglaises, enfin, la constatation de ce dernier fait, que le commerce de nos possessions était aux mains des Hollandais et des Anglais, que notre flotte marchande comptait à peine 600 navires au long cours[1], amenèrent Colbert à juger que des mesures devaient être prises pour hâter la mise en valeur de notre empire colonial, augmenter notre marine.

Quel système serait le meilleur? Quelle ligne convenait-il de suivre? Après avoir longtemps réfléchi, consulté, le ministre de Louis XIV adopta la même politique que Richelieu, mais il en accentua le caractère[2]. Pour lui la « politique coloniale » doit être avant tout « commerciale » : il faut qu'un mouvement actif d'échanges, servi par les seuls navires français, s'établisse entre la métropole et ses colonies, que les étrangers demeurent également exclus du commerce et de la navigation; un pareil résultat ne peut être atteint, la rapide prospérité de tous nos établissements — colonies de peuplement et d'exploitation d'Amérique, aussi bien que colonies de commerce d'Afrique et d'Inde, — que par le concours de puissantes compagnies privilégiées. Ces

---

[1] Sur 25,000 navires environ qui représentaient alors la flotte marchande de l'Europe, notre marine en comptait à peine 2,300 dont seulement 600 navires au long cours. La Hollande possédait à elle seule plus de 15,000 bâtiments et l'Angleterre, dotée de l'acte de navigation, près de 6,000.

[2] Pigeonneau, *La politique coloniale de Colbert. Annales de l'École libre des Sciences politiques*, année 1886. Félix Alcan, éditeur, Paris.

vues adoptées, Colbert ne cessera pas un jour de les poursuivre.

Les compagnies organisées sous le règne de Louis XIII ne disposant que de modestes capitaux étaient incapables d'un effort, trop faibles pour remplir les obligations qu'elles avaient assumées, pour exclure les Anglais et les Hollandais du commerce de nos colonies. Le premier acte de Colbert fut donc de hâter leur liquidation pour partager notre domaine colonial entre deux grandes compagnies des « Indes occidentales » et des « Indes orientales », qui, elles, auraient les capitaux et la force (1664). Rien ne fut négligé pour assurer leur succès : des arrêts du Conseil leur accordèrent le monopole exclusif du commerce, des primes de sortie, des exemptions de droits ; le roi et les courtisans figurèrent en tête des listes de souscriptions. En 1665 le capital versé à la Compagnie des Indes orientales dépassait 4 millions de livres et ses armements s'élevaient à 50 vaisseaux ; la Compagnie des Indes orientales disposait d'un capital de 10 millions et de 30 navires.

Mais le plan arrêté par le ministre souleva au Canada et aux Antilles de violentes protestations. Les colons qui, devant la faiblesse des anciennes compagnies, avaient pris des habitudes de liberté, firent mauvais accueil aux agents de la Compagnie des Indes occidentales, protestèrent contre ses privilèges. Colbert persista d'abord, puis reconnaissant qu'il s'était trompé en voulant paralyser l'initiative individuelle, il prépara la dissolution de la Compagnie en rendant peu à peu la liberté au commerce et, enfin, révoqua son privilège en 1674.

La Guyane, les Antilles, le Canada, l'Acadie, c'est-à-dire toutes les possessions d'Amérique deviennent alors des « colonies royales » administrées par des fonctionnaires royaux, délivrées du monopole, placées sous un régime libéral : liberté de culture, liberté d'industrie, liberté de commerce, — sauf pour les étrangers —, liberté de conscience pour les protestants et les juifs. A ce régime de liberté il y a toutefois une exception capitale : pas de navires, pas de marchandises, pas de négociants étrangers aux colonies, pas de marchandises coloniales vendues directement aux étrangers. C'est là ce que l'on a appelé le « pacte colonial », conception des meilleurs esprits du xviie et du xviiie siècle, qui n'est point particulière à la France — dont les colonies espagnoles et anglaises ont souffert plus que les nôtres, — et qui se résume en ceci : la mère patrie veut que ses colonies consomment ses seuls produits, les colonies, en revanche, ont pour les leurs le monopole exclusif du marché de la mère patrie.

Sous ce régime nouveau, aujourd'hui unanimement condamné, mais qui alors était assurément un progrès sur le système du monopole des compagnies, nos possessions d'Amérique se développent rapidement. Au Canada, où de nouveaux colons viennent s'établir (ils seront 10,680 en 1683), extension des cultures (céréales, lin, chanvre), éducation du bétail, exploitation des forêts, des mines, installation d'usines métallurgiques, de manufactures de drap et d'autres industries ; — aux Antilles, augmentation de la population coloniale, importation des noirs — favorisée malheureusement par Colbert et qui a pour conséquence la substitution du noir à la charrue de l'ouvrier européen dit « petit blanc », — encouragements aux cultures nouvelles (canne à sucre, coton, cacao, indigo, tabac, poivre, gingembre), création de manufactures de tabac, de fabriques de cotonnades, de raffineries.

En même temps qu'il se développait ainsi, notre domaine colonial d'Occident, cette « France Transatlantique » que Colbert rêvait de fonder, augmentait en étendue. Des établissements étaient faits à Terre-Neuve [1], des forts élevés dans la région de la baie

[1] L'île de Terre-Neuve était fréquentée depuis la fin du xvie siècle par des navires pêcheurs anglais, français, espagnols et portugais. Sous l'administration de Colbert nos compatriotes y fondèrent quelques postes dont le plus important était le village de Plaisance, mais ils rencontrèrent à côté d'eux les Anglais établis à Saint-Jean.

d'Hudson, Louis Jolliet découvrait la route entre les bassins des grands lacs et celui du Mississipi (1673), Cavelier de la Salle descendait le fleuve et prenait possession de ses rives « au nom de Louis XIV, roi de France et de Navarre », le 9 avril 1682. Dans la mer des Antilles, des îles nouvelles étaient occupées : Grenade, Sainte-Lucie, Saint-Martin, Saint-Barthélemy, Sainte-Croix, la Dominique, Tabago ; les « boucaniers » français établis à Saint-Dominique étaient mis sous la protection du roi. A ce moment, ainsi que l'observe Seeley, si un prophète politique avait comparé les chances d'avenir de la France qui possédait les immenses régions du Canada, de la baie d'Hudson et venait de planter son drapeau dans la vallée du Mississipi avec celles de l'Angleterre, dont les colonies étaient resserrées entre la côte est et les monts Alleganys, il aurait été certainement induit à prédire que l'empire de l'Amérique du Nord était réservé à la première de ces puissances.

Colbert avait consenti à révoquer le privilège de la Compagnie des Indes occidentales ; jamais au contraire il n'abandonna la Compagnie des Indes orientales. Il estimait que le Sénégal, la côte de Guinée, Madagascar, Bourbon et l'Inde étaient non des colonies de peuplement ou de culture capables de prospérer sous un régime de liberté, mais des comptoirs dont seule une compagnie privilégiée, riche en capitaux et en navires, pourrait tirer parti. Toutefois le premier ministre fit fléchir la rigueur première de son programme en autorisant tous les négociants français à commercer aux Indes, sous la seule condition que leurs marchandises seraient transportées par la flotte de la Compagnie. Notre domaine colonial s'étendit dans cet hémisphère comme dans l'autre : la France acquit des droits sur la côte occidentale d'Afrique, de la baie d'Arguin à la rivière de Sierra Leone, Bourbon se développa, des essais de colonisation furent faits à Madagascar (« île Dauphine »), des comptoirs établis dans l'Indoustan, à Surate, à Pondichéry, à Chandernagor (1668-1673-1674). La Compagnie des Indes envoya des marchandises jusqu'à Bassorah au fond du golfe Persique et par delà le détroit de Malacca, jusqu'en Chine.

D'un autre côté Colbert donne au commerce de Marseille avec le Levant une grande impulsion et le dote d'une organisation particulière. Lorsqu'il prend la direction des affaires, les relations entre la France et la Porte sont aussi peu cordiales qu'au temps de Richelieu ; les rapports se tendent même à ce point, — les Français secourant les Vénitiens assiégés par les Turcs dans Candie, et les Turcs outrageant nos ambassadeurs à Constantinople, —

que vers 1670 on projette en France une « nouvelle croisade » contre les « infidèles ». Mais les succès du roi en Hollande effrayent le Divan qui consent à signer de nouvelles Capitulations présentées par notre ambassadeur, le marquis de Nointel (1673). Cet acte confirme les privilèges accordés aux religieux, aux consuls, aux marchands français par les Capitulations précédentes et leur en assure de nouveaux : nos missionnaires établis dans les ports ouverts au commerce sont reconnus ; nos marchands acquièrent le droit « d'enlever » les cuirs, la cire, le coton, dont l'exportation était interdite ; les droits d'importation, de 5 p. 100 qu'ils étaient jusqu'alors, sont abaissés à 3 p. 100.

La France n'est plus cependant la seule puissance ayant le droit de commercer en Turquie, les Anglais, les Hollandais, les Vénitiens, les Génois ayant obtenu successivement des Capitulations de la Porte.

Mais, si notre pays ne jouit plus d'un monopole, il bénéficie encore d'une situation particulièrement avantageuse, plus favorisée que celle des autres nations : son ambassadeur, ses consuls ont la préséance sur les ambassadeurs et les consuls de toutes les puissances, il a l'honneur et la charge de la protection des religieux français et étrangers, enfin son commerce occupe la première place dans les Echelles et même dans plusieurs ne rencontre pas de concurrents.

Colbert, — inventeur du « pacte colonial » dans sa conception la plus parfaite, — prétend diriger le commerce aussi bien dans les « colonies libres » que dans les « colonies d'État ». S'il ne fonde pas une compagnie privilégiée, il réglemente le négoce entre Marseille et le Levant, l'enserre dans mille prescriptions[1] : dans chaque Echelle la France entretient un consul nommé par le roi ; les Français qui y sont établis forment sous son autorité une communauté, « la nation » ; la chambre de commerce de Marseille exerce sur les « nations » une sorte de tutelle administrative et financière ; nul n'est admis à résider dans le Levant sans une autorisation spéciale et le nombre des marchands doit rester peu élevé (il ne dépasse pas 5 ou 600), afin que la concurrence ne diminue pas les profits du commerce ; la balle de drap qui sort des ateliers de la Provence ou du Languedoc à destination des Echelles est examinée, estampillée, d'abord à la porte de la fabrique, puis une seconde fois sur les

---

[1] On sait d'ailleurs que *la protection* et *la réglementation* étaient la base première de toutes les conceptions de Colbert. En France même l'industrie et le commerce qui durent au grand ministre une impulsion énergique et profitable ne furent pas moins réglementés que dans les « colonies d'État » et les « colonies libres ».

quais de Marseille en garantie de sa bonne qualité ; le navire qui la transporte ne doit partir qu'à son tour et pour une Échelle déterminée, car il faut éviter une trop grande affluence de marchandises sur un point qui amènerait une baisse des prix de vente ; enfin, lorsque des pirates barbaresques sont signalés au large, des bâtiments de guerre accompagnent les navires marchands [1].

Ces curieuses prescriptions, si contraires à l'esprit de notre temps, n'empêchent pas le commerce, à la fois gêné et soutenu, de se développer graduellement : nos marchandises se répandent dans toute l'étendue de l'Empire, et « les Provençaux regardent le Levant comme leurs Indes ».

Le premier ministre eut l'ambition de faire dépasser à notre commerce les bornes de la Méditerranée du côté de l'Orient : d'une part, il tenta d'ouvrir la mer Rouge aux Marseillais et de leur assurer la faculté de transit entre Suez et Alexandrie afin d'amener dans leurs mains le riche commerce des Indes, mais les résistances du mufti et de l'iman de la Mecque firent échouer ce projet [2] ;

---

[1] Albert Vandal, *La France en Orient au commencement du* xviiie *siècle.* — *Annales de l'École libre des Sciences politiques.* Année 1886.

[2] « Il faudrait tâcher, écrivait Colbert à notre ambassadeur auprès de la Porte, de faire un traité avec le Grand Seigneur par lequel il nous fût permis d'avoir à Alexandrie

d'autre part, il fit étudier l'établissement d'une route commerciale entre Alep et le golfe Persique, favorisa l'établissement de comptoirs à Bassorah, à Bagdad et obtint même l'entrée de la Perse pour nos marchands. Les troubles qui éclatèrent dans ce royaume empêchèrent malheureusement l'exécution de cette convention.

Le mouvement des affaires entre Marseille et l'Orient continua à se développer longtemps après la mort de Colbert. En 1728 le commerce des Échelles employait une flotte de quatre cents vaisseaux, sans compter une infinité de bâtiments légers, et le chiffre de nos exportations s'élevait à environ 15 millions de livres par an [1]. Vers la même époque la France jouissait à Smyrne, le port le plus fréquenté de la côte asiatique, d'une incontestable supré-

---

on au grand Caire des vaisseaux qui reçussent les marchandises que d'autres vaisseaux amèneraient par la mer Rouge d'Aden à Suez, ce qui abrégerait la navigation des Indes orientales de plus de deux cents lieues. »

Louis XVI devait, un siècle plus tard, reprendre sous une autre forme le projet de Colbert : en 1776 il envoya en Égypte un officier chargé d'examiner les moyens de creuser un canal de jonction entre les deux mers.

[1] Les principaux objets d'échange sont, à l'exportation de la France vers le Levant, les draps, les serges, le papier, la quincaillerie, le sucre et l'indigo (denrées venant des Indes occidentales), — à l'importation du Levant en France, les soies, les laines, le coton, la cire, les cuirs, le safran, le tabac, le blé, le café, l'huile.

matie. Sa « nation » l'emportait par le nombre et la richesse de ses membres, son commerce soutenait sans désavantage la concurrence anglaise et « avait coupé la gorge à celui des Hollandais ». Dans la Turquie d'Europe Salonique était une des Échelles les plus prospères; la Morée paraissait à nos marchands « le Pérou du Levant »; aux îles de l'Archipel, ainsi qu'à Chypre et à Candie, étaient établis des négociants français.

Un fait témoigne, d'ailleurs, du degré où était parvenue l'influence de notre pays en Orient au milieu du XVIIIe siècle, influence qui soutenait chaque jour nos négociants et nos missionnaires[1]. En 1739, le marquis de Villeneuve, ambassadeur du roi à Constantinople, fit signer la paix à l'Autriche et à la Russie alliées contre la Turquie, affirmant ainsi le rôle que la France avait déjà revendiqué de protectrice de l'Empire ottoman (traité de Belgrade). L'année suivante, les Turcs, en reconnaissance du précieux concours que nous venions de leur donner, nous accordèrent de nouvelles Capitulations. L'acte de 1740 confirmait, étendait nos privilèges et les définissait avec une si heureuse précision qu'il demeure encore aujourd'hui la loi des Français dans le Levant.

[1] Voir plus loin au chapitre VII ce qui est dit du protectorat catholique exercé par la France en Orient.

Les traités d'Aix-la-Chapelle et de Nimègue, l'administration de Colbert, terminent la première des quatre périodes de notre histoire, — période glorieuse tachée seulement par les guerres de religion, — où pendant près de deux siècles la France ne cesse de grandir dans la paix et dans la guerre en suivant toujours, sans aucun écart, une politique conforme à sa situation géographique. En Europe les deux branches de la maison d'Autriche sont vaincues, la Hollande est diminuée, des provinces ont été acquises qui nous assurent au midi et à l'est une part de nos frontières naturelles, une ligne de places fortes élevées par Vauban couvre notre frontière ouverte du Nord et forme une « barrière de fer » capable d'arrêter une arme d'invasion ; enfin, un traité a été signé qui fait l'Allemagne divisée, l'Empereur impuissant : la France, puissance continentale, a établi sa suprématie sur le continent. Hors de l'Europe un Empire colonial est fondé en Amérique, aux Antilles, en Afrique, dans l'Océan Indien, aux Indes, qui fait de la France, nation maritime, une des grandes puissances coloniales et semble lui promettre le premier rang.

III

Politique continentale et politique coloniale de 1688 à 1792.

Caractère propre de cette seconde période de notre histoire. — Une nouvelle guerre de Cent Ans entre la France et l'Angleterre. — Traité de Ryswick.
Guerre de succession d'Espagne et traité d'Utrecht. — Guerre de succession d'Autriche et traité d'Aix-la-Chapelle.
Situation de nos colonies des Antilles, de la Louisiane et du Canada.
Comparaison entre les colonies françaises et les colonies anglaises d'Amérique.
Dupleix fonde un empire dans l'Inde. — Sa lutte avec la compagnie anglaise.
Guerre de Sept Ans. — Traité de Paris. — Ruine du premier Empire colonial de la France. — Triomphe de l'Angleterre sur les mers.
Administration coloniale de Choiseul. — L'expédition du Kourou. — Fin de la Compagnie des Indes orientales. — État du commerce de Marseille avec le Levant.
Guerre d'Amérique. — Traité de Versailles.

La seconde période de notre histoire moderne présente un caractère tout différent de la première. Louis XIV enorgueilli par ses succès, puis Louis XV,

livré à de funestes influences, perdent le sentiment
des véritables intérêts du pays, abandonnent les
vues suivies par Richelieu, Mazarin et Colbert; leurs
guerres ne seront plus des « guerres politiques »,
des « guerres nécessaires », mais des « guerres
d'ambition » ou « d'intrigues de cour ». Au moment
même où la France cesse d'être dirigée conformé-
ment à ses intérêts géographiques, un pays voisin
avec lequel elle vit en paix depuis plus de deux
siècles va intervenir dans ses affaires, apportant
dans cette intervention le sentiment très net de ses
propres intérêts et du but qu'il doit poursuivre. Ce
pays, c'est l'Angleterre.

De 1453, année où se termine la guerre de Cent
Ans, à 1688, année où éclate la guerre de la Ligue
d'Augsbourg, l'Angleterre a vécu dans une paix
constante avec la France. Les secours donnés aux
Protestants de la Rochelle sous Louis XIII, l'attaque
vers la même époque de notre établissement du
Canada par les colonies anglaises d'Amérique sont
des incidents et non une guerre entre les deux
nations. Pendant le xviie siècle les cours de France
et d'Angleterre entretiennent presque continuel-
lement de bons rapports : Élisabeth et Henri IV
sont alliés, Charles Ier a pour femme une Française,
Cromwell agit de concert avec Mazarin, Charles II
et Jacques II se mettent sous la dépendance de

Louis XIV [1]. Mais lorsqu'en 1688 les Anglais chassent Jacques II et appellent pour lui donner la couronne Guillaume, stathouder de Hollande, Louis accueille magnifiquement le roi détrôné, prend sa cause en main et déclare la guerre à l'Angleterre (La révolution de 1688 était en partie un soulèvement des Anglais contre l'influence française).

Cette guerre, dite de la Ligue d'Augsbourg ou de la succession d'Angleterre, est la première des sept grandes guerres dans lesquelles l'Angleterre et la France vont combattre directement ou indirectement l'une contre l'autre : guerre de succession d'Angleterre (1688-1697), guerre de succession d'Espagne (1701-1713), guerre de succession d'Au-

---

[1] De 1454 à 1688, les traits principaux de l'histoire d'Angleterre sont :

La guerre des deux Roses (1455-1485), — les guerres d'Irlande (en partie conquise dès le XVIIe siècle) et d'Écosse (1487-1503), — le règne d'Henri VIII et la Réforme (1509-1547), — l'époque troublée d'Édouard VI et de Marie Tudor (1547-1558), — le règne glorieux d'Élisabeth (1558-1603), — la réunion de l'Écosse à l'Angleterre sous la dynastie des Stuarts (1603-1649), — la Révolution d'Angleterre et l'exécution de Charles Ier (1649), — la République anglaise (1649-1660), — la guerre heureuse de Cromwell contre la Hollande, l'acquisition de la Jamaïque enlevée à l'Espagne, — la restauration des Stuarts (Charles II, 1660), deux nouvelles guerres contre la Hollande, — le règne de Jacques II et le mécontentement de la nation contre son roi (1685-1688).

4.

triche (1740-1748), guerre de Sept Ans (1756-1763), guerre d'Amérique (1778-1783), guerres contre la Révolution (1793-1802 et 1808-1815). Ainsi que l'a remarqué avec raison Seeley, ces guerres ne doivent pas être considérées comme des événements séparés ; il existe un lien, une ressemblance entre elles : c'est en quelque sorte une nouvelle guerre de Cent Ans entre la France et l'Angleterre. En outre, ces guerres ont toutes un même caractère : ce sont pour l'Angleterre, puissance maritime, des « guerres d'affaires » où elle ne poursuit le plus souvent qu'un seul but, la ruine de la marine française, l'acquisition des colonies françaises, tandis que la France, puissance continentale en même temps que puissance maritime, tantôt contrainte par la force des événements, tantôt dirigée à l'encontre de ses intérêts, poursuit toujours à la fois (sauf durant la guerre d'Amérique) deux buts et disperse ses forces sur terre et sur mer.

La guerre de succession d'Angleterre faite par Louis XIV n'est ni une « guerre d'équilibre » ni même une « guerre de suprématie ». C'est une « guerre d'ambition », — et combien imprudente, à l'heure où, forts et respectés en Europe, couverts par de solides frontières, nous devrions diriger tous nos efforts, toute notre activité vers la mer et les entreprises coloniales !

En décembre 1688 les Anglais chassent Jacques II et appelent à lui succéder Guillaume de Hollande. A ce moment la Hollande, l'Empire, l'Autriche, la Bavière, l'Espagne, la Savoie effrayées de la situation prise par le Grand Roi ont déjà formé contre lui la ligue d'Augsbourg. Louis, que l'ambition seule dirige, qu'aucune coalition ne saurait effrayer, prend en mains la cause du roi détrôné et jette le gant à l'Europe. Nos troupes sont victorieuses (victoires de Luxembourg et de Catinat, Fleurus, Steinkerque, la Marsaille), nos corsaires ruinent le commerce anglais et hollandais, mais la flotte alliée inflige à la nôtre un grand désastre (la Hougue). Au traité de Ryswick (1697), la France garde Strasbourg, mais restitue toutes les provinces ou les villes conquises pendant la guerre, et reconnaît Guillaume pour roi d'Angleterre. C'est presque une défaite.

La paix de Ryswick n'était qu'une trêve. Louis XIV ayant accepté pour son petit-fils la monarchie espagnole avec Naples, Milan, les Pays-Bas, et ses colonies, dans la grande, mais ambitieuse pensée d'unir deux peuples de même race par les liens d'une même famille royale, l'Empereur, l'Angleterre, la Hollande qui craignent la réunion des couronnes de France et d'Espagne sur la tête de Philippe V (l'Angleterre surtout qui redoute notre expansion dans le Nouveau-Monde), se liguent contre le Grand Roi ; le Portugal et la Savoie se joignent à eux. La France fait une nouvelle « guerre d'ambition » tandis que les alliés prennent contre elle la défense du « système d'équilibre », de « la cause des libertés de l'Europe » comme le dit leur manifeste. Ainsi se trouve renversée la situation que nous observions dans la période précédente, lorsque la France luttait contre la prédominance de la maison d'Autriche.

Les traités d'Utrecht et de Rastadt mettent fin à cette guerre de succession d'Espagne, la plus vaste qu'eut vue l'Europe depuis les Croisades (1701-1713, défaites de Ramillies et de Malplaquet, victoire de Villars à Denain, épuisement de la France). Ils règlent à nouveau la distribution territoriale des États : sur le continent la France garde la Flandre, moins plusieurs villes (elle doit aussi consentir à la démolition des fortifications de Dunkerque exigée par les Anglais), l'Alsace, Strasbourg et Landau ; — la monarchie espagnole est démembrée et la maison d'Autriche agrandie : Philippe V demeure en Espagne, mais l'Espagne ne conserve que ses colonies, alors que l'Autriche reçoit les Pays Bas, Naples et le Milanais ; — le duc de Savoie reste en possession de Nice et de la Sicile (il échangera bientôt cette île pour la Sardaigne et deviendra roi de Sardaigne); — l'Angleterre acquiert Minorque et Gibraltar. Mais c'est notre pays qui a été vaincu et il lui faut payer sa défaite ; il la paye en Amérique aux mains de l'Angleterre à laquelle il cède les territoires de la baie d'Hudson, ses établissements à Terre-Neuve, une partie de l'Acadie, — position avancée du Canada, — Saint-Christophe [1]. C'est ainsi qu'à la suite d'une « guerre d'ambition européenne » nous laissons aux mains d'une nation qui s'est révélée notre rivale sur les mers une partie de notre « Empire colonial ».

L'avenir nous réserve encore d'autres désastres : depuis six ans les royaumes d'Angleterre et d'Écosse sont réunis en un seul État dit « royaume de Grande-Bretagne » ; la longue résistance de l'Irlande a d'autre part été domptée. La Grande-Bretagne ayant ainsi réalisé son « unité géographique » se trouve libre d'agir sur le continent et sur les mers.

Le règne de Louis XV (1715-1774) est l'époque la plus triste de notre histoire : en Europe, la France entreprend des guerres inutiles et malheureuses ;

[1] Il faut encore noter que Louis XIV renonce par le traité d'Utrecht à tout droit de navigation sur l'Amazone et ses tributaires, sacrifiant ainsi l'avenir de notre colonie de la Guyane au profit du Portugal maître du Brésil.

hors d'Europe, l'Angleterre, profitant de ses fautes sur le continent, ruine sa marine et lui enlève les plus belles provinces de son « Empire colonial ».

La première de ces guerres (de succession de Pologne, 1733-1735; traité de Vienne) nous vaut cependant une province : la Lorraine, importante acquisition, indispensable aux communications entre la Champagne et l'Alsace. Elle fera retour à la France après la mort de Stanislas Leczinski (1766) le beau-père de Louis XV.

Mais en 1740 éclate la guerre de succession d'Autriche (1740-1748) entreprise par la Prusse, la Bavière, l'Espagne et le roi de Sardaigne pour dépouiller Marie-Thérèse d'Autriche. Frédéric II, qui a rêvé de mettre le royaume de Prusse au rang des premiers États de l'Europe, veut abaisser l'Autriche et lui enlever la Silésie; il cherche partout des alliés. La France, bien qu'elle ait intérêt à affaiblir une puissance qui la menace de ses possessions du Milanais et des Pays-Bas, pourrait rester neutre dans cette querelle; sa frontière du nord est solide, la politique coloniale l'appelle. Mais le parti de la guerre l'emporte auprès de Louis XV. Alors l'Angleterre embrasse la cause de Marie-Thérèse pour atteindre la France, et tandis que nos troupes combattent en Allemagne, en Autriche, en Italie, elle attaque notre marine mal commandée, nos colonies mal défendues. Macaulay donne une physionomie très exacte de cette guerre lorsqu'il écrit en parlant de l'invasion de la Silésie par Frédéric : « Afin que ce roi pût dépouiller un voisin qu'il avait promis de défendre (l'Autriche), des hommes noirs se battirent sur la côte de Coromandel et des hommes rouges se scalpèrent mutuellement auprès des grands lacs de l'Amérique du Nord. »

La guerre n'avait été ni bien comprise ni bien dirigée, nos succès nous permettaient cependant d'en tirer profit : vaincus au Canada nous étions vainqueurs aux Indes et en Europe (victoires de Fontenoy, de Raucoux et de Lawfeld). Mais Louis XV ne voulut pas « traiter en marchand ». Au traité d'Aix-la-Chapelle il rendit aux Autrichiens les Pays-Bas, conquis en entier, aux Anglais Madras que leur avaient enlevé La Bourdonnais et Dupleix, se contentant de la restitution du Canada. Ainsi la France ne gagnait rien, la supériorité maritime de l'Angleterre s'était établie, la Prusse acquérait la Silésie, l'Autriche subsistait.

Cette guerre entre la France et l'Angleterre put retarder un instant le développement de nos colonies ; elle ne l'arrêta point. L'esprit d'entreprise, la hardiesse de nos compatriotes ne faiblissaient pas, mais grandissaient au contraire; parmi les successeurs de Colbert plusieurs étaient d'habiles ministres qui continuaient son œuvre. Les années qui suivirent le traité d'Aix-la-Chapelle furent d'ailleurs parmi les plus heureuses du xviii° siècle : le commerce fleurissait de Saint-Pétersbourg à Cadix et de l'autre côté des mers.

Les Antilles étaient alors en pleine prospérité. Depuis qu'elles avaient été occupées 40,000 Français environ s'y étaient rendus, appartenant à toutes les classes de la société. On cultivait aux îles la canne à sucre, le tabac, l'indigo, le coton, et le café qui y était introduit depuis 1728. Fait digne de remarque, les membres du clergé, dominicains et jésuites établis aux Antilles, n'apportaient pas moins de zèle que les laïques à la culture et au commerce : ils étaient ingénieurs, architectes, planteurs, commerçants, spéculateurs même (le P. Lavalette). A partir de 1717 plusieurs dispositions du « pacte colonial » avaient été heureusement modifiées, ce qui laissait au mouvement des échanges plus de liberté. La Martinique, qui n'avait pas 15,000 noirs en 1600, en comptait 72,000 en 1736 ; le numéraire y abondait ainsi que les marchandises; elle recevait chaque année dans ses ports 200 vaisseaux de France et 30 du Canada. La Guadeloupe, quoique dans une proportion moindre, suivait le même mouvement ascensionnel, les caféières couvraient de vastes espaces et le coton récolté dans l'île alimentait les manufactures de l'Alsace et de la Flandre. Saint-Domingue devenait, d'un autre côté, le plus grand producteur de sucre du monde ; son exportation était de 11 millions de livres tournois en 1711 et, par une marche toujours ascendante, devait atteindre 193 millions de livres (200 millions de francs environ) en 1788 ; son commerce employait 1 000 navires et 15 000 marins français. Nantes, Marseille et surtout Bordeaux participaient largement à cette prospérité.

En Amérique la France possédait encore après le traité d'Utrecht, qui lui avait coûté l'Acadie, les deux magnifiques vallées du Mississipi et du Saint-Laurent.

Dans les dernières années du xviie siècle, Louis XIV avait encouragé la colonisation de la Louisiane, puis, de 1717 à 1726, la « Compagnie d'Occident » dirigée par Law avait hâté le développement de ces terres nouvelles. Les colons n'y trouvant point les mines d'or promises y avaient planté le riz, le maïs, le coton, le tabac; en 1724, la Nouvelle-Orléans comptait environ un millier d'habitants, la colonie entière 3700 blancs [1] (plus tard, en 1762, Saint-Louis du

[1] Pendant quelques années, durant le privilège de la Compagnie d'Occident, on voulut peupler la Louisiane avec des

Mississipi devait être fondé par les « trappeurs » qui couraient les prairies durant l'été). D'autre part, une ligne de forts était établie sur l'Ohio dont le bassin met en communication les vallées du Mississipi et du Saint-Laurent, afin de relier la Louisiane au Canada et d'arrêter l'invasion des colons anglais qui auraient coupé en deux l'Amérique française.

Au Canada les progrès sont, comme par le passé, bien moins sensibles qu'aux Antilles. Les colons — familles venues de France, « engagés » appelés par un contrat de cinq ans, soldats restés dans le pays après libération, — s'y sont établis beaucoup moins nombreux. Dans les dernières années du xvii° siècle le courant de l'émigration est très faible, et Louis XIV qui n'entend plus les avis de Colbert, mort en 1683, a cessé de s'intéresser à une colonie qui, à son gré, ne se développe pas assez vite[1]. Les habitants ont un esprit aventureux, ils se dispersent sur une immense étendue de terre, s'affaiblissent quelquefois par des rivalités entre eux ou des luttes avec les sauvages; souvent aussi ils guerroient contre les Anglais de la « Nouvelle-Angleterre »; les profits de l'agriculture sont médiocres, les pro-

vagabonds et des filles embarqués de force dans nos ports. Ce lamentable expédient dut bientôt être abandonné devant les mauvais résultats qu'il donnait et les plaintes des colons.

[1] Rameau de Saint-Père, *loc. cit. Passim*.

duits d'une région tempérée moins « riches » que ceux des terres intertropicales. En 1753 le mouvement commercial est encore bien faible : l'exportation du Canada ne dépasse pas 1 700 000 francs et l'importation n'atteint 5 200 000 francs qu'à cause des envois du gouvernement. Cependant cette Nouvelle-France à laquelle on n'envoie ni soldats pendant la guerre ni colons pendant la paix [1] ne dépérit pas, bien au contraire. Les colons, transformés en soldats, résistent vigoureusement aux troupes supérieures des colonies anglaises voisines, tandis que les femmes élèvent de nombreuses familles, témoignant ainsi de l'extrême fécondité de la race française implantée sur la terre canadienne. En 1706, on recense 19 000 habitants; en 1721, 25 000; en 1744, 54,000; en 1759, 82 000 : la population double en moins de vingt-cinq ans.

A la même époque, c'est-à-dire vers le milieu du xviii° siècle, les Antilles anglaises ne se trouvent pas toutes dans un état égal de prospérité; la Barbade, autrefois riche, est ruinée, tandis que la Jamaïque exporte de grosses quantités de sucre. Les unes et les autres souffrent d'une application extrê-

---

[1] La garnison du Canada tout entier variait entre 700 et 1400 hommes. — L'Acadie avant son abandon au traité d'Utrecht n'était gardée que par 100 ou 200 soldats.
De 1700 à 1750, le Canada ne reçut que 4 000 colons.

mement rigoureuse des principes du « pacte colonial ». Quant aux colonies de l'Amérique du Nord elles sont également contrariées par le système mercantile et quelques esprits prévoient déjà qu'elles se soulèveront un jour contre le régime économique auquel les soumet la Métropole. Mais le chiffre de la population européenne, sa croissance rapide, la fertilité du sol, font les provinces anglaises plus riches que les provinces françaises voisines. C'est au nombre bien plus qu'à l'intelligence, à l'activité, au travail ou à la fécondité des familles que les Anglo-Américains doivent leur supériorité sur les Franco-Canadiens[1] : ils sont 260 000, en 1700,

Rameau de Saint-Père, *loc. cit. Passim.*
Alors qu'en France les ministres se désintéressaient, malgré les appels énergiques des gouverneurs, du peuplement du Canada, les ministres anglais et plus encore les colonies elles-mêmes ne cessaient de recruter, par mille moyens, de nouveaux colons pour l'Amérique : De 1700 à 1750 les colonies de la Grande-Bretagne reçurent plus de 100 000 émigrants alors que seulement 4 000 s'établissaient au Canada.
Peut-être aux différentes raisons que nous avons données ici et plus haut, pour expliquer la faiblesse de l'émigration française et l'importance de l'émigration anglaise, convient-il d'en ajouter une autre. Bien qu'il ne soit pas possible d'avoir des chiffres exacts sur les mouvements de la population en Angleterre et en France au xvııe et au xvıııe siècle, il est permis de penser qu'alors comme aujourd'hui, la population augmentait plus vite chez nos voisins que chez nous et que cette augmentation continuelle et notable alimentait leur émigration. Un fait, d'ailleurs, est certain : la correspondance de Colbert, les mémoires des Intendants, la *dîme*

alors que leurs voisins ne sont pas 20 000 : ils seront près de 3 millions au commencement de la guerre de l'Indépendance. En 1750, 1755, resserrés entre les monts Alleghanys et la mer, inquiétés au nord par les colons canadiens, limités au sud par nos postes de la vallée du Mississipi, ils sont impatients d'être resserrés dans des limites qu'ils jugent trop étroites [1].

Dans l'autre hémisphère la Compagnie des Indes traverse une glorieuse période. Elle est d'ailleurs servie par deux hommes dont les noms sont restés justement célèbres : Mahé de la Bourdonnais et Dupleix. Le premier, gouverneur de l'île Maurice (ou « île de France » occupée en 1721, concédée à la Compagnie l'année suivante), fait de ce point la station militaire de la France dans l'océan Indien. Le second, gouverneur général des comptoirs de l'Inde, entreprend la conquête d'un immense empire qu'il rêve de donner à son pays. Pour con-

---

royale de Vauban témoignent que la population française croissait bien lentement et que les esprits sérieux se préoccupaient de porter remède à ce mal. C'est ainsi que Colbert pour favoriser les mariages mettait une taxe sur les célibataires, faisait décréter que les vœux en religion ne pourraient être prononcés avant l'âge de vingt-cinq ans, décidait que les familles de dix enfants seraient exemptes d'impôts.

[1] La Nouvelle-Amsterdam, colonie agricole insignifiante, fondée par les Hollandais en 1612, tombera bientôt aux mains des Anglais au milieu des territoires de qui elle est enclavée. La Nouvelle-Amsterdam deviendra New-York (1674).

traindre à l'obéissance des populations aussi nombreuses que celles de l'Inde, habitant un pays aussi étendu, quelles armées d'invasion et d'occupation n'auraient pas été nécessaires? Quelle nation européenne aurait été assez puissante? Mais Dupleix découvre, avec une sûreté de jugement remarquable, les raisons qui rendent les mille peuples de l'Inde incapables de résistance devant l'étranger. C'est d'abord la faiblesse des armées indigènes les plus nombreuses contre la discipline d'une petite troupe européenne, la facilité de communiquer cette discipline aux indigènes enrôlés dans le service européen et qu'aucun sentiment de patriotisme n'empêche de porter les armes contre d'autres Indous; c'est, ensuite, l'état de guerre chronique existant entre les souverains indous, la possibilité pour l'étranger d'intervenir dans ces querelles et, partout, d'établir son autorité sur ceux qu'il protège, d'affaiblir et d'abattre ses ennemis.

Dupleix agit d'après ces vues. Les succès qu'il remporte sur les troupes de la Compagnie anglaise des Indes pendant la guerre de succession d'Autriche, en lui enlevant Madras et en repoussant ses attaques contre Pondichéry, affermissent son influence sur les princes indiens. Après la signature de la paix entre la France et l'Angleterre, il établit le protectorat de la Compagnie française sur les deux souverains du Carnatic et du Dekkan, fait alliance avec les Mahrattes et devient ainsi le maître de presque toute la partie péninsulaire de l'Inde. Au milieu de ces vastes possessions, Madras restituée aux Anglais, Calcutta et quelques autres comptoirs semblent peu de chose. Notre Compagnie des Indes tient à ce moment sous son administration directe, outre les comptoirs de Mahé (côte de Malabar) et de Chandernagor (dans le Bengale) : 1° Pondichéry dont le territoire occupe un littoral de 10 lieues, sur une profondeur à peu près égale, compte environ 500 000 habitants et dont les revenus s'élèvent à 5 millions; 2° Karikal dont le domaine est à peu près égal en étendue; 3° Mazulipatam et Yanaon avec le Condovir, l'île de Divy et les quatre provinces du Moutfanagar, d'Ellour, de Rayamandri et de Chicakol, c'est-à-dire une étendue de pays de 130 lieues de longueur sur 15, 20 et 25 lieues de largeur, dont les revenus s'élèvent en totalité à 10 247 350 livres (chiffre de 1757); 4° l'île de Seringam, formée de deux bras du Godavery, que sa situation et sa fertilité rendent extrêmement précieuse. Ces différents établissements qu'une armée, nombreuse et bien disciplinée, faisait respecter donnaient annuellement un revenu total de 18 millions[1].

[1] *Notices statistiques sur les colonies françaises*, t. III, Imprimerie royale, 1839.

Ainsi au lendemain du traité d'Aix-la-Chapelle, les Anglais et les Français sont en présence, sont ennemis, en Asie et en Amérique. — En Asie, effrayée des succès de Dupleix, l'Angleterre exige son rappel et l'obtient de la faiblesse de Louis XV (1754). Alors elle fait signer à son successeur Godoheu un traité qui est un renoncement à toutes les conquêtes de Dupleix, l'abandon de l'empire dont il avait jeté les fondements, et elle-même entreprend, sous le nom de sa compagnie, la conquête du Bengale. — En Amérique, les colonies anglaises sont impatientes du voisinage des colons canadiens et attaquent nos forts de la vallée de l'Ohio dans le dessein de couper nos possessions du Canada et du Mississipi[1]. Aux Antilles, enfin, les Anglais disputent à nos colons Sainte-Lucie, Tabago, la Dominique, Saint-Vincent.

Les capitulations successives consenties par le cabinet de Versailles qui veut à tout prix conserver la paix ne suffisent bientôt plus à l'Angleterre. Nos colonies se développent, notre marine commerciale est dans un état florissant, notre marine militaire

[1] Franklin disait en 1755 : « Tant que le Canada ne sera pas conquis, il n'y aura ni repos ni sécurité pour nos treize colonies. » Et il avait raison ! car on voit cette même année, au lendemain de la déclaration de guerre, une armée anglaise forte de 2000 hommes de vieilles troupes européennes entièrement détruite par 500 sauvages soutenus par 250 Canadiens, à la bataille de la Malengueulée.

reconstituée compte déjà soixante-trois vaisseaux ; en un mot, la France se trouve dans les Indes orientales et dans les Indes occidentales en compétition directe avec l'Angleterre « pour un prix d'une valeur absolument incalculable ».

Au milieu de l'année 1755, sans déclaration de guerre préalable, les ministres anglais envoient quatre corps d'armée contre le Canada et font saisir par leur flotte 300 navires français montés par 12 000 matelots qui naviguent sur la foi des traités.

Louis XV devant cette nouvelle insulte accepte la guerre (guerre de Sept ans, 1756-1763).

Cette guerre, à laquelle l'Angleterre nous provoque, doit être, à n'en point douter, une guerre maritime et coloniale. Lorsque la France, puissance continentale, a voulu abaisser la puissante maison d'Autriche et conquérir ses frontières, elle a fait la guerre en Europe ; lorsque la France, puissance coloniale, est attaquée dans ses colonies et pour ses colonies par l'Angleterre, elle doit se défendre sur mer et dans ses colonies. Malheureusement cette politique si simple ne sera pas adoptée parce qu'elle ne satisferait point les intrigues de la cour, les caprices de la favorite (Mme de Pompadour). Notre pays se laisse encore une fois entraîner à intervenir dans les affaires d'Allemagne ; mais il y a plus : la France, qui en 1740 s'était alliée à Frédéric contre

Marie-Thérèse dans le but d'affaiblir la maison d'Autriche et de lui enlever quelque province pendant que Frédéric ferait la conquête de la Silésie, la France épouse, en 1756, la querelle de Marie-Thérèse contre Frédéric à qui elle veut enlever la Silésie, s'alliant ainsi à l'ennemi qu'elle combat depuis François Ier, à la dangereuse voisine qui, de ses possessions de Flandre, menace Paris[1]. L'Angleterre voit cette faute avec joie et se hâte d'en profiter : en 1740 elle soutenait Marie-Thérèse contre Frédéric, en 1756 elle soutiendra Frédéric contre Marie-Thérèse; elle fera passer au roi de Prusse des soldats et des subsides, poussera la France à s'engager en Allemagne, afin de pouvoir porter plus librement, elle-même, tous ses efforts contre nos flottes et contre nos colonies abandonnées. Chatham, alors premier ministre, disait très justement, pour montrer la faute que commettait notre pays en divisant ses forces, qu'il allait conquérir l'Amérique en Allemagne.

La guerre est désastreuse : nos armées sont vaincues en Allemagne (Rosbach), nos flottes détruites (64 vaisseaux perdus en moins de quatre ans, ba-

[1] « Cette nouvelle alliance, dit Choiseul, *fit négliger la guerre de mer et d'Amérique qui était la véritable guerre*. Tous les moyens se portèrent avec enthousiasme et sans réflexion à une guerre de terre *dont le but était d'élever la maison d'Autriche.* »

taille de Belle-Isle), un projet de descente en Angleterre échoue ; le Sénégal, le Canada, plusieurs des Antilles, l'Inde sont perdus (au Canada défaite de Montcalm à Abraham).

Le traité de Paris signé en 1763 met fin aux hostilités : c'est assurément le plus triste et le plus honteux de notre histoire.

En Europe la France conserve ses frontières, mais hors d'Europe elle perd ses colonies : le Canada tout entier, avec la partie de l'Acadie restée française, le cap Breton, le golfe et le fleuve Saint-Laurent est abandonné aux Anglais ; la rive gauche du Mississipi devient la limite de leurs possessions jusque-là bornées par la chaîne des monts Alleganys. En même temps Louis XV a la faiblesse de céder la Louisiane à l'Espagne qui a combattu avec nous (« le pacte de famille »), pour l'indemniser de la perte de la Floride qu'elle doit abandonner à l'Angleterre. Mais ce n'est point seulement sur le continent américain que la France paye ses défaites : aux Antilles les Anglais gardent la Grenade, la Dominique, Tabago, Saint-Vincent ; sur la côte d'Afrique, le Sénégal ; aux Indes, enfin, ils ne nous restituent cinq comptoirs, démantelés, sans territoire, que sous la condition qu'ils resteront désarmés [1].

[1] Pendant que la France, l'Espagne, l'Angleterre signaient le traité de Paris, l'Autriche, la Prusse et la Saxe (alliée de

Le traité d'Utrecht avait imposé à notre « Empire colonial » une diminution; le traité de Paris consacre sa ruine. La France qui était à la fin du XVIIe siècle une des grandes puissances coloniales, à qui les destinées semblaient promettre le premier rang, voit son Empire détruit, sa situation à jamais perdue. Il ne lui reste plus un pouce de terrain dans cette Amérique du Nord qu'à la veille du traité d'Utrecht elle paraissait appelée à posséder tout entière. L'Angleterre a pris sa place : son autorité s'étend sans interruption depuis la mer d'Hudson et le Labrador jusqu'à l'embouchure du Mississipi. Aux Indes l'empire rêvé par Dupleix sera réalisé par lord Clive [1].

Ainsi est perdu sur les champs de bataille européens, dans une guerre faite pour l'Autriche, notre ennemie séculaire, l'Empire colonial dû à Henri IV, à Richelieu et à Colbert! Et cet Empire, on l'a vu, n'était point une œuvre artificielle : l'énergie, l'intelligence, l'esprit d'aventure, le patriotisme et

l'Autriche) rétablissaient le *statu quo ante bellum* en Allemagne; Frédéric gardait ainsi la Silésie. (Traité d'Hubersbourg.)

[1] Les historiens anglais n'hésitent pas à reconnaître qu'à Dupleix revient l'honneur d'avoir vu le premier la politique que les Européens devaient suivre dans l'Inde. C'est en adoptant cette politique que lord Clive et ses successeurs ont pu établir l'autorité de la Grande-Bretagne sur une immense région peuplée de plus de 250 millions d'individus.

aussi la foi de Français appartenant à toutes les classes de la société, gentilshommes, religieux, bourgeois, gens du peuple, l'avaient fondé et ne cessaient d'en assurer le développement. Travailleurs pendant la paix, nos colons étaient soldats ou corsaires pendant la guerre et portaient à l'Angleterre dans les plaines de l'Amérique du Nord et sur les mers des coups redoutables. Mais Louis XV était incapable de prévoir l'avenir et, comme Voltaire, ne faisait aucun cas des « quelques arpents de neige » du Canada !

Et cependant quelles n'eussent pas été les destinées de la France, si elle avait conservé son empire colonial? Elle aurait colonisé le Canada, bien que son émigration fût lente, grâce surtout à la prodigieuse multiplication de la population franco-canadienne [1]; elle aurait conquis l'Inde et trouvé dans l'exploitation de cette immense colonie une somme considérable de richesses; son industrie obligée d'approvisionner ces grands marchés d'outre-mer se serait largement développée (l'Angleterre n'est devenue un pays industriel que grâce à la possession de ses colonies, en subvenant à leurs besoins); sa flotte marchande, intermédiaire d'un important mouvement d'échanges, n'aurait cessé de s'accroî-

[1] Ainsi qu'on le verra d'ailleurs plus loin, les Canadiens français qui étaient environ 80 000 en 1763 sont aujourd'hui au nombre de 2 200 000 dont 700 000 dans le nord des États-Unis.

tre; des escadres nombreuses auraient protégé ses colonies et leur commerce...

Le sort des batailles a voulu que l'« Empire » conquis par la France passât à l'Angleterre. C'est elle qui régnera sur les mers, qui deviendra, du fait de ses colonies, la première nation industrielle et commerciale; elle possédera les territoires extra-européens les plus vastes et les plus riches; « la Plus Grande-Bretagne » est faite de nos dépouilles. Pour nous, nous ne conservons de « la Plus Grande France » que des débris et des souvenirs; les colonies que nous acquerrons au xix° siècle, l'Algérie, la Tunisie, l'Indo-Chine augmenteront assurément l'importance et la richesse de nos établissements d'outre-mer, mais la maîtresse du Canada et des Indes restera la première puissance coloniale, commerciale et maritime du monde.

Au lendemain du traité de Paris il restait à la France : dans l'Amérique du Nord, les deux îlots de Saint-Pierre et Miquelon; dans la mer des Antilles, la Guadeloupe et ses dépendances, la Martinique, Sainte-Lucie, la partie ouest de Saint-Domingue (l'autre était aux Espagnols) ; dans l'Amérique du Sud, la Guyane ; sur la côte d'Afrique, l'île de Gorée; dans la mer des Indes,

Bourbon, l'Ile de France, les établissements de la côte est de Madagascar; dans l'Inde, cinq comptoirs.

Rendre à ces possessions leur ancienne prospérité, hâter leur développement, les mettre en état de résister à de nouvelles attaques, approvisionner nos arsenaux, construire une flotte en vue d'une guerre de représailles qu'il juge inévitable, telle est la tâche que s'impose Choiseul dès que la paix est rétablie (il administre de 1750 à 1770) [1].

Les colonies d'Amérique attirent surtout son attention. « Ce sont, avait écrit Montesquieu, les plus admirables de toutes, » car « elles ont des objets de commerce que nous n'avons ni ne pouvons avoir, et elles manquent de ce qui fait l'objet du nôtre ». La remarque de Montesquieu devient le principe de Choiseul et le conduit à maintenir soigneusement les prescriptions du « pacte colonial ». C'était continuer le système économique de Colbert: les colons ne doivent entretenir des relations commerciales qu'avec la métropole, tout commerce étranger — sauf de rares exceptions pour quelques articles — est interdit. En même temps qu'il applique ce régime à nos colonies, Choiseul prend de nombreuses mesures pour augmenter leur population blanche par l'immigration, approvisionner les

[1] D'Aubigny, *La politique coloniale de Choiseul. Annales de l'École libre des sciences politiques.* Année 1888.

planteurs en esclaves, assurer une bonne administration.

Le ministre, malheureusement, ne voulut pas seulement rendre à nos possessions leur ancienne prospérité, il eut une ambition plus haute, irréalisable : il voulut en un jour fonder et peupler une colonie nouvelle. Nous venions d'abandonner le Canada aux Anglais, n'était-il pas possible de fonder sur quelques rivages une autre Nouvelle France qui rendrait moins sensible la perte du bassin du Saint-Laurent? La Guyane était dans une situation misérable ; jamais elle n'avait connu la prospérité. Choiseul pensa qu'une intervention directe de l'État la transformerait : aussitôt, il arrête un projet de colonisation, désigne l'emplacement des centres à créer, embarque des milliers de colons recrutés dans toutes les provinces... On connaît le lamentable échec de cette tentative de « colonisation officielle » : « l'expédition du Kourou » coûta la vie à près de 15 000 personnes, 25 à 30 millions y furent dissipés. C'est le plus grave échec que nous ayons éprouvé dans notre expansion coloniale.

Dans l'océan Indien et aux Indes la Compagnie des Indes orientales, que Colbert avait toujours soutenue, agonisait : une mauvaise administration aussi bien que nos défaites dans la péninsule asiatique étaient les causes de sa ruine ; son capital était entièrement consommé, sa flotte en mauvais état. Elle liquida misérablement en 1767, alors que la Compagnie anglaise, son heureuse rivale, possédait déjà les territoires et les revenus d'un grand empire. Le privilège de la Compagnie ayant disparu avec elle, Choiseul déclara libre le commerce des Indes en établissant seulement un droit d'importation de 3 p. 100 sur les provenances de la péninsule. Les îles de France et de Bourbon, rendues à l'administration royale, parvinrent, sous l'impulsion d'un gouverneur habile (Poivre), à une réelle prospérité. Ces deux îles, qui en 1764 avaient produit 80 000 livres de blé et 2 535 000 livres de café, récoltèrent, en 1773, 400 000 livres de blé et 4 millions de livres de café. (La suppression de la Compagnie des Indes et le retour de nos établissements sous l'administration royale, qui en était la conséquence, mit naturellement le gouvernement dans l'obligation de subvenir à leurs dépenses.)

La sollicitude de Choiseul ne se bornait pas à nos colonies d'Amérique et de la mer des Indes. Dans l'océan Pacifique il encourageait l'expédition de Bougainville (quelques années plus tard Louis XVI devait favoriser le voyage de La Pérouse dans les mers d'Océanie et de Chine); dans l'orient de la Méditerranée il se préoccupait de notre situation politique et commerciale.

Ici, nos fautes en Europe durant la seconde moitié du xviii° siècle avaient porté à notre crédit une irrémédiable atteinte. Au lendemain de la guerre de Sept Ans l'ambassade de France à Constantinople ne jouissait plus de l'autorité qui avait permis au marquis de Villeneuve en 1739 de protéger l'empire Ottoman contre la Russie et l'Autriche; l'influence russe grandissait aux dépens de la nôtre. Dans quelques années le czar imposera aux Turcs le traité de Kaïnardji dont certains articles fourniront à la Russie un prétexte permanent pour intervenir dans les rapports du sultan avec ses sujets orthodoxes (1774; c'est le protectorat religieux de la Russie qui va s'exercer à côté du nôtre, — presque en concurrence).

Notre commerce n'était pas plus heureux que notre politique. La période de grande prospérité qui, commencée sous Colbert, s'était continuée longtemps après lui, avait pris fin. Sous l'influence de causes diverses (influence de la Russie, concurrence de nos rivaux, fautes de nos négociants) notre mouvement d'affaires fléchissait tandis qu'augmentait celui des Anglais et des Hollandais. Après Choiseul, Louis XVI, animé comme lui du désir de relever le commerce de Marseille, rappellera les principales prescriptions de Colbert, tombées en désuétude, en édictera de nouvelles : nécessité d'une autorisation spéciale pour aller commercer en Orient, estampillage des étoffes exportées, obligation pour les négociants d'une place, de délibérer en commun sur les arrangements à prendre pour la sûreté du commerce, la vente et l'achat des marchandises, traitement de faveur accordé dans nos ports aux importations faites par navires français. A la veille des guerres de la Révolution et de l'Empire, qui doivent achever la ruine de notre situation privilégiée dans l'orient de la Méditerranée, le commerce de Marseille aura retrouvé son ancienne prospérité. Il atteindra même des chiffres plus élevés que ceux obtenus jusqu'alors : c'est ainsi qu'en 1789 le négoce de notre grand port avec le Levant emploie 500 vaisseaux et s'élève à 52 millions et demi de francs [1].

L'administration de Choiseul n'est pas sans avoir donné de précieux résultats, bien que des fautes aient été commises (expédition du Kourou), des erreurs suivies (pacte colonial). En même temps

[1] Le chiffre total du commerce (52 575 000 fr.) se décomposait en 20 356 000 francs d'exportations de France aux Échelles, et 32 219 000 francs d'importations des Échelles en France. La différence des importations avec les exportations était soldée en numéraire sorti de France.
Un grand nombre de bâtiments légers faisaient en outre des opérations de cabotage entre les ports turcs, — ce que l'on appelait « la caravane ». — *Archives du Ministère des affaires étrangères. Fond Turquie, Mémoires et documents*, vol. VIII.

qu'il hâtait le développement commercial de nos colonies il y organisait des forces militaires locales dans lesquelles d'Estaing et le bailli de Suffren devaient trouver, quelques années plus tard, un sérieux appui pendant la guerre d'Amérique ; il poussait, d'autre part, avec une grande activité nos constructions navales : en 1763 notre flotte ne comptait que 44 vaisseaux de ligne et 10 frégates, en 1770 ces forces étaient plus que doublées : 64 vaisseaux et 50 frégates étaient à flot.

C'est enfin à Choiseul que l'on doit l'acquisition de la Corse, cédée par les Génois en 1768, au grand déplaisir des Anglais qui auraient voulu s'établir dans cette île d'où ils auraient menacé Toulon.

Le ministre de Louis XV avait préparé à son pays un retour de fortune. Louis XVI en montant sur le trône (1774) trouva un pays remis de ses défaites, des colonies et un commerce prospères, une marine assez forte pour lutter avec celle de l'Angleterre. Bientôt il lui fut donné d'atténuer par une guerre heureuse les tristes souvenirs laissés par son prédécesseur et, à la veille de la Révolution, de rendre quelque gloire à la monarchie qui tombait.

Lorsque les colonies anglaises d'Amérique se

soulevèrent en 1775 contre la métropole il se produisit en France, dans toutes les classes de la population, un mouvement de sympathie en faveur des « insurgents ». A la vérité ce furent plutôt les idées nouvelles qu'un désir de revanche qui obligèrent le cabinet de Versailles à intervenir en faveur des Américains (1778). La noblesse française s'embarquait pour « les croisades de la Liberté ». « Dès que je connus la querelle, écrit Lafayette, mon cœur fut enrôlé, et je ne songeai plus qu'à joindre mes drapeaux ».

L'occasion était favorable pour accabler l'Angleterre, reconquérir nos colonies perdues. Pour la première fois, en effet, la France ayant à combattre sur mer avait évité de s'engager en Europe malgré les efforts tentés dans ce but par les ministres anglais. Mais la guerre d'Amérique est pour la France bien plus une « guerre de sentiment » qu'une « guerre d'affaires ». Deux fautes sont commises : d'une part, nous n'envoyons dans l'Inde que des forces insuffisantes (sous les ordres du bailli de Suffren) pour soutenir le sultan de Mysore dans sa lutte contre la Compagnie des Indes et nous manquons ainsi la conquête de la péninsule, — de l'autre, nous abandonnons un projet de descente en Angleterre qui, s'il eût réussi, aurait pu avoir des conséquences considérables. Toutefois, tandis qu'une armée envoyée en

Amérique aide les États-Unis à conquérir leur indépendance, nos flottes battent les flottes anglaises, s'emparent de plusieurs des Antilles et du Sénégal. Les victoires navales de d'Estaing et de la Mothe-Piquet, de Suffren et de Grasse témoignent que la France peut, lorsqu'elle n'est pas engagée sur le continent, résister victorieusement sur les mers à sa rivale.

L'Angleterre vaincue dut engager des négociations qui aboutirent au traité de Versailles (1783). Elle reconnaissait l'indépendance des États-Unis et perdait ainsi la moitié de l'Amérique, mais elle gardait l'Inde que nous aurions pu lui arracher. La France avait beaucoup de gloire mais peu de profit : elle ne recouvrait de toutes ses colonies perdues que Tabago et le Sénégal. L'Espagne, notre alliée, recevait Minorque et la Floride.

Le traité de Versailles est le dernier qui appartienne à la seconde période de notre histoire :

De 1688 à 1783, en moins d'un siècle, la France a fait six guerres dont quatre particulièrement terribles et sanglantes. Elles ont duré ensemble quarante-trois ans. Sa dette, pour la plus grande partie contractée à la suite de ces guerre, s'élève à une somme considérable : seize cent quarante-six millions.

Quel est le résultat de ces grands efforts, de ces grands sacrifices?

En Europe la France n'a gagné, avec la Corse, qu'une province, la Lorraine, où d'ailleurs elle possédait depuis Henri II Metz, Toul et Verdun. Ses limites sont les mêmes qu'au lendemain de la paix de Nimègue; le traité d'Utrecht lui a même coûté la restitution de quelques villes de la Flandre et, de ce côté, bien que « la barrière de fer » élevée par Vauban puisse arrêter une armée d'invasion, les Autrichiens menacent toujours la capitale.

Pendant ce temps la Prusse a grandi en Allemagne, et, dans le nord, la Russie est sortie de son immobilité (règne de Pierre le Grand, partage de la Pologne).

Hors d'Europe l'Empire colonial fondé par Richelieu et Colbert est perdu. La France a payé ses guerres impolitiques sur le continent avec ses colonies. La possession de Terre-Neuve, du Canada, de plusieurs des îles du golfe du Mexique et de l'Inde, fait de l'Angleterre, — même après la guerre d'Amérique, — la première puissance maritime et coloniale. Les Américains du Nord pour s'être séparés d'elle n'ont d'ailleurs point cessé d'être de son sang et de sa langue : ils entretiendront avec leur ancienne métropole un commerce considérable, source pour elle de grands profits.

IV

Politique continentale et politique coloniale de 1792 à 1815.

Action de la France sur l'Europe. — Continuation de la seconde guerre de Cent Ans entre la France et l'Angleterre pendant la Révolution et l'Empire.

La situation continentale de la France expose la Révolution aux attaques de l'Europe.

Première coalition. — Traité de Bâle. — Traité de Paris. — Traité de Campo-Formio. — La France atteint la rive gauche du Rhin. — Expédition d'Égypte.

Seconde coalition. — Paix de Lunéville. — Traité d'Amiens. Grande situation de la France en Europe. — Politique que Bonaparte veut suivre aux colonies.

Troisième coalition. — Traité de Presbourg. — Confédération du Rhin.

Quatrième coalition. — Blocus continental. — Traité de Tilsitt. — Hégémonie de l'Empire français.

Guerre d'Espagne.

Cinquième coalition. — Traité de Vienne. — La lutte entre la France et l'Angleterre ne cesse point.

Expédition de Russie. — Revers. — Premier traité de Paris.

Waterloo. — Second traité de Paris.

La France perd les frontières acquises par la Révolution. - Nouvelle carte de l'Europe dressée au Congrès de Vienne. — Constitution de la « Confédération germanique » sur notre frontière de l'Est.

La France sort vaincue de la seconde guerre de Cent Ans, l'Angleterre victorieuse. — Situation comparative des colonies des deux pays.

Des quatre périodes de notre histoire, la troisième, avec laquelle nous entrons dans l'histoire contemporaine, est la plus courte. Elle dure vingt-trois ans. Mais jamais pays n'a autant agi sur l'Europe que la France de 1792 à 1815. Elle est presque exclusivement puissance continentale : « guerres de défense », « guerres contre les rois pour les peuples, » « guerres d'ambition », puis bouleversement de l'ordre établi en Europe et propagation d'idées nouvelles d'où sortiront des révolutions, le principe des nationalités, la liberté politique.

En même temps se poursuit la seconde guerre de Cent ans entre la France et l'Angleterre, aussi bien pendant les « guerres de défense » de la République que pendant les « guerres d'ambition » de l'Empire qui conduisent nos soldats en Espagne et jusqu'en Russie. C'est l'Angleterre libérale qui dirige et soutient les puissances monarchiques du continent dans leurs attaques contre la France révolutionnaire, poursuivant un seul but, toujours le même : la ruine de notre marine et de nos colonies, l'établissement de son « empire »; c'est l'Angleterre qui organise de nouvelles coalitions contre Napoléon, moins peut-être pour défendre le « système d'équilibre » brisé par la France que pour abattre une ennemie, une rivale, qui menace son commerce, sa marine, ses colonies; c'est l'Angleterre, enfin, que Napoléon veut atteindre lorsqu'il fait les expéditions d'Espagne et de Russie.

En 1789 éclate la Révolution. En 1792 Louis XVI, gardé aux Tuileries comme un prisonnier depuis son arrestation à Varennes, est contraint de déclarer la guerre à l'Autriche qui menace la Révolution. Quelques semaines plus tard la Prusse se joint à l'Autriche et le duc de Brunswick lance, en entrant en campagne, un manifeste où il déclare que l'empereur et le roi ne sont armés « que pour faire cesser l'anarchie dans l'intérieur de la France, arrêter les attaques portées au trône et à l'autel, rendre au roi sa liberté et le mettre en état d'exercer son autorité légitime ». A ce moment même les autres souverains se préparent à entrer dans la lutte.

Ainsi l'Europe qui un siècle et demi plus tôt avait laissé s'accomplir la Révolution d'Angleterre, se levait contre la Révolution française et prétendait défendre contre elle le principe monarchique.

Certes, l'Europe de 1792 n'est plus l'Europe de 1649. D'une part, de nouveaux États se sont constitués (le royaume de Prusse qui a grandi dans la guerre de Sept Ans, la Russie qui entre dans le mouvement européen, la Hollande, les royaumes du Portugal, de Naples et de Sardaigne); parmi les anciens États, les uns ont joui d'une longue paix et sont prêts à la guerre (l'Autriche, qui, au contraire, venait en 1649 de subir le traité de Westphalie), les autres, n'étant engagés dans aucune lutte sont libres de tout entreprendre (l'Espagne, qui en 1649 soutenait une longue guerre contre la France); enfin, une des premières puissances de l'Europe, l'Angleterre, qui poursuit la ruine de la France en tant que puissance maritime et coloniale, sera constamment préoccupée de nouer et d'entretenir des coalitions contre son ennemie (en 1649 la France ni aucune autre nation n'a songé à nouer une coalition européenne dirigée contre le gouvernement de Cromwell). D'autre part la Révolution française se présente avec un caractère que n'a jamais eu la Révolution d'Angleterre : elle menace les trônes, elle offre « secours et fraternité à tous les peuples qui voudraient recouvrer leur liberté ».

N'est-il pas cependant permis de penser que, malgré ces différences entre 1649 et 1789, la situation géographique de la France, puissance continentale, doit être mise au nombre des raisons qui ont amené la coalition de l'Europe contre la Révolution ? que cette situation explique, dans une certaine part, l'intervention des puissances européennes en faveur de la dynastie des Bourbons, alors qu'aucune puissance continentale n'avait songé à passer la mer pour intervenir en faveur de la dynastie des Stuarts [1] ?

Fait bien digne de remarque, c'est l'Angleterre, puissance libérale, l'Angleterre, pays où est tombée la tête de Charles Ier, l'Angleterre dont le peuple a applaudi à la prise de la Bastille, qui au lendemain de la mort de Louis XVI arme l'Espagne (rompant l'alliance française), le Portugal, la Hollande, le roi de Sardaigne, le roi de Naples, les princes allemands contre la France révolutionnaire (première coalition, 1793-1797. — Pitt ne déclare pas la guerre, mais a l'habileté de se la faire déclarer [2]).

[1] L'intervention de Louis XIV en 1688 en faveur de Jacques II lorsqu'il est détrôné, ne saurait être citée à l'encontre de l'opinion que nous émettons ici. Il convient, en effet, de remarquer que si Louis envoie une expédition contre l'Irlande, c'est cependant bien plus en Belgique, en Hollande et en Allemagne que dans la « verte Erin » qu'il tente de ravir à Guillaume III la couronne que celui-ci a « usurpée ».

L'échec de l'expédition d'Irlande est, d'ailleurs, une preuve, — et elle a été renouvelée, — que la Grande-Bretagne est rendue inattaquable par sa situation insulaire.

[2] Au moment où commence entre la France et l'Angleterre une longue et terrible guerre qui ne prendra fin qu'en 1815, il n'est pas sans intérêt de noter que nos colonies étaient alors dans une situation florissante, la plupart en voie de développement.

Les données suivantes sont empruntées aux *Notices statistiques* déjà citées (4 vol., imprimerie royale, 1837, 1838, 1839, 1840).

L'Autriche et la Prusse étaient intervenues en faveur de Louis XVI pour défendre le principe

Martinique : population 10 600 blancs, 5 200 affranchis, 83 000 esclaves ; — commerce total en 1790, 44 millions de livres dont 31 465 000 livres à l'exportation en France et 12 536 000 livres à l'importation dans la colonie.

Guadeloupe : population 13 000 blancs, 3 000 affranchis, 90 000 esclaves ; — commerce total en 1790, 31 865 000 francs dont 20 667 000 francs à l'exportation et 11 198 000 francs à l'importation.

Bourbon : population 10 000 blancs, 1 200 affranchis, 50 000 esclaves ; — production en 1789, 40 000 balles de café, soit 4 millions de livres, 100 000 livres de coton.

Guyane : population 2 000 blancs, 12 000 esclaves ; — commerce total en 1790, 1 202 000 francs dont seulement 531 000 francs d'exportation. — L'état de la Guyane a toujours été misérable.

Sénégal : en 1789, exportations du Sénégal en France 2 697 000 livres, importations de la France sur toute la côte d'Afrique 29 988 000 livres — L'énorme différence entre la valeur des importations de la France et la valeur des retours du Sénégal s'explique par les achats de noirs qui se faisaient alors à la côte d'Afrique et par le transport direct de ces noirs dans les colonies d'Amérique où leur prix était soldé en denrées coloniales et revenait ainsi par voie indirecte en France.

Saint-Pierre et Miquelon : de 1785 à 1792 les produits de la pêche faite sur les côtes et sur le grand banc de Terre-Neuve par les navires expédiés directement de France atteignirent dans les bonnes années 40 000 quintaux de morue évalués à 13 millions de francs y compris les huiles et autres produits secondaires de la pêche. Le nombre des navires qui étaient occupés s'élevait à environ 400 montés par 10 000 matelots et pêcheurs.

Les *Notices* ne fournissent aucun renseignement sur Sainte-Lucie, Tabago, Saint-Domingue, l'Ile de France et les comptoirs de l'Inde.

monarchique ; l'Angleterre, dirigée par William Pitt, se joignait à eux dans un esprit différent, car elle poursuivait moins le but de vaincre la Révolution que celui de se venger de la guerre d'Amérique et d'enlever à la France ses dernières colonies.

La Révolution fit face à toutes les attaques, à tous les dangers, sur ses frontières et à l'intérieur (guerre de Vendée).

Dès le lendemain de la déclaration de guerre, en 1792, Dumouriez avait vaincu les Prussiens à Valmy, les Autrichiens à Jemmapes. A la fin de la campagne de 1794, « campagne sans exemple dans les annales du monde », nos armées commandées par Pichegru, Jourdan, Dugommier, Moncey avaient conquis la Belgique (Fleurus), la Hollande, la rive gauche du Rhin, la Savoie, une partie du Piémont, de la Catalogne et de la Navarre. En même temps Hoche pacifiait la Vendée. Ces victoires étaient, à la vérité, compensées par des revers en Asie, en Amérique et sur l'Océan. Nos armées étant occupées en Europe, nous ne pouvions défendre nos colonies : les Anglais s'emparaient des comptoirs de l'Inde, enlevaient la Martinique et la Guadeloupe, malgré l'héroïque résistance des colons, les succès de nos corsaires ; Saint-Domingue était le théâtre d'une épouvantable guerre civile entre les noirs et les blancs déchaînée par une mesure radicale de la

Convention (l'abolition immédiate de l'esclavage); enfin l'amiral Howe gagnait sur Villaret-Joyeuse la plus terrible bataille navale qui eût encore été livrée.

Les succès de nos armées sur toutes les frontières ne tardèrent pas à obliger la Hollande, la Prusse, l'Espagne, le roi de Sardaigne à déposer les armes (paix de Bâle, 1795; de Paris, 1796). Le Portugal, le roi de Naples, les princes allemands suivirent cet exemple. Mais l'Angleterre « qui, suivant une parole de Pitt, avait pris des vaisseaux et des colonies qui lui assuraient à jamais l'empire des mers », voulait nous chasser de la Belgique. Elle augmenta ses armées et fit passer des subsides à l'Autriche. La guerre continua donc en Vendée (les Anglais et les émigrés), sur le Rhin, sur le Danube, en Italie. Les victoires de Bonaparte dans la péninsule (Castiglione, Arcole, Rivoli), sa marche sur Vienne décidèrent l'Autriche à demander la paix. Elle fut signée à Campo-Formio (1797).

La Hollande et la Prusse avaient cédé à la France au traité de Bâle, la première, la Flandre septentrionale, la seconde, ses possessions de la rive gauche du Rhin; le roi de Sardaigne avait renoncé par le traité de Paris à la possession de la Savoie et du comté de Nice. L'Autriche, contrainte à son tour à signer la paix, nous abandonnait, à Campo-Formio, les Pays-Bas autrichiens et les possessions de l'Empire sur la rive gauche du Rhin. Ainsi ce traité, complétant les deux précédents, donnait à la France ses limites naturelles, les frontières que la Gaule avait perdues en 843 au traité de Verdun (partage de l'Empire de Charlemagne entre les fils de Louis le Débonnaire), le Rhin et les Alpes. La rive gauche du grand fleuve tant désirée par Richelieu et que Louis XIV victorieux n'avait pu atteindre que sur une partie de son cours (l'Alsace), devenait française depuis Bâle jusqu'à la mer; les Pays-Bas étaient heureux de secouer la domination autrichienne pour entrer dans l'unité française; les provinces rhénanes qui, depuis le traité de Westphalie, vivaient sous des princes alliés et pensionnés de nos rois (qui s'appelaient eux-mêmes « les Allemands de France ») acceptaient notre domination; la Savoie, enfin, française de langue, était déjà réunie à la République et formée en départements depuis près de quatre ans. Jamais la France n'avait eu une position si grande et si nette : ses limites naturelles étaient elles-mêmes couvertes par la neutralité de la Suisse et la fondation, en Italie, de la République Cisalpine formée en grande partie de provinces enlevées à l'Autriche. (L'Autriche avait reçu en compensation la Vénétie jusque-là indépendante.)

Au lendemain du traité de Campo-Formio toute

l'Europe a désarmé et reconnu la Révolution. Seul le cabinet de Londres a refusé la paix. L'Angleterre, inattaquable au milieu des flots (une expédition entreprise pour seconder les Irlandais soulevés a échoué, 1796), cherche encore des alliés sur le continent.

Alors Bonaparte convainc le Directoire que le meilleur moyen d'atteindre notre irréconciliable ennemie est d'occuper l'Égypte, et, par l'Égypte, de secourir Tippo Saïb, sultan de Mysore, dans sa lutte contre le gouvernement de Calcutta. Malte est emportée, l'Égypte conquise (les Pyramides, 1798), par une armée que son général appelait « une des ailes de l'armée d'Angleterre ». Mais notre flotte est ruinée par Nelson auprès d'Aboukir (1798), Tippo meurt délaissé, Bonaparte échoue en Syrie, tandis que la Russie, Naples et l'Autriche, répondant aux sollicitations de Pitt, forment une seconde coalition (1798-1801). — C'est alors des deux côtés un suprême effort : la ligne de défense de la France s'étend du Zuyderzée au golfe de Gênes. Les victoires de Masséna à Zurich, du premier consul à Marengo, de Moreau à Hohenlinden, nous assurent la paix de Lunéville établie sur les bases du traité de Campo-Formio (1801).

L'Angleterre qui n'avait pas signé le premier de ces traités ne voulut pas non plus signer le second.

ni invasion. Nous subissons, outre cet échec, deux diminutions : en Amérique, Saint-Domingue demeure aux insurgés (République d'Haïti), la Louisiane, que Napoléon juge ne pouvoir défendre, est vendue aux États-Unis.

Au lendemain de la paix de Presbourg, Napoléon, devinant la persistance de l'hostilité des vaincus, jugea que rien n'était plus nécessaire que de couvrir la France du côté du Rhin : là était toujours, malgré les acquisitions territoriales de la République, le point faible de notre frontière. En 1658, Mazarin, alors que la France n'atteignait la rive gauche du fleuve qu'en Alsace, avait voulu compléter le traité de Westphalie en formant une Ligue entre plusieurs des princes dont les possessions étaient situées sur les deux rives du Rhin. En 1806, Napoléon, maître de toute la rive gauche, reprenant la pensée du ministre de Louis XIV, éleva sur la rive droite « une barrière » d'États qui devait protéger la France contre les attaques de la Prusse, de l'Autriche et de la Russie. La « Confédération du Rhin » fut créée avec les rois de Bavière, de Wurtemberg, l'électeur de Ratisbonne, le grand-duc de Bade et douze princes qui se déclarèrent indépendants de toute puissance étrangère et se séparèrent de l'Empire germanique. L'empereur des Français fut choisi comme protecteur de la Confédération ; un

Mais l'Angleterre ne pouvait assister à un semblable relèvement ni consentir à l'affermissement de la situation prépondérante prise par notre pays en Europe. Elle refusa de rendre Malte aux Chevaliers, ainsi qu'elle s'y était engagée par le traité d'Amiens, confisqua dans ses ports ou sur les mers 1 200 navires français ou bataves, envoya des renforts aux insurgés de Saint-Domingue (1803).

C'était la guerre; Napoléon dut l'accepter (l'Empire est à ce moment proclamé, 1804). On prépare aussitôt dans les ports de la Manche l'invasion de l'Angleterre. Mais les flottes britanniques tiennent en échec les flottes françaises, tandis que Pitt noue une troisième coalition (Autriche, Russie, Prusse, 1805). Napoléon, obligé d'abandonner le camp de Boulogne pour défendre le Rhin, franchit le fleuve, traverse l'Allemagne, entre victorieux dans Vienne et, après Austerlitz, impose aux alliés le traité de Presbourg. Toutefois les nouvelles acquisitions de l'Empire en Europe (Istrie, Dalmatie), d'ailleurs beaucoup plus dangereuses qu'utiles, — ce sont, ainsi qu'on a les nommées, des « excroissances malsaines », — ne compensent pas la ruine de notre marine à Trafalgar. La France reste, après cette écrasante défaite navale, sans moyens d'action contre l'Angleterre, qui, désormais unique maîtresse de l'Océan, n'a plus à craindre ni coalition maritime,

traité de Campo-Formio, parvenu à l'Empire, ne s'était jeté à la poursuite de rêves trop ambitieux.

Au lendemain du traité d'Amiens le premier consul voulut poursuivre dans la paix la grande œuvre accomplie par la guerre. Il ne suffisait point que la France dominât en Europe; il fallait encore qu'elle reprît sur mer et aux colonies la situation qu'elle avait perdue : les échanges de Marseille avec le Levant avaient diminué, ceux des nations rivales progressé, le colonel Sébastiani fut envoyé en Égypte, en Syrie, dans les îles Ioniennes pour étudier l'état de notre commerce, renouer les relations rompues; — les Deys d'Alger inquiétaient notre petit établissement du Bastion de France, ils furent rappelés au respect de notre pavillon; — le traité de Paris nous avait fait perdre tous les territoires que nous possédions dans l'Amérique du Nord, des négociations furent engagées avec l'Espagne qui nous rendit la Louisiane;— nos possessions de l'Inde étaient ruinées, le général Decaen, qui croyait possible d'arracher l'Inde aux Anglais, fut envoyé à Pondichéry; — la guerre civile continuait à Saint-Domingue, des troupes y furent débarquées pour rétablir l'ordre. Déjà notre commerce renaissait, 1 500 vaisseaux battant notre pavillon couvraient les mers, Anvers, place commerciale de premier ordre, était port français, une flotte nouvelle se construisait.

Elle ne céda que l'année suivante devant les apprêts du camp de Boulogne et la menace d'une invasion. Le traité d'Amiens (1802) fut pour elle, — bien qu'elle eût contraint l'armée française à évacuer l'Égypte (capitulation du Caire et d'Alexandrie) et qu'elle nous eût enlevé Malte, — une cruelle humiliation. Elle rendait à la France ses colonies et laissait la République maîtresse de la Belgique, des provinces du Rhin, protectrice de l'Italie du Nord (Bonaparte venait d'accepter la présidence de la République Cisalpine), ayant sous son patronage la Hollande, l'Allemagne, la Suisse, l'Espagne [1].

La Révolution sortait ainsi triomphante des « guerres de défense » qu'elle avait dû soutenir contre toute l'Europe ; elle avait vaincu les monarchies, gagné les frontières géographiques de notre pays, étendu son influence sur les nations voisines. Ses conquêtes n'étaient point l'effet d'un hasard heureux, d'une surprise, aussi témoignaient-elles de la puissance d'action de notre pays en tant que nation continentale. Il avait atteint ses limites naturelles, il était certainement assez fort pour les défendre et il les aurait défendues, même contre les coalitions les plus redoutables, si le signataire du

---

[1] L'Angleterre conservait toutefois la Trinité et Ceylan enlevées à l'Espagne et à la Hollande alliées de la République. — L'Égypte était rendue aux Turcs.

traité d'alliance stipula que toute guerre serait commune à la France et à la Confédération. François II ne put répondre à la constitution de cette confédération qu'en renonçant à son titre d'empereur d'Allemagne pour le remplacer par celui d'empereur d'Autriche.

Dans le même temps où se signe ce traité, Napoléon las de la guerre engage des négociations pacifiques avec l'Angleterre, mais les disciples de Pitt revenant au pouvoir (Pitt vient de mourir), ses propositions sont repoussées.

Il faut donc que la lutte continue, — et l'on peut dès maintenant prévoir qu'elle ne cessera que par la ruine d'un des deux adversaires. La Prusse, qui veut opposer à la « Confédération du Rhin » une « Confédération des États du Nord », est prête à la lutte; l'Angleterre lui fait passer des subsides; en même temps, elle entraîne de nouveau la Russie. C'est une quatrième coalition (1806-1807). Napoléon triomphe une fois encore des alliés de l'Angleterre à Iéna, Eylau et Friedland, mais que ne ferait-il pas pour atteindre son insaisissable ennemie elle-même? Après Iéna, il déclare les Iles-Britanniques en état de blocus (Blocus continental); après Friedland, il cherche dans Alexandre, son ennemi de la veille, un allié contre l'Angleterre (traité de Tilsitt).

La paix de Tilsitt (où la monarchie prussienne

a été démembrée) laisse Napoléon ébloui de la gloire de ses armes; son ambition augmentant avec ses succès va l'entraîner désormais sur une pente où il ne pourra s'arrêter. L'équilibre de l'Europe est rompu : l'Empire français est couvert du côté de l'est par la Confédération du Rhin, — confédération à laquelle adhèrent successivement presque tous les États de l'Allemagne, — et les peuples qui nous entourent ont été partagés, distribués comme butin, à des souverains étrangers : Louis est roi de Hollande, Joseph de Naples (la Hollande et Naples, grands postes maritimes contre l'Angleterre), Jérôme de Westphalie. Il y a plus encore : la Prusse et l'Autriche sont diminuées et humiliées; la Grande-Bretagne menacée de ruine si le Blocus continental est exécuté pendant quelques mois. Ainsi, devant la France toute-puissante, la Russie demeure seule en Europe : le czar dont l'Empereur a voulu gagner l'amitié à Tilsitt est libre de poursuivre ses ambitions contre la Pologne, contre la Suède, contre la Turquie elle-même, notre alliée, notre « protégée » séculaire.

Le système de Napoléon consistant à former autour de son empire une ceinture d'États placés sous l'influence des idées françaises était plus que grandiose : appliqué comme il le fut il brisa les volontés des peuples, fit sortir la France continentale de ses limites naturelles, et, ces limites franchies, quelles barrières pouvaient arrêter l'ambition de l'empereur? quelles aventures n'étaient pas à craindre?

C'est ainsi précisément qu'au lendemain de Tilsitt, Napoléon juge que la France n'aura pas ses derrières assurés lorsqu'elle se portera en Allemagne tant que l'Espagne ne sera pas entrée dans son système fédératif d'États. Alors il intervient dans les affaires de la péninsule, envahit le Portugal et l'Espagne : la famille de Bragance fuit au Brésil, les Bourbons abdiquent en faveur des Bonapartes, Joseph est couronné à Madrid, Murat le remplace à Naples (1808). C'est la politique de Louis XIV poursuivie avec violence.

La guerre d'Espagne « qui a été une véritable plaie et la cause première des malheurs de la France, qui perdit Napoléon » (Las Cases), doit être considérée assurément comme une « guerre d'ambition » et cependant elle fut entreprise en partie dans un sentiment « de défense » contre l'Angleterre : le Portugal était dans l'alliance de cette puissance, l'Espagne et le Portugal possédaient des flottes et des colonies dont on pouvait se servir contre la Grande-Bretagne ; enfin, il fallait pour ruiner cette ennemie que nous ne pouvions atteindre, fermer à ses produits les marchés de la Péninsule.

Les Espagnols et les Portugais se soulevèrent

contre les envahisseurs, l'Angleterre leur fit passer de l'argent, des armes, des secours, puis leur donna une alliée en décidant l'Autriche à reprendre la lutte (cinquième coalition, 1809). Napoléon vainqueur à Wagram imposa la paix à François II. Le traité de Vienne porta la frontière du territoire de l'Empire français à 50 lieues de la capitale de l'Autriche.

Ainsi Napoléon était condamné à « conquérir pour conserver ». Les perpétuelles attaques de l'Europe coalisée contre la Révolution et l'Empire, puis l'ambition de l'Empereur nous avaient conduits à dépasser les limites naturelles de notre pays conquises depuis 1797. La France s'étendait en Italie jusqu'au Garigliano, en Allemagne jusqu'aux bouches de l'Elbe, en Illyrie jusqu'à la Save et aux bouches de Cattaro; elle comprenait 130 départements sans compter les 24 de la vice-royauté d'Italie (sous le prince Eugène); elle avait en outre pour vassaux ou pour alliés les royaumes de Naples, d'Espagne, de Westphalie, de Bavière, de Saxe (le royaume de Hollande avait été réuni à l'Empire). Toutes les fautes qu'il est possible à une nation continentale de commettre, la France les avait commises, — les provinces conquises ne veulent pas être françaises, les guerres de la Prusse et de l'Autriche deviennent, comme la résistance de l'Espagne, des « guerres d'indépendance »!

Victorieux sur le continent, Napoléon ne cesse pas d'être vaincu sur les mers. Il ne peut atteindre que dans ses alliés son irréconciliable ennemie. L'Angleterre elle-même demeure insaisissable; nos flottes n'ont d'ailleurs jamais été reconstituées depuis le désastre de Trafalgar; les escadres britanniques s'emparent de la Martinique, de la Guadeloupe, de la Guyane, du Sénégal, de Saint-Pierre-Miquelon, de la Réunion, de Maurice, brûlent nos vaisseaux sur les côtes de France, tentent même de surprendre Anvers. Cependant, malgré ses succès, la Grande-Bretagne est épuisée : elle soutient depuis dix-sept ans une guerre formidable, entretenant sur ses flottes plus de 100,000 matelots, fournissant à ses alliés du continent des subsides et des troupes ; nos corsaires qui poursuivent ses navires sur toutes les mers ont infligé de grandes pertes à son commerce ; le Blocus continental réduit ses habitants à la misère, le peuple demande la paix. Mais l'aristocratie anglaise ne saurait consentir à reconnaître les conquêtes de la Révolution et de l'Empire : la France possède les bouches de l'Escaut, du Rhin et de l'Elbe, Anvers qui avec son arsenal « est un pistolet chargé au sein de l'Angleterre », Gênes, la Spezzia, où de grands travaux sont entrepris pour créer un port militaire ; enfin, elle pourrait, à la faveur de la paix, trouver dans la possession des colonies espagnoles et hollandaises un Empire colonial qui remplacerait celui qu'elle a perdu au traité de Paris. Dans le but de prévenir la consolidation d'une semblable puissance, le cabinet de Londres tente un suprême effort et parvient à détacher le czar de l'alliance française. Napoléon prépare alors une entreprise qui « fera pâlir celle d'Égypte » : la Russie vaincue, son système européen sera définitivement fondé, l'Angleterre certainement brisée ; s'il le veut, il pourra atteindre les Indes par la voie de terre... Mais le Dieu des batailles doit être désormais contraire aux aigles impériales : 1812, entrée de la Grande armée dans Moscou, retraite de Russie, — 1813, coalition formidable, préparée par l'Angleterre, où la Prusse, l'Autriche, la Suède, une partie des États de l'Allemagne se joignent à la Russie, — désastre de Leipsig, que les Allemands ont appelé « la victoire des nations », — 1814, attaque de toutes nos frontières, campagne de France, capitulation de Paris, abdication de Napoléon, restauration des Bourbons (Louis XVIII), premier traité de Paris.

La France, par ce traité, est ramenée à ses limites de 1792 avec quelques annexes : elle abandonne Nice, la Savoie (moins Chambéry et Annecy), les provinces Rhénanes, la Belgique, — ses « limites naturelles » acquises au traité de Campo-Formio et payées de trois siècles de guerre. Sur les mers il ne suffit pas à notre ennemi que notre marine soit ruinée; l'Angleterre veut conserver, parmi nos colonies, Tabago, Sainte-Lucie, l'île de France et ses dépendances, parachevant ainsi l'œuvre de destruction de notre « Empire colonial » accompli par les traités de 1713 et de 1763 (30 mai 1814).

Les souverains alliés sont encore réunis à Vienne où ils se partagent les dépouilles enlevées à la France lorsque Napoléon débarque au golfe Juan. A cette nouvelle ils lancent un million d'hommes sur notre pays. L'empereur prend aussitôt l'offensive, mais il est vaincu et la grande aventure des Cent Jours finit à Waterloo (1815; — abdication, seconde restauration).

Le second traité de Paris (20 novembre 1815), « monument de haine et d'effroi », aggrava les stipulations du premier. La France qui venait de perdre ses limites naturelles dut consentir à l'ouverture de cinq brèches dans la frontière stratégique construite par Vauban : Philippeville, Marienbourg, Sarrelouis et Landau, conquêtes de Louis XIV, lui furent enlevées, les fortifications d'Huningue démolies [1].

Des conventions spéciales signées entre les puis-

---

[1] Le traité de Paris impose en outre à notre pays une contribution de guerre de 700 millions ainsi que l'obligation de subir pendant cinq ans l'occupation des armées alliées.

sances alliées complètent le traité de Paris[1] et confirment les stipulations du Congrès de Vienne. L'Acte final de ce Congrès signé pendant les Cent Jours (9 juin 1815) a dressé une nouvelle carte d'Europe sur les débris semés par la chute de l'Empire français : la Hollande et la Belgique, que nous possédions depuis près de vingt ans, sont réunies et constituent le royaume des Pays-Bas (l'Autriche renonce volontiers à la possession de la Belgique qui l'a mise pendant un siècle en guerre avec la France); — l'Allemagne n'a plus d'Empereur, elle forme sous la présidence de l'Autriche une « Confédération germanique » composée de 39 États souverains ; — la Prusse considérablement agrandie dans l'Allemagne orientale obtient, en outre, plusieurs États sur les deux rives du Rhin ; — l'Autriche redevient maîtresse de l'Italie du Nord (Lombardie et Vénétie), le reste de la Péninsule étant divisé entre des États souverains, royaume de Sardaigne (Sardaigne, Savoie, Nice, Piémont, Gênes), États pontificaux, royaume de Naples et plusieurs principautés ; — la Confédération helvé-

[1] C'est l'ensemble formé par le traité et ces conventions que l'on appelle ordinairement « les traités de 1815 ».
Deux mois après la signature du second traité de Paris, François, Frédéric-Guillaume et Alexandre avaient conclu dans cette ville « au nom de la Très-Sainte et indivisible Trinité » le fameux traité dit de « la Sainte-Alliance » (26 septembre).

tique qui, — rompant sa vieille alliance avec la France, a ouvert aux alliés en 1814 et 1815 la trouée de Belfort et la route de Genève, — est déclarée neutre (elle compte dix-neuf cantons).

Les « guerres d'ambition » de Napoléon, la grandeur « contre nature » qu'il a voulu donner à son Empire sont ainsi chèrement payées. Les traités de 1815 laissent notre pays épuisé, plus diminué, plus humilié que ne l'avait fait le honteux traité de 1763. En 1763 la France avait perdu l'Empire colonial fondé par Richelieu et Colbert, mais elle avait arrêté l'invasion et conservé ses frontières ; en 1815, après les deux invasions de 1814 et de 1815, elle perdait sur le continent avec les conquêtes de la Révolution quatre places fortes acquises par l'ancienne monarchie, et elle ne conservait sur les mers, où sa marine était détruite, que les quelques possessions que l'Angleterre consentait à lui rendre [1].

Cette diminution de la France était rendue plus sensible par l'augmentation de puissance dont bénéficiaient les alliés, le nouvel état de choses qui se créait en Europe :

[1] Ces possessions, — débris ruinés de notre ancien Empire, — étaient : Saint-Pierre et Miquelon, la Guadeloupe, la Martinique, la Guyane, le Sénégal, la Réunion (avec nos droits sur Madagascar) et les cinq comptoirs de l'Inde.

L'Angleterre était de toutes les nations celle qui gagnait le plus à la conclusion des actes diplomatiques de 1814 et de 1815. En Europe c'était à elle que revenait l'honneur d'avoir ruiné avec la Révolution la « suprématie » de la France. Hors d'Europe son Empire colonial fondé, sur les acquisitions des traités d'Utrecht et de Paris, s'augmentait des îles et des territoires enlevés à la France et à la Hollande (province française pendant les guerres de Napoléon) [1] ; ses victoires navales, en même

[1] L'Empire colonial de l'Angleterre, — et c'est là un fait très digne de remarque, — a été constitué, pour la plus grande partie, de possessions enlevées à des nations européennes et non de territoires conquis directement sur les indigènes. Il en est tout autrement des Empires coloniaux qui ont été fondés au XVIe et au XVIIe siècle par le Portugal, l'Espagne, la Hollande et la France.

Voici, d'ailleurs, l'énumération des colonies qui constituaient en 1814 l'Empire britannique :

Colonies enlevées à la France :

Territoires de la baie d'Hudson, — Terre-Neuve, — Acadie, — Saint-Cristophe (1713).

Canada, — Saint-Vincent, — la Dominique, — Tabago, — la Grenade, — Inde (1763).

Sainte-Lucie, — Tabago (qui nous avait été rendue en 1783), — l'Île de France et ses dépendances (1814).

Colonies enlevées à l'Espagne :

La Jamaïque (1655).

Gibraltar (1713).

La Trinité (1802).

Colonies enlevées à la Hollande :

Ceylan (1796).

Le Cap (1814).

temps que la ruine des flottes française, hollandaise et espagnole, lui assuraient sans conteste le premier rang parmi les nations maritimes; la possession de Malte (conservée depuis 1800, acquise au traité de 1814), au centre de la Méditerranée où elle tenait déjà Gibraltar, lui donnait dans cette mer européenne, dont les flots ne battaient point ses rivages, une situation privilégiée. A la même époque les succès de la Compagnie des Indes dans la péninsule asiatique, le développement des premiers établissements anglais en Australie laissaient clairement entrevoir les grandes destinées qui étaient réservées sur les mers à la nation britannique.

Les événements, d'ailleurs, devaient continuer à servir l'Angleterre dans la paix comme ils l'avaient servie dans la guerre : bientôt allaient éclater les révolutions d'Amérique qui en diminuant les empires d'outre-mer de l'Espagne et du Portugal [1],

Autres colonies possédées par la Grande-Bretagne en 1815 : Helgoland (qui sera cédée à l'Allemagne en 1890), — Malte, — les Bermudes, — les Îles Sous-le-Vent, — les Îles Bahama, — la Guyane, — la Gambie, — Sierra-Leone, — la Côte d'Or, — Sainte-Hélène, — l'Australie (premier établissement en 1788), — la Tasmanie, — enfin les Îles Ioniennes (qui seront cédées au royaume de Grèce en 1863).

[1] Déclaration d'indépendance de la colonie portugaise du Brésil (1821); — Insurrections victorieuses des colonies espagnoles de la Plata (1814), du Chili (1818), du Mexique (1822), de l'Amérique méridionale, de l'Amérique centrale (1823-1825) et du Pérou (1826).

au lendemain de l'amoindrissement et de la ruine de ceux de la Hollande et de la France, feront de la Grande-Bretagne la première puissance coloniale du monde, fonderont définitivement « la plus Grande-Bretagne » (*Greater Britain*). C'est ainsi qu'il était réservé à une puissance tard venue dans le mouvement d'expansion de l'Europe par delà les mers de prendre l'avantage sur ses rivales et de laisser bien loin derrière elle des nations entrées les premières dans la carrière de la colonisation et longtemps maîtresses de continents entiers.

Le royaume des Pays-Bas, qui réunissait sous une même autorité, sans aucun souci des vœux des peuples, les populations belges et hollandaises, était la réalisation d'une combinaison chère à la diplomatie anglaise. Il opposait une barrière à la France au nord et la tenait éloignée des bouches de l'Escaut.

L'Allemagne avait été bouleversée par Napoléon : chaque année des remaniements territoriaux avaient détruit plus profondément l'ancienne organisation du Saint-Empire. L'Acte de Vienne ne la fit point renaître avec ses mille principautés, car la « Confédération germanique » qui fut son œuvre ne se composa que de 39 États souverains. Cette « Confédération » était un progrès incontestable dans le sens de l'essai d'un gouvernement commun ; une Diète fédérale, placée sous la présidence de l'Autriche et la vice-présidence de la Prusse, se trouvait investie de la gestion de toutes les affaires tant intérieures qu'internationales. L'Allemagne ne perdait pas cependant le caractère que lui avait imposé le traité de Westphalie : elle restait la région la plus morcelée du continent avec une constitution imparfaite ; en outre, deux de ses États, l'Autriche et la Prusse, se disputaient le premier rang dans la Confédération. Toutefois la France ne pouvait plus tirer avantage comme jadis de ce manque d'unité : il était désormais formellement défendu aux États de s'engager dans des alliances étrangères et, d'ailleurs, les campagnes et le système oppressif de Napoléon avaient éveillé l'âme du peuple allemand, achevant ainsi l'œuvre commencée par les philosophes et Frédéric II. L'Allemagne tout entière était désormais notre ennemie. Les temps étaient loin où l'on pouvait songer à Paris à couvrir notre frontière de l'est en formant une « Ligne du Rhin » ou en entretenant des relations amicales avec quelques-uns des princes rhénans. La situation se trouvait même renversée, car la Prusse, tant mutilée par Napoléon, nous menaçait de ses possessions du Rhin, et Luxembourg, Mayence, Landau déclarées forteresses de la Confédération germanique, devaient nous tenir en respect.

L'Italie, comme l'Allemagne, restait divisée ; mais

le nord de la Péninsule était partagé entre deux souverains ennemis de notre pays, l'empereur d'Autriche et le roi de Sardaigne rentré en possession de la Savoie.

Enfin dans le nord, la Russie a fait des progrès considérables : l'alliance d'Alexandre avec Napoléon à Tilsitt a permis au czar d'enlever la Finlande aux Suédois, la Bessarabie, la rive gauche du Pruth et une des bouches du Danube aux Turcs, puis le Congrès de Vienne lui a donné, avec la couronne, l'administration du royaume de Pologne.

Il est facile de résumer en quelques lignes l'histoire de l'expansion de notre pays de 1515 à 1815. Lorsqu'au xvi° siècle et pendant une partie du xvii°, la France, puissance continentale, combat en Europe pour la défense du « système d'équilibre » et l'acquisition des provinces qui doivent « naturellement » lui appartenir, elle triomphe de l'Autriche et de l'Espagne (traités de Westphalie, des Pyrénées et de Nimègue). Lorsque dans le même temps elle cherche, puissance maritime, à développer ses relations commerciales avec l'Orient et à fonder des colonies, elle réussit dans toutes ses entreprises et jette les bases d'un magnifique Empire (Capitulations, politique coloniale de Richelieu et de Colbert). Quand, à la fin du xviie siècle et la majeure partie du xviiie, la France, perdant le sentiment de ses véritables intérêts, fait en Europe des « guerres impolitiques » tandis qu'une puissance qui est sa rivale sur l'Océan profite de ses fautes pour attaquer ses colonies, elle ne peut se défendre sur terre et sur mer et doit abandonner son Empire colonial (traité de Paris). La guerre d'Amérique qui termine cette période montre, toutefois, que notre pays, libre du côté du continent, devient sur l'Océan un adversaire redoutable pour l'Angleterre. Plus tard les guerres de la République et les premières guerres de l'Empire témoignent de la persévérance des efforts que notre pays peut déployer pour résister à l'Europe, pour la vaincre, pour conquérir ses frontières naturelles. Mais bientôt après, les dernières guerres de Napoléon sont l'exemple le plus saisissant des fautes qu'une puissance continentale peut se laisser entraîner à commettre lorsqu'elle franchit les limites que lui a tracées la nature.

Ces fautes, la France en subit aujourd'hui encore les conséquences : la Belgique et les provinces rhénanes perdues en 1814, l'Alsace et la Lorraine enlevées en 1871, l'Empire allemand fondé au centre de l'Europe.

V

Politique continentale et politique coloniale de 1815 à 1890.

Relèvement de la France en Europe. — Fondation d'un second Empire colonial. — La France et l'Angleterre depuis 1815.
Indépendance de la Grèce. — Constitution du royaume de Belgique.
La question d'Orient en 1839.
Conquête de l'Algérie. — Acquisitions en Afrique et en Océanie. — État de nos colonies et leur régime économique en 1842. — Relations de Marseille avec l'Orient.
Règne de Napoléon III.
Guerre de Crimée. — Guerre d'Italie. — Guerre de Syrie. — Guerre du Mexique.
Succès de la Prusse en Allemagne. — Guerre de Prusse. — Traité de Francfort. — Constitution de l'Empire d'Allemagne sur notre frontière de l'est. — De 1618 à 1871.
La République.
La politique de « recueillement. » — Le Congrès de Berlin.
Expansion coloniale sous le second Empire.
L'Algérie. — Les expéditions de Chine. — Conquête de la Cochinchine. — La France et l'Angleterre en extrême Orient. — Le Sénégal. — État de nos colonies en 1869.
L'œuvre coloniale de la République.
Expédition de Tunisie. — Expédition du Tonkin. — Fondation de l'Empire indo-chinois. — Progrès de la France

en Afrique : Sénégal, Gabon, Congo, Madagascar. — Un nouvel Empire colonial français.

1815-1889, quatrième période de notre histoire. Son étude enseigne une fois encore, après celle des périodes précédentes, la vitalité de notre pays, la place que la nature et son génie lui ont assurée dans le monde. En 1815, la France est vaincue, humiliée, l'œuvre du Congrès de Vienne a été dirigée contre elle, l'Europe est ennemie. Cependant dans les cinquante-cinq années qui suivent les idées de liberté apportées par la Révolution pénètrent chez tous les peuples, nos armées combattent pour assurer à la Grèce et à l'Italie leur indépendance, nos frontières sont portées aux pieds des Alpes, l'Acte de Vienne n'existe plus ni en droit ni en fait, et, par delà les mers, nous avons fondé un nouvel Empire colonial dont les plus riches provinces sont situées sur la côte africaine de la Méditerranée. Aujourd'hui même, bien que la France souffre d'une cruelle blessure, dont le souvenir n'est point effacé, elle est toujours une des grandes puissances de l'Europe et tandis qu'elle se « recueille » sur le continent, elle poursuit avec succès sa carrière coloniale, obéissant ainsi aux destinées qui lui sont promises par sa situation géographique.

En même temps que nous voyons notre pays acquérir au xix⁰ siècle un nouvel Empire colonial, réparant ainsi en partie les pertes éprouvées au xviii° siècle en Amérique et dans l'Inde, nous constatons que les relations de la France et de l'Angleterre se sont très sensiblement modifiées. La seconde guerre de Cent Ans a pris fin, aucun conflit armé n'a divisé les deux pays depuis 1815. C'est qu'un siècle de guerres sanglantes a démontré qu'aucune des deux puissances n'était assez forte pour exterminer sa rivale, c'est aussi que les progrès prodigieux de leur commerce, de leur industrie et de leur marine leur ont fait comprendre que puisqu'elles étaient incapables de s'étouffer mutuellement, le meilleur parti était de vivre en bon accord et en bonne intelligence. Elles se sont même aperçu que sur plusieurs points du monde elles avaient des intérêts communs, et ce sont des armées anglo-françaises qui ont fait les expéditions de Crimée et de Chine. Un regrettable défaut d'entente lors des affaires d'Égypte en 1881-1882 a malheureusement refroidi les relations jusqu'alors cordiales entre les cabinets de Paris et de Londres. C'est surtout depuis cette époque que les sujets de rivalité toujours existants entre les deux peuple ont reparus : l'Angleterre, qui, parce qu'elle voudrait jouir d'un complet monopole, n'a jamais vu avec satisfaction notre expansion coloniale, a laissé percer sa mauvaise humeur à l'occasion de nos expéditions en Indo-Chine et à Madagascar. Mais aujourd'hui les guerres éclatent moins facilement qu'aux siècles précédents parce que les peuples comptent davantage, que les guerres sont plus meurtrières, les désastres et les ruines plus effrayants, — et l'on peut ajouter qu'aucune lutte ne serait plus terrible pour le monde qu'une guerre entre la France et l'Angleterre.

La politique de réaction suivie à l'intérieur par les ministres de Louis XVIII (1815-1824) a son contre-coup à l'étranger dans l'expédition d'Espagne.

Charles X (1824-1830) poursuit, en l'accentuant même, la politique intérieure de son frère, mais deux expéditions glorieuses sont faites sous son règne : la première entreprise de concert avec l'Angleterre et la Russie assure l'indépendance de la Grèce (bataille de Navarin, 1827 ; première manifestation de la « politique des nationalités »), la seconde dirigée par la France seule contre le dey d'Alger aboutit à la prise de cette ville (1830). Ainsi, quinze ans après ses désastres, notre pays se sentait assez fort pour agir [1].

[1] L'Angleterre, entrevoyant que la France pourrait fonder dans le nord de l'Afrique une puissante colonie, fit présenter des observations à notre ministre des affaires étrangères. Le prince de Polignac répondit avec fermeté aux notes an-

RÈGNE DE LOUIS-PHILIPPE.

Louis-Philippe (1830-1848), que la Révolution de 1830 appelle sur le trône, n'ose toutefois, au lendemain de son avènement, ni annexer la Belgique qui vient de se séparer de la Hollande (révolution de Bruxelles, août 1830) ni même accepter pour son second fils la couronne du nouveau royaume. Certes, la réunion de la Belgique, son retour à la France, serait « naturelle », avantageuse à notre pays, mais l'Angleterre consentirait-elle à laisser l'embouchure de l'Escaut et le port d'Anvers retomber dans nos mains ? la Prusse accepterait-elle le drapeau tricolore dans le voisinage des provinces rhénanes ? et la France est-elle suffisamment prête pour braver une coalition ? Louis-Philippe, ne pouvant assurer la frontière nord de son royaume par la possession de la Belgique, s'occupa de la couvrir au moins par une ligne stratégique de défense et compléta la « barrière de fer » de Vauban. C'était une mesure nécessaire bien que la Belgique eût été déclarée neutre (1839). (La constitution du royaume de Belgique — conférences et traité de Londres, 1830,

---

glaises. L'ambassadeur de la Grande-Bretagne étant venu lui donner lecture d'une dernière note, plus vive, où le débarquement des troupes françaises était signalé comme pouvant amener un cas de guerre et lui demandant ce qu'il devait répondre à son gouvernement. « Répondez, lui dit le Président du conseil, que vous m'avez présenté cette note, et que je ne l'ai pas lue. » — L'Angleterre n'insista plus.

siège d'Anvers, 1832, — est une première atteinte portée à l'Acte de Vienne ; c'est en même temps une nouvelle manifestation de la « politique des nationalités [1] »).

Le second événement extérieur du règne est la signature du traité de Londres conclu, en dehors de la France, par l'Angleterre, la Russie, l'Autriche et la Prusse au sujet des événements d'Orient (1840).

La « question d'Orient » née, depuis longtemps, depuis le jour où en 1453 Mahomet II s'empara de Constantinople, allait être désormais au nombre des préoccupations constantes de l'Europe. Les Turcs, qui possédaient Constantinople et Alexandrie, l'Asie Mineure et la vallée de l'Euphrate, tenant ainsi les rives orientales de la Méditerranée et les routes de l'Inde, avaient dû abandonner peu à peu une partie des provinces conquises en Europe. C'est ainsi qu'ils avaient été refoulés par l'Autriche, que la Russie était arrivée sur la rive gauche du Pruth, qu'elle étendait son protectorat sur la Moldavie et la Valachie, et que, tout récemment, ils avaient été chassés de la Grèce. En même temps que les sultans subissaient cette diminution de territoire en pays chrétiens, leur autorité était atteinte sur la terre

---

[1] Au moment où la Belgique conquérait son indépendance, la Pologne moins heureuse devenait une province russe. (Prise de Varsovie, 1831.)

musulmane : en 1811 le vice-roi d'Égypte, Méhémet-Ali, s'était rendu à demi indépendant, en 1833 il avait contraint son suzerain à lui abandonner l'administration de la Syrie.

Telle était la triste situation de l'Empire ottoman lorsqu'en 1839 le Sultan Mahmoud voulut enlever la Syrie à Méhémet-Ali.

Trois puissances européennes, la Russie, l'Angleterre et la France, suivaient alors avec une attention particulière les affaires d'Orient. La Russie établie aux bouches du Danube et sur une partie des côtes de la mer Noire, protectrice des sujets orthodoxes du Sultan depuis qu'elle avait imposé aux Turcs le traité de Kaïnardji, désirait s'étendre dans la péninsule des Balkans et envoyer ses flottes dans le bassin de la Méditerranée. L'empereur Alexandre avait, d'ailleurs, déclaré après Tilsitt qu'il considérait la Turquie comme une « succession » qui « ne pouvait manquer d'échoir à son pays », que « la géographie lui donnait Constantinople, qu'il fallait qu'il eût la clef de la porte de sa maison ». — L'Angleterre possédait Gibraltar, Malte et l'empire des Indes dont les deux routes les plus directes passent par Alexandrie et la vallée de l'Euphrate ; son commerce ne cessait de se développer dans tout l'Orient. La principale préoccupation du gouvernement britannique devait donc être d'écarter les Russes, — comme toute autre puissance d'ailleurs, — des rives du Bosphore pour qu'ils ne vinssent pas sur la Méditerranée et n'eussent point la possibilité d'intercepter la route de l'Inde. — Quant à la France, sa situation géographique et son commerce ne lui permettaient pas de se désintéresser des questions méditerranéennes, de l'augmentation d'influence qu'une puissance quelconque voudrait acquérir dans le grand lac européen. Elle avait en outre acquis en Orient depuis plus de trois siècles, par une diplomatie habile, une situation politique considérable ; le protectorat religieux qu'elle exerçait relevait notre importance aux yeux des musulmans, augmentait notre crédit à Constantinople [1].

La France et l'Angleterre se trouvaient ainsi avoir un égal intérêt au maintien de « l'équilibre méditerranéen », un égal désir de protéger « l'intégrité de l'Empire ottoman », car la possession des Darda-

---

[1] L'Autriche n'était pas à cette époque en situation d'intervenir avec autorité dans la « question d'Orient » ; — elle n'était point au nombre des puissances intéressées :

Le traité de Belgrade en 1739 l'avait refoulée sur la rive gauche du Danube et de la Save, — et, plus tard, les guerres qu'elle avait dû soutenir contre la Révolution et l'Empire l'avaient empêchée d'intervenir en Orient. La Russie, tout au contraire, avant la Révolution d'abord, puis après le traité de Tilsitt, avait repris heureusement l'avantage contre les Turcs. C'est ainsi qu'en 1740, cette puissance se trouvait avoir sur l'Autriche une avance décidée du côté de l'Orient.

nelles aurait permis aux Russes de tenir en échec dans la Méditerranée les flottes anglaise et française, de faire sentir leur influence jusqu'en Égypte et dans l'Inde.

Les Turcs ayant été vaincus en Syrie par les Égyptiens, les cabinets européens jugèrent qu'il était nécessaire d'intervenir entre le suzerain et son vassal, afin d'arrêter les progrès de Méhémet-Ali. Mais toutes les puissances n'avaient point les mêmes vues : la France manifestait des sympathies pour le vice-roi qui poursuivait la régénération et la civilisation de l'Égypte, appelant auprès de lui des officiers et des ingénieurs français ; elle voulait lui voir conserver l'administration de la Syrie; la Russie offrait des secours au Sultan, dans le but secret d'entrer, si elle le pouvait, à Constantinople. La diplomatie anglaise crut habile, d'abord d'isoler la France et de l'humilier dans son alliée (traité de Londres entre l'Angleterre, la Russie, l'Autriche et la Prusse; Méhémet-Ali obligé d'abandonner la Syrie, 1840), puis ensuite d'obliger la Russie à renoncer à ses espérances en lui interdisant la libre navigation du Bosphore (traité des détroits auquel la France prend part, 1841).

Le traité de Londres était pour nous un échec, mais ce fut en même temps une faute pour l'Angleterre. Elle devait d'ailleurs le reconnaître bientôt en faisant à nos côtés l'expédition de 1854.

La conquête de l'Algérie, commencée à la veille de la Révolution de juillet, se poursuit sous les yeux de l'Angleterre durant le règne de Louis-Philippe [1] : Constantine est pris en 1837, Abd-el-Kader, notre ennemi le plus redoutable, est définitivement vaincu en 1847 après douze années d'une lutte acharnée. Les colons arrivent à la suite de nos soldats; ils sont 130 000 en 1851 (dont 66 000 Français, 44 000 Espagnols), et, la même année, le mouvement commercial entre notre pays et la colonie nouvelle s'élève déjà à près de 83 millions [2]. C'est ainsi que la France, puissance coloniale, fonde sur les rivages de l'Afrique septentrionale, dans le bassin de la Méditerranée, à moins de deux jours de Marseille, une grande colonie de peuplement [3], dont le commerce et la richesse prendront un rapide essor lorsque seront

[1] L'Angleterre qui avait essayé en vain par des démarches diplomatiques d'empêcher le débarquement des troupes françaises sur la terre d'Afrique saisit l'occasion des difficultés que rencontrait en Europe Louis-Philippe, au lendemain de son avènement, pour essayer d'obtenir de lui la promesse de ne pas conserver Alger. Cette demande fut présentée au roi au mois d'août 1830 par lord Stuart de Rothsay, ambassadeur de la Grande-Bretagne à Paris, mais Louis-Philippe eut la sagesse de ne prendre aucun engagement.

[2] Exportations de la colonie en France, 16 551 000 francs. — Importations de la France dans la colonie, 66 328 000 francs.

[3] Voir plus loin, au chapitre VI, ce qui est dit des différentes sortes de colonies et des caractères propres de l'Algérie.

vaincues les premières difficultés d'établissement.

Pendant que notre armée faisait la conquête de l'Algérie, nos flottes parcouraient les mers avec le juste souci d'assurer à notre pays des stations maritimes sur divers points du globe et de protéger partout les intérêts et le commerce français. L'histoire de notre marine est à cette époque particulièrement glorieuse : l'estuaire du Gabon est occupé en 1839; les îles de Nossi-Bé et de Mayotte, voisines de Madagascar, sur laquelle la France maintenait ses anciens droits, sont acquises en 1840 et 1841; les territoires de Grand-Bassam et Assinie, fréquentés par notre commerce, placés sous notre protectorat en 1842, 1843 et 1844; enfin, notre pavillon est arboré sur deux archipels océaniens, aux Marquises et à Taïti en 1842. (A ce dernier établissement se rattache le peu glorieux souvenir de l' « indemnité Pritchard » payée par le gouvernement de Louis-Philippe à ce missionnaire anglais.)

D'autre part, nos anciennes possessions qui nous avaient été rendues en 1815, ruinées par une guerre de plus de vingt années, retrouvent la prospérité dans la paix. Le commerce total de la Martinique, de la Guadeloupe, de Bourbon, de la Guyane, du Sénégal, de Saint-Pierre-Miquelon et des établissements de l'Inde s'élève en 1842 à 171 338 000 francs sur lesquels 132 145 000 francs représentent le mouvement des affaires entre la métropole et ses colonies [1]. A cette époque le système économique désigné sous le nom de « pacte colonial » est toujours en vigueur. La Révolution, elle-même, ne l'a ni abrogé ni mo-

[1] Année 1842 :
Martinique : population 118 000 individus dont 42 000 libres, 76 000 esclaves ; — commerce total 41 881 000 francs sur lesquels : exportations de la colonie en France 18 769 000 francs ; importations de la France dans la colonie 15 317 000 francs.

Guadeloupe : population 130 000 individus, dont 37 500 libres, 92 500 esclaves ; — commerce total 43 056 000 francs sur lesquels : exportations de la colonie en France 21 434 000 francs ; importations de la France dans la colonie 15 197 000 francs.

Bourbon : population 105 000 individus dont 36 900 libres, 65 900 esclaves, 2 200 divers ; — commerce total 51 312 000 francs sur lesquels : exportations de la colonie en France 24 872 000 francs ; importations de la France dans la colonie 16 550 000 francs.

Guyane : population 20 300 individus dont 5 800 libres, 14 500 esclaves ; — commerce total 7 398 000 francs sur lesquels : exportations de la colonie en France 3 446 000 francs ; importations de la France dans la colonie 2 789 000 francs.

Sénégal : population vivant dans et autour des postes : 18 800 individus, dont 8 500 libres, 10 300 esclaves ; — commerce total 11 800 000 francs sur lesquels : exportations de la colonie en France 3 029 000 francs ; importations de la France dans la colonie 3 614 000 francs.

Saint-Pierre-Miquelon : population sédentaire 1 600 individus ; — commerce total 6 440 000 francs sur lesquels : exportations de la colonie en France 1 738 000 francs ; importations de la France dans la colonie 1 500 000 francs.

Établissements de l'Inde : population 178 000 individus ; — commerce total 9 443 000 francs sur lesquels : exportations de la colonie en France 3 326 000 francs ; importations de la France dans la colonie 555 000 francs.

difié. Quelques exceptions, plus ou moins larges, plus ou moins nombreuses, suivant les colonies, sont seules apportées à la règle générale d'après laquelle le commerce et la navigation de nos établissements d'outre-mer sont réservés à la métropole. Les sucres, les cafés, le coton et les autres productions de nos colonies, s'ils ne jouissent plus comme autrefois à l'importation d'un monopole presque absolu, sont soumis dans nos ports à des droits sensiblement moindres que ceux établis sur les denrées similaires de l'étranger. La législation des sucres, — législation fiscale, car le sucre est une « matière éminemment imposable », — est souvent modifiée, mais tous les tarifs adoptés témoignent d'une même préoccupation : les sucres des Antilles et de Bourbon doivent être taxés moins lourdement que les sucres étrangers, et, en même temps, ils ne doivent pas subir des charges plus élevées que les sucres de betterave indigène, afin de pouvoir se vendre en concurrence avec eux ; quelques lois même accordent aux sucres coloniaux un traitement plus favorable qu'aux sucres indigènes. Cette protection accordée en France aux importations coloniales a toujours, d'ailleurs, sa contre-partie dans nos possessions d'outremer : les productions du sol et de l'industrie du royaume jouissent pour la plupart, dans nos établissements, du privilège exclusif de la consommation ;

un petit nombre de marchandises étrangères peut, à la vérité, être introduit dans nos colonies, mais où ces marchandises ne sauraient être fournies par la France, ou elles sont grevées à leur entrée de droits tels que les produits nationaux similaires n'ont à craindre aucune concurrence sérieuse.

Le commerce de Marseille avec les Echelles que l'on a vu dans la seconde partie du xviii° siècle menacé par la concurrence de plusieurs nations étrangères puis se relevant à la veille de la Révolution, avait été fort éprouvé pendant les guerres de l'Empire. Le rétablissement de la paix ne devait pas lui rendre son ancienne suprématie.

L'ordre des choses est profondément modifié à l'orient de l'Europe : le nouvel état du continent et particulièrement les progrès de la Russie et de l'Angleterre nous ont fait perdre dans le Levant notre situation privilégiée, tant politique que commerciale. Le droit de préséance de nos ambassadeurs aboli, en fait, pendant la période révolutionnaire l'est, en droit, depuis 1814. Chaque puissance a son représentant à Constantinople qui défend ses intérêts; la Russie prétend protéger les « orthodoxes » comme nous protégeons les « latins »; notre pavillon ne couvre plus les navires des autres nations; les droits de douane sont devenus à peu près les mêmes pour tout le commerce étranger. Désormais la France aura de redoutables rivaux en Orient ; elle sera en concurrence, en lutte, avec eux aussi bien en matière commerciale qu'en matière politique. Vers 1830 le chiffre du mouvement des affaires entre la France et la Turquie est encore inférieur à celui de l'année 1789. Vingt ans plus tard, en 1850, les statistiques permettent de constater de sensibles progrès : l'ensemble des échanges entre les deux pays s'est élevé à 117 millions [1], mais deux nations, l'Angleterre et l'Autriche, nous ont toutefois distancé et font un chiffre d'affaires supérieur au nôtre. C'est ainsi qu'en 1852 la France qui, à la veille de la Révolution, avait près de la moitié du commerce de Smyrne, ne vient plus qu'au troisième rang dans cette Échelle [2]. Dès ce moment les rapports de nos agents signalent l'indif-

---

[1] Statistiques de 1850 :

Commerce entre la France et la Turquie : exportations de la Turquie en France 59 700 000 francs, — importations de la France en Turquie 35 800 000. — Total 95 800 000 francs. (Dans ces chiffres n'est pas compris le commerce avec la Grèce devenue indépendante de la Turquie.)

Commerce entre la France et l'Égypte : exportations de l'Égypte en France 10 600 000 francs, — importations de la France en Égypte 11 millions de francs. — Total 21 600 000 francs. — Total général 117 400 000 francs.

[2] L'Angleterre occupe le premier rang avec un mouvement d'affaires de 30 549 000 francs, — l'Autriche le second avec 13 916 000 francs, — la France le troisième avec 10 347 000 francs. — *Faits commerciaux de septembre 1854.* Imprimerie nationale.

férence et l'apathie des négociants marseillais devant les efforts tentés par leurs rivaux ; ils les accusent de « vivre dans la méconnaissance des besoins des consommateurs de l'Orient ».

Il ne subsistait rien, en 1830, de l'ancienne réglementation commerciale de Louis XIV et de Louis XVI, à laquelle les négociants marseillais avaient été soumis pendant près d'un siècle et demi : l'estampillage des étoffes exportées, prescrit une dernière fois par deux décrets de 1807 et 1810, n'était plus pratiqué [1], la nécessité d'une autorisation pour s'établir dans les Échelles avait été supprimée en 1835, les navires étrangers pouvaient débarquer librement à Marseille, en concurrence avec les nôtres, les produits du Levant [2]. Seules les Capi-

---

[1] Il ne paraît pas que les décrets de 1807 et de 1810 aient été appliqués. L'estampillage des étoffes était un contrôle gênant pour les fabricants de draps du midi qui réclamaient la liberté de leur industrie ainsi que le droit de tisser et d'envoyer dans le Levant toutes les qualités.

[2] Toutefois une loi du 18 avril 1816 ayant, dans le but de protéger la marine marchande nationale, frappé d'une « surtaxe de pavillon » les marchandises importées par navires étrangers, certains produits du Levant, — mais non tous, — débarqués à Marseille par des navires étrangers, durent acquitter cette surtaxe jusqu'en 1869.

Les « surtaxes de pavillon » ont été abolies à cette époque dans tous les ports de France et pour les produits de toute origine. Rétablies en 1872, elles ont été définitivement supprimées dès l'année suivante.

tulations restaient en vigueur, maintenant nos nationaux sous l'autorité de leurs consuls, et nous assurant le protectorat de tous les catholiques. Elles avaient même été expressément confirmées par une Convention commerciale signée en 1838, entre la France et la Turquie [1]. Cette convention soumettait les produits français à un droit d'entrée de 3 p. 100 *ad valorem* (perçu d'ailleurs depuis les Capitulations de 1673), ainsi qu'à une taxe supplémentaire de 2 p. 100 établie en remplacement « des droits de commerce intérieur ». L'Angleterre et les autres nations jouissaient d'un semblable traitement.

Le gouvernement provisoire né des journées de février 1848 avait proclamé la République, mais la République ne dura que trois années (elle fait l'expé-

[1] L'article 1ᵉʳ de la Convention du 25 novembre 1838 « formant appendice aux Capitulations garanties à la France par la Porte ottomane » est ainsi conçu : « Tous les droits, privilèges et immunités qui ont été conférés aux sujets ou bâtiments français par les Capitulations et les traités existants sont confirmés aujourd'hui et pour toujours à l'exception de ceux qui vont être expressément modifiés par la présente convention ; et il est, en outre, expressément entendu que tous les droits, privilèges et immunités que la S. P. accorde aujourd'hui ou pourrait accorder à l'avenir aux bâtiments et aux sujets de toute autre puissance étrangère seront également accordés aux sujets et aux bâtiments français qui en auront, de droit, l'exercice et la jouissance. »

dition de Rome en 1849). Dès le mois de décembre 1851 « l'empire est fait » ; et l'année suivante, il est consacré par la volonté populaire.

Napoléon III fait en dix-huit ans de règne (1852-1870) six guerres dont deux sont entreprises de concert avec l'Angleterre. (Sous ce règne alliance constante avec l'Angleterre, sur le terrain politique et sur le terrain économique).

La première, la guerre de Crimée, est un nouvel acte de la question d'Orient ; c'est pour la France une « guerre d'équilibre européen et méditerranéen ». La Russie poursuivant ses projets contre la Turquie (« l'homme malade ») veut, en 1852, arracher au Sultan un traité qui assurerait au czar, chef de l'Église grecque, le protectorat de tous les sujets ottomans appartenant à la religion orthodoxe. Mais le Sultan se refuse à signer un acte qui soustrairait à son autorité 12 millions d'individus et, les armées russes ayant franchi le Pruth, la France et l'Angleterre, — anciennes ennemies qu'un intérêt commun allie, — envoient une flotte dans la mer Noire, assiègent Sébastopol (1854-1856, victoire de l'Alma, prise de Sébastopol). Le traité de Paris rétablit la paix (1856) : la mer Noire neutralisée demeure interdite aux navires de guerre étrangers ainsi que le Bosphore et les Dardanelles, seules la Russie et la Turquie peuvent y entretenir un certain nombre de bâtiments légers ; la libre navigation du Danube est assurée à toutes les nations ; le protectorat russe sur la Moldavie et la Valachie est aboli ; ces provinces sont rendues à la suzeraineté du Sultan ; une rectification de frontières éloigne la Russie de la rive gauche du Pruth inférieur et des bouches du Danube ; enfin les prétentions du czar à la protection des sujets orthodoxes du Sultan sont écartées [1].

La guerre d'Italie suivit de près la guerre de Crimée. Depuis 1815 les populations de l'Italie souffraient du morcellement politique de la Péninsule, le Piémont rêvait de faire l'unité du pays, Venise et Milan se soulevaient contre la domination étrangère. Napoléon jugea, en présence d'un pareil état

[1] Le traité de Paris a subi depuis sa conclusion deux modifications, outre celles, relatées plus loin, qui résultent du traité de Berlin :

En 1859 les puissances signataires ont autorisé la réunion de la Moldavie et de la Valachie en un seul État sous le nom de « Principauté de Roumanie ». — En 1881 la principauté a été érigée en royaume.

En 1871, la Russie profitant de « l'absence » de la France et de l'impuissance de la Grande-Bretagne à agir seule, a obtenu de la Sublime Porte l'abrogation d'un des principaux articles du traité de Paris : à la suite de la Conférence de Londres une convention spéciale signée dans cette ville entre les ambassadeurs de Russie et de Turquie a déclaré abrogée la clause relative au nombre et à la force des bâtiments de guerre que pouvaient entretenir dans la mer Noire les deux parties contractantes.

de choses, qu'il était de l'intérêt de la France, aussi bien que dans les traditions de sa politique, d'aider l'Italie à chasser les garnisons autrichiennes et à conquérir son unité. Une armée française passa donc les Alpes pour secourir le Piémont attaqué par l'Autriche (victoires de Montebello, de Magenta, de Solférino, 1859). Mais la paix de Villefranca imposée par l'Empereur à l'Autriche, qui donnait la Lombardie au Piémont et formait une Confédération des États de la Péninsule, n'arrêta pas la révolution italienne : les duchés de Parme et de Modène, la Romagne, le royaume des Deux-Siciles se réunirent au Piémont — l'Italie était faite. (C'est une nouvelle manifestation de la politique des nationalités ; — la Vénétie sera acquise par l'Italie en 1866, puis Rome en 1870.) En même temps, la France recevait pour prix de son concours la Savoie et le comté de Nice, provinces qui l'amenaient aux pieds des Alpes et lui assuraient sa frontière « naturelle » du nord-est que la Révolution avait conquise, mais que le premier empire avait perdue. (Traité de Turin, 1860.)

La guerre de Crimée et la guerre d'Italie étaient glorieuses pour notre pays. Dans la première, alliés à l'Angleterre, si longtemps notre ennemie irréconciliable, nous avions à la fois vaincu une des puissances qui avaient imposé à la France les traités de 1814-1815 et protégé l'intégrité de l'Empire ottoman ; dans la seconde, nous avions atteint un triple résultat : l'Autriche, — autre puissance signataire des traités de 1814-1815, — était chassée de l'Italie, éloignée de nos frontières ; une nation nouvelle, de race latine comme nous-mêmes, s'était constituée avec notre aide dans la Péninsule ; enfin, les limites dans lesquelles la coalition victorieuse avait voulu enserrer la France étaient brisées, notre pays avait repris son rang en Europe, le traité de 1814 et l'Acte de Vienne étaient en partie abrogés.

La guerre d'Italie était à peine terminée que l'Empereur entreprenait deux nouvelles expéditions, en Syrie et en Chine. La première, peu importante, faite d'accord avec les Turcs, était une conséquence de notre protectorat catholique en Orient (protection des Maronites, 1860) ; la seconde, faite de concert avec l'Angleterre, était entreprise pour des intérêts religieux et commerciaux ; on doit la considérer comme une expédition coloniale [1].

En 1860, l'Empire avait fait ainsi, en Crimée, en Italie, en Syrie, en Chine quatre guerres, qui, bien qu'à des degrés différents, pouvaient être considérées comme des « guerres politiques », des « guerres utiles ». L'expédition du Mexique (1862-

[1] Voir page 155.

1867) est bien loin de présenter ces caractères; elle n'a pour notre pays aucun intérêt; elle est aussi funeste à Napoléon III que la guerre d'Espagne l'avait été à Napoléon Ier, mais elle est moins défendable encore.

Tandis que l'expédition du Mexique finissait tristement par delà les mers, la victoire remportée par la Prusse sur l'Autriche à Sadowa (1866, M. de Bismarck est ministre du roi Guillaume) était pour la France une véritable défaite sur le continent[1]. L'empereur François-Joseph vaincu s'était vu obligé de ratifier par le traité de Prague la dissolution de la « Confédération germanique » telle qu'elle existait depuis l'Acte de Vienne et de donner son assentiment à une organisation nouvelle de l'Allemagne à laquelle l'Autriche restait étrangère. Cette organisation nouvelle était une « Confédération », — une union intime, commerciale, politique et militaire, — des États « de l'Allemagne du Nord » (au nord du Mein) sous la haute autorité du roi de Prusse, « Président héréditaire et Chef de guerre fédéral ». Les États de l'Allemagne du Sud restaient indépen-

[1] Deux ans avant Sadowa, la Prusse et l'Autriche avaient enlevé au Danemark les trois duchés de Holstein, de Lauenbourg et de Sleswig. Mais cette expédition commune n'avait point apaisé la rivalité qui depuis 1815 existait entre ces deux États. Elle avait au contraire hâté une guerre que l'on voyait inévitable.

dants, en dehors de la Confédération, toutefois ils abandonnaient au roi de Prusse le commandement de leurs armées en temps de guerre.

Napoléon III, absorbé par le rêve de l'établissement d'un empire latin entre les deux Amériques, n'avait su ni empêcher une guerre qui grandissait singulièrement la Prusse, — notre ennemie acharnée pendant les guerres de la Révolution et de l'Empire, la plus insatiable des puissances alliées en 1814 et 1815, — ni, au moins, obtenir, en compensation, du cabinet de Berlin une extension de territoire du côté du Rhin. Éveillé trop tard, l'empereur voyant le sentiment public alarmé, humilié, par les progrès de l'hégémonie prussienne, sentant que les fautes de son gouvernement fournissaient des armes à l'opposition, jugea nécessaire une guerre contre la Prusse. C'est alors qu'il trouva dans l'affaire de la candidature Hohenzollern le prétexte d'une « guerre dynastique » tandis que la Prusse y rencontrait l'occasion souhaitée d'une « guerre nationale » contre « l'ennemi héréditaire », guerre qui donnerait une force nouvelle au mouvement unitaire en Allemagne.

La guerre de Prusse est présente à tous les esprits : invasion de l'Alsace, capitulation de Sedan, de Strasbourg, de Metz, défaites de Patay et du Mans, capitulation de Paris (1870-1871). La France vaincue, malgré une résistance héroïque, doit subir le traité de Francfort (10 mai 1871). Elle cède à la Prusse l'Alsace, moins Belfort, et une partie de la Lorraine, elle paye une indemnité de 5 milliards [1]. Notre pays est désormais ouvert à l'invasion : il perd sa double ligne de défense du côté de l'est, le Rhin et les Vosges; Paris, que ne couvrira plus aucun obstacle naturel, mais seulement des forts et des camps retranchés, est à douze journées de marche de la frontière nouvelle.

Les fautes et l'ambition dynastique de Napoléon III sont chèrement expiées. En 1814-1815 la France a certainement subi une grande perte puisqu'elle a dû renoncer à ses frontières « naturelles » conquêtes de la Révolution et à quatre places fortes acquises par la Monarchie. Mais en 1871 elle perd davantage encore parce que son vainqueur lui arrache non des territoires conquis depuis vingt ans à peine, mais deux provinces qui sont de sa chair et de son sang : l'Alsace gagnée par Louis XIV en 1648, Metz, l'un des trois évêchés réunis par Henri II en 1559.

[1] le traité de Francfort liait l'évacuation d'un certain nombre de départements occupés par les troupes allemandes au payement des différents termes de l'indemnité de guerre.
Le succès des deux emprunts faits par le gouvernement de Thiers, « le libérateur du territoire », permit de devancer les échéances fixées : le dernier soldat allemand quitta la France le 16 septembre 1873.

La victoire de la Prusse n'eut pas d'ailleurs pour seule conséquence l'abrogation de la clause du traité de Westphalie qui avait donné l'Alsace à la France. Elle porta plus haut : elle annula définitivement, et on peut le dire, entièrement, les dispositions essentielles de ce traité relatives à la constitution intérieure de l'Allemagne, — dispositions si favorables à notre pays, qui, après avoir été maintenues entières durant un siècle et demi, n'avaient été complètement abrogées ni par le Congrès de Vienne, ni même par le traité de Prague et les actes qui le suivirent. Quel chemin parcouru! Le grand acte diplomatique de 1648 avait sanctionné la souveraineté et les droits des divers États de l'Allemagne, annulant ainsi l'autorité de l'Empereur dans l'Empire, et donnant à la France, sur sa frontière de l'est, un voisin affaibli. Depuis cette époque la politique constante de notre pays avait été de maintenir la division, l'état d'impuissance de l'Allemagne : Louis XIV et Louis XV étaient intervenus dans les affaires de l'Empire ; Mazarin, puis Napoléon avaient formé une Ligue ou Confédération du Rhin ; depuis 1815 nous ne pouvions plus entretenir comme auparavant, avec les princes rhénans, des relations d'amitié, mais l'Allemagne était encore morcelée, incapable d'une action offensive ; au lendemain de Sadowa l'empereur pouvait peut-être croire encore à la division des peuples de l'Europe centrale en « trois tronçons indépendants » (Autriche, Confédération du Nord, Allemagne du Sud) et voir dans cette situation, si elle se maintenait, une garantie pour notre pays.

Mais avant même la fin de la guerre de France la situation intérieure de l'Allemagne était complètement modifiée, son unité réalisée. Au mois de novembre 1870, les souverains de Bade, de Hesse-Darmstadt, de Bavière et de Wurtemberg étaient entrés dans la « Confédération du Nord »; au mois de janvier 1871 Guillaume, roi de Prusse, avait été proclamé à Versailles « Empereur allemand » à titre héréditaire, et le 16 avril de la même année avait été publiée la constitution du nouvel Empire qui conférait à la Couronne de Prusse l'exercice du pouvoir impérial souverain. (Deux assemblées : le Conseil fédéral, *Bundesrath*, et le Conseil de l'Empire, *Reichstag*.)

Depuis vingt ans la situation nouvelle créée en Allemagne s'est affermie sous la main de fer d'un homme qui aura fait l'unité de son pays. Les rois et les princes ont encore leurs ministres et leurs Parlements, mais en réalité ils sont bien près d'avoir abdiqué toute indépendance; il n'y a plus, sur la rive gauche comme sur la rive droite du Mein, que des préfets héréditaires, vassaux du roi de Prusse, « Empereur allemand ». L'unité de l'Allemagne se manifeste par certaines lois communes, l'armée, la marine, la diplomatie, la « Chancellerie impériale ».

C'est ainsi que la guerre de 1870 entreprise si légèrement par Napoléon III a eu pour conséquence la rupture de « l'équilibre européen », l'annulation des effets du traité de Westphalie, la constitution au centre de l'Europe, sur notre frontière de l'est mutilée, d'un puissant empire militaire dont l'influence pèse aujourd'hui lourdement sur le continent [1].

Le traité de Francfort ne porte point la signature de l'Empire, mais celle de la République. Elle avait été proclamée à Paris au lendemain de la capitulation de Napoléon à Sedan (4 septembre 1870). Depuis vingt ans que la République existe elle n'a fait aucune guerre sur le continent. La France s'est

---

[1] La défaite de la France avait, en dehors de la constitution de l'Empire d'Allemagne, deux autres conséquences en Europe : la prise de possession de Rome par les troupes italiennes après le départ du corps français qui protégeait le Pape (septembre 1870) ; — l'abrogation par la Russie, d'accord avec la Porte, de la clause du traité de Paris relative au nombre des bâtiments de guerre que pouvaient entretenir dans la mer Noire les deux parties contractantes (mars 1871).

« recueillie » : au lendemain des désastres de « l'année terrible » son seul devoir, son seul intérêt était de fortifier sa nouvelle frontière, de reconstituer son armée, de réparer sa fortune et ses forces dans le travail et dans la paix. Le gouvernement républicain n'a pas failli à cette tâche ; les expéditions coloniales qu'il a entreprises ne l'en ont point détourné, tout au contraire : elles ont permis à l'Europe de constater le relèvement et la vitalité de notre pays ; elles ont témoigné que la France ne renonçait point à poursuivre ses destinées ; elles ont aussi contribué à rendre à notre pays confiance en lui-même.

Dans ces vingt années de paix, l'histoire extérieure de notre pays, en tant que puissance continentale, n'a qu'un seul fait à enregistrer : la France signe en 1878 avec l'Allemagne, l'Autriche-Hongrie, la Grande-Bretagne, l'Italie, la Russie et la Turquie le traité de Berlin qui arrête la Russie sur la route de Constantinople et règle à nouveau la question d'Orient (guerre de la Russie contre la Turquie, entrée des Russes dans Andrinople, traité de San-Stefano, 1877-1878).

Le Congrès de Berlin se réunissait sur l'initiative de l'Angleterre dans le but de reviser le traité de San-Stefano qui consacrait la ruine de la Turquie en Europe au profit de la Russie. La situation n'était toutefois plus la même en 1878 qu'en 1856 : l'Angleterre et la France n'étaient pas en mesure de faire reculer le czar, la Russie était victorieuse, aucune puissance européenne ne songeait à défendre par les armes « l'intégrité de l'empire ottoman » et plusieurs cabinets voulaient, au contraire, obtenir du Sultan des avantages de nature à compenser ceux qu'il était contraint d'accorder à son vainqueur. Il fut donc procédé à un démembrement partiel de l'Empire : la Russie dut renoncer à certaines stipulations trop rigoureuses du traité de San-Stefano, mais elle n'en perdit pas tout le bénéfice : elle obtint sur la rive gauche du Pruth et aux bouches septentrionales du Danube la rétrocession des territoires qu'elle avait dû abandonner au traité de Paris; elle acquit, en outre, dans l'Asie Mineure, Kars et Batoum ; — l'Autriche, qui prétendait avoir sa part des dépouilles de l'Empire ottoman à l'égal de la Russie bien qu'elle n'eût point combattu[1], fut chargée d'occuper et d'administrer la Bosnie et l'Herzégovine ; — la Bulgarie fut constituée en

[1] L'Allemagne prit au Congrès de Berlin la défense des intérêts de l'Autriche, à qui fut attribuée la plus belle part, afin de lui faire oublier la défaite de Sadowa et de payer son alliance. Mais si la politique du prince de Bismarck satisfit l'Autriche, elle mécontenta profondément la Russie qui sortit de la triple alliance (dite « alliance des trois Empereurs ») où elle est aujourd'hui remplacée par l'Italie (depuis 1882).

principauté autonome et tributaire sous la suzeraineté du Sultan[1]; — le Montenegro et la Serbie déclarés indépendants. Enfin, l'occupation de Chypre par l'Angleterre (1878), la rectification des frontières de la Grèce (cession par les Turcs de la Thessalie et d'une partie de l'Epire, 1881), l'établissement du protectorat de la France en Tunisie (1881) doivent être considérés comme des conséquences du traité de Berlin.

Tandis que la France, puissance continentale, « agit » en Europe sous le second Empire, puis se « recueille » sous la République, la France, puissance maritime, s'étend par delà les mers sous l'un et l'autre de ces régimes, fonde des colonies, poursuit la reconstitution de son Empire colonial commencée en 1830.

Sous le règne de Napoléon III, la conquête de l'Algérie est achevée, l'expédition de Chine entreprise, la Cochinchine fondée, le Sénégal étendu, la Nouvelle-Calédonie occupée.

La prise de Laghouat en 1852, l'expédition de Kabylie en 1856-1857 sont les derniers faits mili-

---

[1] La Révolution de la Roumélie orientale (1885) qui a eu pour conséquence l'union de cette province turque à la Bulgarie a modifié en fait, mais non en droit, le traité de Berlin.

taires de l'histoire de l'Algérie. Les trois provinces étant désormais soumises, il faut les coloniser. Bien que toutes les mesures adoptées dans ce but par le gouvernement impérial ne puissent être louées, les résultats d'ensemble sont favorables et l'Algérie ne cesse de progresser : des passages gratuits sont accordés aux émigrants, des terres concédées, des villages fondés, des travaux publics entrepris ; l'adoption d'un régime douanier libéral favorise le mouvement des échanges entre la métropole et sa colonie, entre la colonie et l'étranger [1]. D'autre part les chiffres de mortalité des Européens, élevés pendant les premières années de l'occupation, décroissent peu à peu et l'on constate à partir de 1856 un excédent des naissances sur les décès dans la population française : l'avenir de la colonie est dès lors assuré. Le recensement de 1872 accuse l'établissement sur la terre d'Afrique de 120 000 Français (non compris les Israélites naturalisés) et de 115 000 étrangers. Trois ans auparavant, en 1869, le mouvement commercial entre la France et l'Algérie s'élevait à 215 291 000 francs [2].

Les expéditions de Chine faites de concert avec

---

[1] Lois de 1851 et de 1867. — Voir plus loin, page 233, le régime douanier actuel de l'Algérie.

[2] Exportations de la colonie en France : 64 892 000 francs ; — Importations de la France dans la colonie 150 399 000 francs.

l'Angleterre en 1857 et 1860 doivent être considérées comme des expéditions coloniales parce qu'elles furent entreprises par le gouvernement impérial en vue d'intérêts religieux et commerciaux ; elles eurent, en outre, pour conséquence indirecte l'acquisition de la Cochinchine.

La France et l'Angleterre avaient eu de bonne heure quelques relations de commerce avec la Chine par leurs compagnies des Indes. Toutefois la Compagnie française ayant disparu tandis que la Compagnie anglaise n'avait cessé de se développer, les négociants britanniques se trouvaient avoir en ce pays, dans la première partie de ce siècle, des intérêts beaucoup plus importants que les nôtres. Par une conséquence naturelle de cette situation, l'Angleterre avait été amenée à diriger seule une expédition contre le Céleste Empire dès 1840 pour obtenir la liberté de son commerce, et particulièrement la faculté d'importer l'opium de l'Inde[1]. Bientôt après cette expédition, la France s'était fait accorder par les Célestes le traitement consenti aux négociants anglais (1844). Mais le gouvernement de Pékin, profondément hostile aux étrangers, viola ses engagements : des entraves furent mises au com-

---

[1] Le traité de Nan-King qui termina la guerre dite « guerre de l'opium » ouvrit cinq ports aux sujets britanniques et céda à la Grande-Bretagne l'île de Hong-Kong (1842).

merce, des missionnaires persécutés ou mis à mort. C'est alors que l'Angleterre et la France, bien qu'elles n'eussent point des intérêts semblables, s'unirent en vue d'une action commune. (L'Angleterre avait des intérêts commerciaux, la France des intérêts religieux; son commerce était peu important.) Deux expéditions furent nécessaires — la première en 1857, la seconde plus importante en 1860 (victoire de Palikao, les alliés à Pékin), pour contraindre la Chine à admettre chez elle les négociants européens et à respecter ses engagements.

Le traité de Tien-Tsin (signé en 1858, ratifié seulement en 1860) ouvre onze ports au commerce étranger, autorise la France et l'Angleterre à entretenir des représentants à Pékin, assure à leurs nationaux le droit de résider dans les ports sur des terrains spéciaux (ce sont les « concessions »; les premières accordées avant 1860) et sous la juridiction de leurs consuls. Les missionnaires catholiques demeurèrent placés sous la protection de notre gouvernement[1].

Nos négociants ne devaient malheureusement

[1] Les États-Unis et les différents États européens obtinrent le bénéfice des traités anglais et français; la Chine était désormais ouverte.

Le Japon s'ouvrait à la même époque (1858).

Voir plus loin, au chapitre VII, ce qui est dit du « protectorat catholique » exercé par la France en Chine.

pas profiter des avantages que leur assurait la valeur de nos soldats; ils ne vinrent en Chine qu'en petit nombre et n'essayèrent point de rivaliser avec les Anglais.

Entre la première et la seconde expédition de Chine la France était intervenue en Annam pour protéger, là aussi, les missionnaires catholiques persécutés depuis de nombreuses années. Un corps franco-espagnol (l'Espagne prenait une petite part à l'expédition pour venger ses missionnaires) s'était emparé de Tourane et de Saïgon (1858-1859). Lorsqu'en 1860 le traité de Tien-Tsin eut été ratifié par la Chine, le gouvernement français résolut de profiter de la présence de nos navires dans les mers de l'extrême Orient pour pousser avec vigueur les opérations entreprises en Cochinchine. Le Delta du Mékong fut bientôt conquis et en 1862 le roi d'Annam dut céder à la France les trois provinces méridionales de son empire[1]. Cinq ans plus tard trois nouvelles provinces étaient annexées. D'autre part le roi du Cambodge plaçait son royaume sous notre protectorat (1863).

Tandis que nos marins jetaient ainsi en extrême Orient les fondements d'une riche colonie d'exploitation qui devait vingt-deux ans plus tard prendre

[1] L'Annam s'engageait en même temps à payer une indemnité de guerre à l'Espagne.

les proportions d'un empire, nos ingénieurs, réalisant une œuvre depuis longtemps conçue, perçaient l'isthme de Suez (1869). C'était à la France, dont les négociants avaient longtemps tenu le premier rang en Asie Mineure et en Égypte, que revenait l'honneur d'ouvrir cette voie plus courte au commerce des Indes. Marseille, comme tous les ports de la Méditerranée, d'ailleurs, allait y trouver un accroissement considérable de trafic. Aucune nation toutefois ne devait plus gagner à l'ouverture du canal de Suez que l'Angleterre : elle possédait depuis un siècle l'empire de l'Inde, immense marché de 250 millions d'individus [1] et déjà son commerce avec la Chine, autre grand marché dont la population atteint 400 millions d'hommes, avait pris depuis une dizaine d'années une grande importance. La France était loin de jouir d'une situation aussi favorable : elle n'avait alors en extrême Orient que la Cochinchine et son commerce avec la Chine était sensiblement moindre que celui de l'Angleterre.

Les deux nations, toujours rivales sur les mers dans la paix aussi bien que dans la guerre, avaient

---

[1] A la suite de la grande révolte des cipayes de 1857 un *bill* du Parlement avait supprimé la compagnie des Indes et donné à la couronne l'administration directe de la péninsule (1858).

l'une et l'autre songé à s'établir sur la route nouvelle avant même qu'elle fût ouverte. Mais, alors que la Grande-Bretagne, déjà maîtresse de Gibraltar et de Malte dans la Méditerranée, s'emparait avec beaucoup d'habileté d'Aden et de Perim (1839-1857), clefs du détroit de Bab-el-Mandeb, la France se bornait à prendre possession du territoire d'Obock (1862)[1].

L'action colonisatrice de la France durant le second Empire ne s'exerce pas seulement en Algérie et en extrême Orient : au Sénégal une « politique d'expansion » est inaugurée par le colonel Faidherbe, qui a pour conséquence d'étendre notre autorité, au grand avantage de notre commerce, sur les deux rives du fleuve et dans l'intérieur jusqu'à Médine (défaite du prophète El-Hadj-Omar, 1857), puis sur la côte, au sud, dans les vallées de la Cazamance, du rio Nunez et du rio Pongo; dans le golfe de Benin le protectorat français est établi

---

[1] Dès 1859 un officier français envoyé en mission dans la mer Rouge pour rechercher et acquérir un territoire où il fût possible de fonder un établissement, avait obtenu du roi d'Abyssinie, par traité régulier, la cession de la baie d'Adulis et de l'île Dissee. Mais ce traité ne fut pas ratifié par le gouvernement français. — D'autre part l'Angleterre s'était assuré, depuis longtemps déjà, sur la route de la mer de Chine une position stratégique qui devait devenir, en même temps, un grand entrepôt commercial : Singapoure dans le détroit de Malacca (1819).

sur le royaume de Porto-Novo où des négociants marseillais possédaient des comptoirs (1863); en Océanie, enfin, la Nouvelle-Calédonie est occupée (1854). D'abord on installe dans cette île, saine et bien située, quelques familles de colons, mais bientôt on y transporte les individus condamnés aux travaux forcés (1864), et l'introduction de cet élément pénal a malheureusement pour conséquence d'entraver le développement de la colonisation libre.

A la fin de l'Empire nos colonies sont en voie de progrès. Le commerce total de la Martinique, de la Guadeloupe, de la Réunion (ancienne Bourbon), de la Guyane, du Sénégal, de Saint-Pierre-Miquelon et des Etablissements de l'Inde s'élève en 1869 [1] à 242 809 000 francs sur lesquels

---

[1] Statistique de 1869 :

Martinique : population 152 000 habitants ; — commerce total 62 070 000 francs, sur lesquels : exportations de la colonie en France 26 144 000 francs, importations de la France dans la colonie 14 239 000 francs.

Guadeloupe : population 128 000 habitants ; — commerce total 46 056 000 francs, sur lesquels : exportations de la colonie en France 23 511 000 francs, importations de la France dans la colonie 11 443 000 francs.

Réunion : population 211 000 habitants ; — commerce total 43 075 000 francs, sur lesquels : importations de la France 19 810 000 francs, importations de la France dans la colonie 8 095 000 francs.

Guyane : population 17 700 habitants ; — commerce total 10 768 000 francs sur lesquels : exportations de la colonie en

152 979 000 francs représentent le mouvement des affaires entre la métropole et ses colonies. Ces chiffres sont supérieurs, ainsi qu'il doit être d'ailleurs, à ceux de 1842. D'autre part, deux grands faits se sont produits depuis vingt-sept ans, qui ont profondément modifié le régime économique de nos établissements d'outre-mer : l'abolition de l'esclavage en 1848, puis l'abolition du « pacte colonial » et l'octroi en 1861 et 1866 de la liberté du commerce [1].

L'œuvre coloniale du gouvernement actuel est beaucoup plus considérable que celle du précédent. Dans ces dix dernières années la République a suc-

France 2 310 000 francs, importations de la France dans la colonie 5 880 000 francs.

Sénégal : population 168 000 habitants ; — commerce total 35 314 000 francs, sur lesquels : exportations de la colonie en France 12 581 000 francs, importations de la France dans la colonie 7 588 000 francs.

Saint-Pierre Miquelon : population sédentaire 3 170 habitants ; — commerce total 17 808 000 francs, sur lesquels : exportations de la colonie en France 4 554 000 francs, importations de la France dans la colonie 3 202 000.

Établissements de l'Inde : population 261 449 habitants ; — commerce total 24 879 000 francs, sur lesquels : exportations de la colonie en France 11 279 000 francs, importations de la France dans la colonie 13 48 000 francs.

[1] Voir plus loin, page 234 et suivantes, ce qui est dit du régime douanier actuel de nos colonies.

cessivement placé sous le protectorat ou dans la sphère d'influence de la France, la Tunisie, l'Annam et le Tonkin, des territoires très étendus appartenant à la région du Niger et à celle du Congo, la grande île de Madagascar.

La Tunisie est une dépendance naturelle de l'Algérie ou mieux son prolongement au triple point de vue géographique, ethnographique et politique. Cette riche province était en quelque sorte promise à nos colons ; son acquisition devait compléter l'établissement de la France dans l'Afrique du Nord. L'annexion de la Tunisie par une autre puissance européenne aurait, d'ailleurs, constitué une menace pour nos provinces algériennes en même temps qu'elle aurait exposé nos flottes au danger de se voir fermer la route de l'extrême Orient. Si l'Italie qui possède la Sicile s'était fixée à Carthage elle aurait dominé sur les deux rives de ce canal de Sicile dont Malte garde déjà une entrée, mais dont l'autre entrée ainsi que tout le parcours lui aurait appartenu. Ses cuirassés, manœuvrant en croisière entre la Tunisie et la Sicile, auraient pu fermer le bassin de la Méditerranée orientale et la route de Suez aux flottes sorties de Toulon. La nécessité de protéger la province de Constantine contre les incursions de bandes tunisiennes fut le prétexte en 1881 de l'occupation de la Régence par les troupes françaises (traité de Kasr-Saïd ; bombardement de Sfax). Deux ans plus tard, la convention de la Marsa complétant le traité de Kasr-Saïd précisait la situation de fait créée par notre intervention : la Tunisie était placée sous notre « protectorat », le bey s'engageait « à procéder aux réformes administratives, judiciaires et financières que le gouvernement français jugera utiles ».

L'expédition du Tonkin, plus longue et plus coûteuse que la précédente, est une conséquence de l'établissement de la France à l'embouchure du Mékong[1]. Deux raisons sollicitaient nos colons et le gouvernement à s'établir dans la vallée du Song-Koï : la fertilité de cette immense région beaucoup plus favorisée, quant à la variété de ses productions, que la Cochinchine, puis sa situation même qui en fait la route commerciale la plus pratique pour pénétrer dans le Yun-nan et les autres provinces méridionales de la Chine.

Les Anglais, maîtres de l'Inde, cherchaient depuis longtemps dans la vallée de l'Irraouady une route

---

[1] Cette « conséquence », certaine, n'est cependant pas la seule « raison » de l'expédition du Tonkin. Il est, en effet, permis de penser que les ministres qui ont décidé d'engager notre action dans la vallée du Fleuve Rouge ont voulu permettre à la France de « prendre sa revanche » de l'échec très réel qu'elle venait d'éprouver en Égypte au lendemain de la bataille de Tel-el-Kébir. (Voir plus loin au chapitre VII.)

qui ouvrirait à leur commerce les riches provinces centrales du Céleste-Empire ; les Français devaient obéir à la même préoccupation dès le lendemain de leur établissement en Cochinchine. Ils n'y manquèrent pas, en effet, et tout d'abord tentèrent de remonter le Mé-Kong. Ce fleuve fut jugé innavigable, mais, par une fortune heureuse, un de nos compatriotes, établi en Chine, découvrit peu d'années après la route du Song-Koï. C'est ainsi que, dès l'année 1874, la France prend pied au Tonkin (traité de Saïgon après le voyage de M. Dupuis et l'expédition Garnier). Mais, le pays évacué par nos troupes, le gouvernement annamite ne respecte pas ses engagements et refuse la libre navigation du fleuve à nos négociants. En présence de cette situation et devant les espérances conçues, une expédition est jugée nécessaire autant qu'utile (1882). Il s'agit d'établir solidement notre autorité au Tonkin, de nous assurer la route dont nous pressentons les avantages. Nos troupes eurent à la fois à vaincre la résistance des Annamites, maîtres du pays, et des Chinois qui prétendaient intervenir dans les affaires d'Annam en qualité de suzerains (1883-1885; prise de Hué, conquête du Tonkin, bombardement de Fou-Tchéou, opérations contre Formose, prise des Pescadores). Les traités de Hué en 1884 et de Tien-Tsin en 1885 mirent fin aux hostilités. Le premier place le royaume d'Annam sous le protectorat de la France en distinguant toutefois l'Annam proprement dit du Tonkin qui est soumis à un régime de protection plus effectif, à un contrôle direct; le second, complété par une convention commerciale signée depuis (1886 et convention additionnelle de 1887)[1], contient l'engagement pris par le Céleste-Empire de respecter le nouvel état de choses introduit par la France en Annam et d'autoriser, sur des points déterminés, les échanges entre la Chine et le Tonkin par la frontière de terre.

Pendant que nos troupes faisaient la conquête du Tonkin, le gouverneur de la Cochinchine avait imposé au roi de Cambodge un traité qui resserrait les liens du protectorat déjà existant (1884).

C'est ainsi que depuis 1885 les limites de notre action, on peut dire de nos possessions, bien qu'il ne s'agisse que de « protectorat », sont considérablement étendues en extrême Orient. Saïgon n'est plus seulement le chef-lieu de la colonie de Cochinchine, elle est la capitale de « l'Indo-Chine française », empire d'une superficie d'environ 460 000 kilomètres carrés, d'une population de 18 à 20 millions d'âmes. L'Algérie, avec son annexe la Tunisie, est plus étendue, elle n'est point aussi peuplée.

[1] Ces deux actes ont été ratifiés le 30 novembre 1888.

Au Sénégal la « politique d'expansion » inaugurée sous le second Empire n'a pas cessé d'être activement poursuivie par la République : en 1881 le Fouta-Djallon, vaste région située au sud du fleuve, entre la mer et le Niger, est placé sous notre protectorat ; en 1883 le drapeau tricolore est porté à Bamakou, sur le moyen Niger ; en 1887 une canonnière descend le fleuve jusqu'à Tombouctou, le principal marché du Soudan ; en 1890 la place forte de Segou sur le Niger, centre d'intrigues contre notre domination, est emportée. Aujourd'hui les immenses régions qui s'étendent entre l'Algérie et Tombouctou sont placées dans la « zone d'influence » de la France, — les peuples divers habitant les vallées du haut Sénégal et les deux rives du moyen Niger sentent notre action directe, — et de hardis voyageurs ont relié nos postes du Niger à nos comptoirs de Grand-Bassam et d'Assinie[1]. Tandis que notre colonie du Sénégal acquiert ainsi les dimensions d'une « Afrique occidentale française » et descend sur le moyen Niger, l'Angleterre, dépassant les anciennes limites de sa colonie de Lagos dans le golfe de Benin, étend son influence sur le bas Niger et une partie du moyen Niger, ainsi que sur les deux rives du Bénoué. Les deux premières nations

[1] Voir plus loin, page 189, la situation de la France en Afrique.

coloniales se trouvent ainsi avoir pris position l'une sur le cours inférieur, l'autre sur le cours supérieur du grand fleuve du Soudan [1].

En suivant la côte occidentale d'Afrique vers le sud on rencontre au delà du delta du Niger, d'abord la colonie allemande de Kameroun, puis l'estuaire du Gabon occupé par la France depuis 1839. Il y a dix ans il n'existait au Gabon qu'un petit nombre de factoreries établies sur les rivières qui se jettent dans l'estuaire et aux bouches de l'Ogowé; l'intérieur du territoire était presque inexploré. Les voyages entrepris par M. de Brazza depuis 1875 — et surtout 1882 — dans les vallées de l'Ogowé, de l'Alima, du Congo moyen et du Niari-Quilliou ont à la fois fait connaître à la science la géographie de ces contrées et ouvert au commerce africain de nouveaux marchés. Elles ont eu en outre, pour conséquence, d'agrandir considérablement notre domaine dans l'Afrique équatoriale.

Il s'agissait, en Afrique comme en Asie, de trouver, pour l'ouvrir aux négociants, une route facile entre la mer et des régions qui semblent riches

---

[1] La Conférence de Berlin (1885), constatant cette situation et prévoyant les progrès que l'Angleterre et la France pourraient faire dans la vallée du Niger dans le but d'ouvrir ces régions nouvelles à leur commerce, a posé le principe de la liberté de la navigation du fleuve et de ses affluents « pour les navires marchands de toutes les nations ».

et appelées à un grand avenir commercial. Le Stanley-Pool, formé par le Congo lui-même à environ 500 kil. de la mer à vol d'oiseau, paraissait être le principal marché de l'Afrique centrale, le point où pourraient venir s'échanger les produits de la vallée du grand fleuve. Mais ce point même semblait inaccessible, le Congo, coupé par de nombreux rapides entre le Pool et l'Océan, étant innavigable dans cette partie de son cours. Comment donc atteindre le Pool?

Nous avons vu, en Asie, l'Angleterre et la France chercher à gagner les provinces centrales de la Chine méridionale l'une par l'Irraouady, l'autre par le Song-Koï, — nous devions voir, en Afrique, quelques années plus tard, la France servie par M. de Brazza et l'Association internationale africaine (Société scientifique et commerciale ayant comme fondateur et directeur le roi des Belges), servie par M. Stanley, chercher une route marchande entre la côte et le Pool. Notre pays a-t-il été aussi heureux sur le continent africain que sur le continent asiatique? La question est encore douteuse. Depuis 1883 la France occupe la vallée du Niari-Quilliou que M. de Brazza estime la route, sinon la plus courte au moins la plus pratique, pour relier la mer au Stanley-Pool; mais à côté d'elle l'Association internationale africaine, devenue l'État libre du Congo, tient le cours du fleuve et construit sur ses bords un chemin de fer qui reliera son embouchure au grand marché de l'Afrique centrale [1].

L'acquisition du Niari-Quilliou n'est pas la seule que nous ayons faite dans ces régions nouvelles : la sphère d'influence de la France a été étendue, sans expédition, sans combat, sur toutes les tribus qui habitent le haut Ogowé, les vallées du Lefini, de l'Alima et de la Licona ainsi que sur les territoires de la rive droite d'une partie du Congo moyen [2].

Quelques mois après la conclusion des actes relatifs au Congo, le gouvernement de la République

---

[1] Ce chemin de fer est même commencé, mais sa construction sera, par suite des difficultés du terrain, une œuvre longue et coûteuse. Il semble, au contraire, que la France pourrait à moins de frais et de temps ouvrir une route commerciale pratique, dans la vallée du Niari-Quilliou, route qui même après l'achèvement de la voie ferrée du Congo, serait assurée d'un large mouvement d'affaires. (Voir plus loin la note 1 de la page 204.)

[2] Cette attribution de territoires résulte d'une Convention de délimitation signée entre la France et l'Association internationale africaine le 5 février 1885.

Quelques jours après la conclusion de cet acte l'Association signait une seconde Convention de délimitation, celle-ci avec son autre voisin le Portugal, qui maître de la province d'Angola réclamait certains territoires de la région du Congo.

Ces deux conventions passées, l'Association est demeurée en possession du bassin presque entier du Congo et de ses affluents. Elle a pris le titre d'« État Libre du Congo ». Voir plus loin, à ce sujet, la note 1 de la page 191.

parvenait à résoudre heureusement, sur un autre point de l'Afrique, une importante difficulté, en affirmant et en précisant la situation de la France à Madagascar.

Les droits de notre pays sur la grande île de l'océan Indien remontaient à l'année 1642, époque à laquelle Richelieu accorda à une Compagnie le privilège d'y fonder des établissements et faire le commerce. Mais ces droits exercés durant le XVIIe et le XVIIIe siècle semblaient bien oubliés depuis le second empire. Nous avions cessé d'entretenir aucun établissement sur la Grande-Terre, et tandis que nous paraissions ainsi nous désintéresser de ce pays [1], les Anglais rêvaient d'y prendre notre place. Sur leurs conseils les Howas — peuple qui habite les plateaux du centre, — établissaient peu à peu leur autorité sur l'île entière, se déclaraient indépendants de toute puissance européenne.

Déjà leur reine prenait le titre de « reine de Madagascar », lésait les intérêts de nos négociants, repoussait nos plus légitimes réclamations, attaquait les Sakalaves, tribu alliée de la côte Ouest. Si un pareil état de chose avait été longtemps souffert, il

[1] La France toutefois ne s'éloignait pas de Madagascar : elle occupait la petite île de Sainte-Marie de Madagascar sur la côte est, s'établissait à Mayotte et Nossi-Bé (1810-1841), prenait sous son protectorat les populations sakalaves de la côte nord-ouest (1841).

ne serait bientôt plus rien demeuré de nos anciens droits, — sans doute même la Grande-Bretagne n'aurait pas tardé a établir son autorité sur les Howas, faisant ainsi d'une colonie française abandonnée une possession anglaise. Nos ministres le comprirent, aussi jugèrent-ils en 1882, après avoir tenté de négocier avec les Howas, que l'heure était venue de ressaisir un bien qui nous échappait. Des opérations militaires furent alors entreprises sur les côtes, le blocus établi. Les Howas durent se soumettre après une résistance de trois années (1883-1885, prise de Majunga et de Tamatave). Le traité du 17 décembre 1885 plaçait l'île entière sous notre protectorat : « Le gouvernement de la République représentera Madagascar dans toutes ses relations extérieures... un Résident représentant le gouvernement de la République résidera à Tananarive avec une escorte militaire... les citoyens français pourront résider, circuler et faire le commerce librement dans toute l'étendue des États de la reine[1]. »

[1] Le traité donnait, en outre, à la France « le droit d'occuper la baie de Diego Suarez et d'y faire des installations à sa convenance. » — Cette magnifique baie située sur la côte orientale nord a une grande importance stratégique ; nous y avons élevé des établissements qui sont occupés.

VI

Notre Empire colonial.

L'Empire colonial de la France. — Son étendue.

Il y a trois sortes de colonies.

L'Algérie et la Tunisie. — Leur état de développement. — Leur commerce. — Leur avenir.

L'Afrique est pour l'Europe un « Nouveau Monde ». — Colonies des nations européennes en Afrique. — Le domaine de la France. — Situation de l'Angleterre.

Le Sénégal, le Soudan et le Sahara français. — Les Rivières du Sud. — Les Établissements du golfe de Benin. — Le Gabon, le Congo français. — Madagascar. — Obock.

L'Angleterre, la Russie, la France et le Portugal en Asie.

L'Indo-Chine française. — Progrès du Tonkin et de l'Annam. — Le voisinage de la Chine. — Commerce de l'Indo-Chine. — Les Établissements de l'Inde.

Les colonies des puissances européennes en Amérique. — La Martinique et la Guadeloupe. — Les colonies de plantations de l'océan Indien. — La Guyane. — Saint-Pierre et Miquelon.

Les intérêts des puissances européennes dans l'océan Pacifique.

La Nouvelle-Calédonie. — Tahiti et nos archipels océaniens.

Mouvement général du commerce de notre Empire colonial. — Son régime économique. — Le principe de la liberté commerciale.

Le Régime douanier de l'Algérie et de la Tunisie. — Essai d'un tarif protecteur de l'industrie française en Indo-Chine. Abandon du système du « Pacte colonial ». — La liberté commerciale. — Le sénatus-consulte de 1866. — La protection des marchandises françaises à la Réunion et aux Antilles.

De la situation du commerce français dans nos établissements d'outre-mer. — Nos colonies sont-elles des débouchés ouverts à l'industrie métropolitaine ? — Pourquoi les marchandises françaises ne se vendent pas également dans toutes nos colonies. — Les ventes en Algérie, en Tunisie, aux Antilles, à la Réunion. — La concurrence anglaise et allemande en Afrique et en Indo-Chine. — Manque d'initiative des industriels français. — Le régime protecteur temporaire ; ce qu'on peut en attendre. — Comment la Grande-Bretagne est devenue une nation industrielle du fait de ses colonies. — Conséquences heureuses que pourrait avoir un réveil de l'industrie française en Afrique et en Asie. — Des importations des colonies en France. — Leur utilité pour l'industrie métropolitaine.

Est-il exact de prétendre que nos colonies sont des « colonies de fonctionnaires ? » — Examen de cette objection à la politique coloniale. — Notre émigration comparée à celle des autres peuples. — Les Français en Algérie et en Tunisie. — Nécessité de hâter le peuplement de ces provinces par une active propagande. — Exemple emprunté à l'Angleterre.

L'acquisition de l'Algérie, de la Tunisie, de l'Indo-Chine, de Madagascar, des immenses régions du Sahara, du Soudan et du Congo français a considérablement augmenté l'étendue et l'importance de nos établissements d'outre-mer. Aussi peut-on dire que la France possède aujourd'hui un nouvel « Empire colonial » et que, dans la mesure où cela était possible, elle a réparé les effets du désastreux traité de Paris.

Cet « Empire colonial » dont les « provinces », d'importance bien différente, sont réparties dans quatre des cinq parties du monde, comprend : la Martinique, la Guadeloupe et ses dépendances [1], la Guyane, Saint-Pierre et Miquelon, l'Algérie, la Tunisie, le Sénégal avec le Soudan et le Sahara français, les Rivières du Sud [2], Grand-Bassam et Assinie, Porto-Novo [3], le Gabon et le Congo français, Madagascar, Sainte-Marie, Mayotte, Nossi-Bé, les Comores [4], la Réunion, Obock [5], les Établissements de l'Inde [6], l'Indo-Chine française, avec la

---

[1] Ces dépendances sont : Marie-Galante, la Désirade, les Saintes, Saint-Barthélemy et une partie de l'île de Saint-Martin, l'autre appartenant à la Hollande.

[2] La Cazamance, le rio Compony, le rio Nunez, le rio Pongo et la Mellacorée.

[3] Dans le voisinage du Porto Novo, la France exerce son protectorat sur les territoires de Kotonou, Grand-Popo, Abananquem, Agwey et le pays des Ouatchis.

[4] L'Archipel des Comores comprend la Grande-Comore, Anjouan, Mohéli et leurs dépendances. (Protectorat depuis 1886.)

[5] La colonie d'Obock s'étend sur les territoires voisins de Sagalo et Tadjourah. — Nous pourrions en outre prétendre des droits sur le territoire de Cheik Saïd, situé sur la côte arabique en face de l'îlot anglais de Perim.

[6] Ces Établissements sont au nombre de cinq : Pondichéry, Chandernagor, Karikal, Yanaon, Mahé. — La France a en outre des droits, qu'elle n'exerce pas, sur neuf « loges » situées au milieu des provinces anglaises : dans le Bengale, Balassore, Dacca, Jongdia, Kazimbazar, Patna; sur la côte de Malabar, Calicut; dans le Goudjerate, Surate; sur la côte d'Orixa, Mazulipatam et Francepeth.

Cochinchine, le Cambodge, l'Annam et le Tonkin, la Nouvelle-Calédonie et ses dépendances [1], les Établissements de l'Océanie [2].

On peut évaluer la population totale de l'ensemble de nos possessions et protectorats à 26 ou 30 millions d'âmes environ, non compris les régions africaines placées dans notre « sphère d'influence » [3],

[1] Quelques îlots voisins (l'île Nou, l'île des Pins), puis les archipels Loyalty — à proximité —, Wallis et Futuna, sensiblement éloignés (protégés depuis 1887 et 1888).

[2] Sous ce nom sont désignés les archipels et les îles possédés par la France en Océanie : Tahiti et Moréa, Raiatéa, les Tuamotu, les Gambier, les Tubuaï, Rapa, les Marquises.

[3] Population des colonies et pays protégés :

Algérie	3 752 196	habitants.
Tunisie	1 100 000 (?)	—
Sénégal et rivières du Sud	182 176	—
Soudan et Sahara français	(?)	
Établissements du golfe de Guinée (Grand-Bassam, Assinie, Porto Novo, etc.)	200 000 (?)	—
Gabon et Congo français	(?)	
Madagascar	1 500 000 (?)	—
Sainte-Marie de Madagascar	7 667	—
Réunion	163 009	—
Mayotte	9 598	—
Nossi-Bé	7 803	—
Les Comores	47 000	—
Obock	20 000	—
Cochinchine	1 916 429	—
Cambodge	1 500 000 (?)	—
Annam	2 000 000 (?)	—
Tonkin	12 000 000 (?)	—
Établissements de l'Inde	280 303	—

mais il serait téméraire d'en vouloir donner la superficie même approximative [1].

Martinique	175 863	habitants.
Guadeloupe et dépendances.	165 164	—
Guyane	25 296	—
Saint-Pierre et Miquelon	5 983	—
Nouvelle-Calédonie et îles Loyalty	62 752	—
Wallis et Futuna	2 000 (?)	—
Établissements de l'Océanie.	22 743	—
Ile Kerguelen	(?)	

Ces chiffres, empruntés aux sources les plus dignes de foi parmi lesquelles les statistiques de l'administration, doivent être toutefois considérés, -- pour la plupart, — comme très approximatifs. Il faut noter aussi que dans plusieurs colonies la garnison et les émigrants engagés ont été compris dans la population totale ; ce calcul fait ressortir une majoration de quelques milliers d'individus au total général.

Pour l'Algérie le chiffre de 3 752 196 habitants (recensement de 1886) représente la population totale civile, déduction faite de l'armée d'occupation, du régiment étranger, de la population dite « en bloc » soit 65 269 personnes. Il se décompose en 219 627 Français, — 42 593 Israélites naturalisés, — 3 262 422 Musulmans sujets français, — 22 310 Marocains et Tunisiens, — 205 212 étrangers (Espagnols, Italiens, Maltais, etc.).

[1] Superficie de quelques colonies et pays protégés : Algérie 470 000 kilomètres carrés, — Tunisie 116 à 118 000 kilomètres carrés, — Cochinchine 59 000 kilomètres carrés, — Cambodge 100 000 kilomètres carrés (?), — Annam 100 000 kilomètres carrés (?), — Tonkin 200 000 kilomètres (?), — Madagascar 600 000 kilomètres carrés (?).

Nous rappellerons à titre de comparaison que la superficie de la France est de 529 000 kilomètres carrés, et sa population de 38 218 000 habitants.

Quelle est la valeur de l'Empire colonial français? Quelle est la situation actuelle, le régime douanier, le commerce de nos colonies? Quelle « utilité commerciale » présentent-elles pour la métropole? Enfin quel est leur avenir [1]?

Les colonies fondées par les nations européennes en Amérique, en Afrique, en Asie, en Océanie, loin d'avoir toutes les mêmes caractères, présentent des différences si profondes que l'observation les a fait répartir en trois classes distinctes : les colonies de peuplement, les colonies d'exploitation et les colonies de commerce.

Il n'est pas sans utilité de rappeler les traits principaux qui distinguent les trois sortes de colonies.

Les colonies de peuplement ou colonies agricoles se fondent dans des pays vastes, peu habités, de climat tempéré, dans lesquels les émigrants de la nation colonisatrice peuvent se rendre en grand nombre, trouver des terres, les cultiver, s'établir sans

[1] Le lecteur désireux de faire une étude complète de ces questions et de toutes les autres relatives à nos colonies pourra se reporter à nos deux précédents volumes : *Les colonies françaises, leur commerce, leur situation économique, leur utilité pour la métropole, leur avenir ;* — *La France dans l'Afrique du Nord, Algérie et Tunisie,* ouvrage honoré d'une récompense par l'Académie des sciences morales et politiques Seconde édition. — Les deux volumes chez Guillaumin, éditeur, Paris.

esprit de retour et créer ainsi une nouvelle patrie. Ces colonies exigent avant toute chose un courant d'émigration considérable ; elles ne se développent donc que si elles appartiennent à une nation dont la population croît sensiblement chaque année et peut fournir un nombre considérable de colons. Le Canada, l'Australie, la Nouvelle-Zélande, sont des colonies de peuplement et doivent être cités comme les premiers exemples de l'expansion des races européennes dans les pays d'outre-mer.

Les colonies d'exploitation ou de plantations sont les terres des tropiques où l'on cultive presque exclusivement la canne, le café, le cacao, « les denrées coloniales ». Les Européens s'y acclimatent et forment la « population créole » ; mais ils ne travaillent pas la terre ; ce sont les indigènes ou des immigrants — autrefois des esclaves — qui remuent le sol sous la direction des « blancs ». Les cultures tropicales exigent une main-d'œuvre nombreuse et des capitaux importants, mais un faible nombre d'Européens. Les Antilles françaises, anglaises, espagnoles, les Indes néerlandaises, l'Inde, l'Indo-Chine appartiennent à cette seconde catégorie.

Les colonies de commerce sont des comptoirs, des factoreries établies par les Européens au milieu de populations primitives, sous un climat souvent malsain, dans le but d'échanger contre un petit nombre de marchandises — étoffes, armes, liqueurs, etc., — le caoutchouc, l'ivoire, les graines oléagineuses et les autres produits de la région. La nation à qui appartient ces colonies n'est pas dans la nécessité de soumettre les indigènes à sa domination; il suffit de maintenir la paix entre les tribus, de construire quelques postes, afin de donner au commerce la sécurité dont il a besoin. Les colons, d'ailleurs, sont peu nombreux et rarement ils s'établissent sans esprit de retour, mais il est nécessaire qu'ils disposent d'importants capitaux pour se livrer à leurs opérations commerciales. Le Sénégal, le Gabon, le Congo, les établissements anglais et portugais de la côte d'Afrique sont des colonies de commerce.

La France est riche, elle possède d'abondants capitaux qui peuvent être engagés dans les affaires d'outre-mer, mais sa population ne croît que lentement, son émigration est faible. Dans de semblables conditions les colonies de commerce et d'exploitation répondent beaucoup plus à son état économique et social que les colonies de peuplement, et précisément notre Empire ne comprend que des colonies appartenant à ces deux types; aucune de nos possessions ne présente exclusivement les caractères d'une colonie de peuplement.

L'Algérie, bien qu'elle soit habitée aujourd'hui par une population européenne importante, fixée sans esprit de retour, n'offre point comme l'Australie, par exemple, les traits essentiels d'une colonie de peuplement. Elle tient, à la fois, de la colonie de peuplement, parce que les Européens peuvent s'y acclimater et y travailler, et de la colonie d'exploitation parce qu'une population indigène nombreuse, dont la présence impose une limite à l'expansion des colons, y est établie. C'est ainsi que la France s'est trouvée dès le premier jour, sur les côtes africaines de la Méditerranée, en présence de deux difficultés que l'Angleterre n'avait pas rencontrées dans l'océan Pacifique : d'abord une population de plus de 2 millions d'Arabes et de Berbères, maîtresse du sol, jalouse de son indépendance, fanatisée par sa religion, puis, comme conséquence, l'obligation de conquérir chaque parcelle de cette terre possédée, de tailler sa part au colon, de le défendre contre les retours des anciens propriétaires.

L'histoire de l'Algérie est pendant vingt-sept années pleine d'expéditions, de combats, et de batailles. Cet état de guerre ne pouvait hâter les débuts de la colonisation. La conquête achevée, la population vaincue est restée sur le sol. En Australie des espaces immenses s'ouvraient aux

métropole[1]. Dans la région du Tell et dans quelques parties des Hauts-Plateaux et du Sahara l'Algérie est préservée de la sécheresse et cultivée par les colons (vignes, céréales, orangers, oliviers, palmiers); la superficie totale des propriétés rurales possédées par les Européens mesure 1 400 000 hectares; la culture de la vigne est pour eux depuis dix ans une source de grands profits[2]; l'exporta-

[1] Chiffres extraits du *Tableau général du commerce de la France pour* 1889:

Exportations de l'Algérie :
   En France............... 201 947 559 fr.
   A l'étranger............. 38 154 343
                            240 105 902

Importations en Algérie :
   Marchandises françaises... 178 662 914
   Marchandises étrangères.. 68 049 275
                            246 712 189

   Total général................... 486 818 091 fr.

Ce chiffre est le plus haut qu'ait atteint jusqu'ici le commerce de l'Algérie.

Principales exportations de l'Algérie : vins, bestiaux, céréales, laines, alfas, huiles, fruits, lièges, eaux-de-vie, tabac...

Principales importations de l'Algérie: tissus de coton et de laine, ouvrages en peau ou en cuir, outils et ouvrages en métaux, vêtements, cafés, vins, sucres, fontes, fers, aciers,...

Après la France les pays qui entretiennent avec l'Algérie le plus grand commerce sont l'Angleterre, l'Espagne, l'Italie et la Tunisie. — Les statistiques douanières ne font pas ressortir dans les chiffres ci-dessus la part du commerce de l'Algérie avec les colonies françaises (sauf la Tunisie) ou les réexportations. Cette part doit être peu importante.

[2] Hectares plantés en vignes à la fin de 1889 : 106 351. —

émigrants, la terre était à eux, et, la main-d'œuvre indigène faisant défaut, chaque nouveau venu était assuré de trouver du travail et de gagner, avec ses bras, l'existence de sa famille; en Algérie, au contraire, le champ du colon était limité par le voisinage de celui de l'indigène, et ce dernier s'offrant pour exécuter à bas prix certains travaux de culture, il n'y avait pas de place pour les ouvriers agricoles, les valets de ferme, ce que l'on pourrait appeler « le prolétariat agricole ».

Lorsque l'on songe à ces profondes différences existant entre deux colonies qui sont quelquefois comparées bien inexactement l'une à l'autre, lorsque l'on envisage les difficultés spéciales que la France a rencontrées en Afrique, on n'hésite point, en présence des résultats aujourd'hui constatés, à reconnaître que l'œuvre entreprise en Algérie mérite d'être louée.

L'ancienne Régence d'Alger, qui en 1830 n'était qu'un repaire de pirates, possède une population de 425 000 Européens sur lesquels 220 000 Français; un million d'individus y parlent notre langue, ou, au moins, peuvent s'en servir; ses ports entretiennent avec les différents pays un mouvement total d'affaires de près de 500 millions, dont 380 avec la

tion des bestiaux et des céréales atteint des chiffres considérables ; des forêts et des mines sont exploitées ; des routes et des chemins de fer relient entre eux les centres principaux ; la population indigène travaille et augmente ; le rendement des impôts arabes ne cesse de croître.

Ces chiffres et ces faits méritent d'être cités ; ils répondent aux attaques injustes, ils donnent foi en l'avenir. Ce n'est point à dire assurément que tout est fait. L'élément français est aujourd'hui trop faible vis-à-vis de l'élément étranger ; les richesses de la terre africaine, ses ressources, la variété de ses cultures ne sont pas assez connues dans notre pays ; l'émigration des hommes et celle des capitaux ne sont point suffisamment actives ; la constitution de la propriété individuelle parmi les indigènes est loin d'être achevée ; de grands travaux publics sont encore nécessaires ; la « question indigène », c'est-à-dire la « conquête morale » des vaincus qui doit suivre et affermir la « conquête militaire », est loin d'être résolue... Mais il importe de ne point oublier que la colonie est âgée de soixante ans à peine. C'est la tâche des administrateurs actuels et de ceux qui les remplaceront de résoudre les problèmes posés, c'est

Récolte 2 578 000 hectolitres de vin. — La récolte de 1889 a présenté sur celle de 1888 une diminution de 183 000 hectolitres imputable au siroco et à la sécheresse.

aussi l'affaire du temps. On a dit avec beaucoup de raison que si vingt à vingt-cinq années sont nécessaires pour le développement physique et intellectuel d'un homme, ce n'est pas trop d'accorder un siècle à une nation qui s'établit dans un pays nouveau, à travers mille difficultés, puis s'impose la tâche de transformer des régions barbares et incultes en une colonie riche et florissante.

La marche de la colonisation en Algérie, les progrès qui, chaque année, y sont constatés, permettent de prévoir ce qui adviendra de la Tunisie, — l'ancien « grenier de Rome », — annexe naturelle de notre colonie africaine. Les résultats obtenus depuis l'établissement de notre protectorat dans la Régence de Tunis en 1881 sont déjà un premier gage de succès : la soumission du pays ayant été assurée presque sans combat à la différence de ce qui s'est produit en Algérie, les colons français ont pu s'établir en toute sécurité dès le lendemain du traité de Kasr Saïd ; leur nombre est encore peu considérable [1], mais ils ont apporté des capitaux, acheté des terres, planté des vignes. Bien qu'ils mettent, comme les colons algériens, leurs premières espérances dans la

---

[1] On évalue le nombre des Français établis en Tunisie à 6 000, celui des Italiens à 15 000, et des Maltais à 10 000. Mais presque tous les capitaux sont dans les mains de nos compatriotes, presque tous les domaines leur appartiennent.

culture du cep, ils ne négligent pas les autres richesses de la terre tunisienne : oliviers, céréales, bois, palmiers. Ils possèdent aujourd'hui — la part des étrangers est minime dans ces chiffres — près de 400 000 hectares[1] représentant, pour le fond et les plantations faites, environ 50 millions de débours; 4 000 hectares sont plantés en vignes et la récolte de 1890 a produit entre 65 et 70,000 hectolitres de vin. Le commerce de la Régence qui était annuellement, avant l'occupation, d'environ 22 à 24 millions de francs, s'est élevé dans l'année 1888-1889 à près de 50 millions[2]. Ce sont là des résultats de début satisfaisants. L'avenir cependant promet mieux en-

[1] A la vérité les 120 000 hectares du magnifique domaine de l'Enfida sont compris dans ce chiffre, mais ce domaine appartient à une Société française qui le met peu à peu en valeur et qui allotit une partie de ses terrains pour les vendre aux colons nouveaux venus.

[2] Commerce de la Tunisie en 1888-1889 d'après le *Journal officiel tunisien*. — L'année tunisienne commence le 13 octobre et finit le 12 octobre suivant :

Exportations de la Tunisie :
   En France.................... 3 881 683 fr.
   En Algérie................... 6 280 434
   A l'étranger................. 7 942 789
                                          18 104 906 fr.

Importations en Tunisie :
   De France.................... 16 735 256 fr.
   D'Algérie.................... 835 703
   De l'étranger................ 13 582 980
                                          31 154 939

Total général................... 49 258 845 fr.

core, grâce au vote récent et longtemps attendu d'une loi qui établit entre la France et la Tunisie un régime douanier libéral[1]. Depuis l'établissement du protectorat jusqu'à il y a moins de six mois, la France, la « métropole », avait commis la faute de laisser subsister entre ses ports et ceux de la Régence l'ancien mode commercial très préjudiciable au développement des affaires. Les colons se plaignaient avec raison de ne pouvoir exporter leurs produits en France dans des conditions aussi favorables que celles dont jouissaient leurs voisins d'Algérie, et déjà le découragement se manifestait, des protestations justifiées se faisaient entendre.

La réforme douanière est aujourd'hui acquise et les statistiques accuseront bientôt ses heureux résultats.

D'autres mesures, également utiles, devront suivre : Tout d'abord on ne rencontre actuellement dans la Régence que la grande et la moyenne propriété européenne ; le petit propriétaire, le « petit colon », celui qui fait le nombre, et en partie la richesse en

Principales exportations de la Tunisie en France : huiles, laines, joncs et roseaux, peaux, éponges...
Principales importations de la France en Tunisie : céréales, semoules, peaux préparées, ouvrages en peau et en cuir, vêtements, sucres...(L'importation de céréales dans la Régence est un fait tout à fait exceptionnel. La Tunisie qui produit du blé, dont la récolte de 1890 a même été très favorable, a souffert d'une vraie disette en 1888-89).

[1] Loi du 19 juillet 1890. — Voir plus loin, dans ce chapitre.

Algérie, n'est point encore installé. Il importe qu'il soit « sollicité » à s'établir parce qu'il pourra constituer dans une cinquantaine d'années un élément français sérieux, attaché au sol, établi au milieu des indigènes, faisant un utile contre-poids à la population italienne et maltaise. L'organisation d'un système de publicité semblable à celui adopté par les colonies australiennes permettra d'atteindre ce but[1]. Mais il ne serait pas encore suffisant d'amener des colons. Il faut pour qu'ils s'installent et réussissent dans leurs entreprises un bon régime hydraulique, un réseau de routes et de chemins de fer, des institutions de crédit; jusqu'ici l'œuvre des travaux publics est peu avancée dans la Régence[2]

[1] On verra plus loin, dans ce chapitre, en quoi consiste le système de publicité adopté par les colonies britanniques, mais il convient de noter ici qu'un décret du Président de la République en date du 16 octobre 1890 vient d'instituer en Tunisie un « directeur des renseignements et du contrôle » dont la tâche principale paraît être de « solliciter » l'émigration vers la Régence. Le rapport du Ministre des affaires étrangères précédant le décret porte en effet : « Il incombe au gouvernement une mission dont il ne saurait se désintéresser : faire connaître les avantages de la Tunisie par la plus large publicité, épargner le temps et les frais aux personnes que ces avantages tenteront par un service de renseignements aussi complet que possible; préparer et faciliter les transactions ayant pour objet de multiplier en Tunisie une population agricole expérimentée et d'y asseoir sur des bases solides le régime de la population. »

[2] La France n'a pas encore construit une seule ligne ferrée

et l'on n'y a encore fondé aucune banque privilégiée. Lorsque le Ministre des affaires étrangères de qui dépend la Tunisie aura réalisé ces progrès par l'intermédiaire du Bey, le pays, même s'il n'est pas annexé et demeure « protégé », pourra être considéré, avec notre corps d'occupation, nos « contrôleurs » des fonctionnaires beylicaux, nos colons et le mouvement d'échanges qu'il entretiendra avec nos ports, comme la quatrième province de la France africaine.

L'Algérie et la Tunisie, situées sur les rives de la Méditerranée, en face de nos côtes, jouissant d'un climat favorable à l'établissement de notre race, semblent un prolongement de la mère patrie. Elles sont la « France africaine », mais elles ne sont point toutes les possessions de la France en Afrique.

Notre domaine est bien autrement vaste sur cette terre qui devient pour l'Europe à la fin du XIX° siècle un « Nouveau-Monde » ouvert à toutes les entreprises, à toutes les ambitions.

depuis son établissement dans la Régence, si l'on excepte le petit chemin de fer Decauville de Sousse à Kairouan établi pendant l'expédition militaire. Le seul chemin de fer existant est celui de la vallée de la Medjerda qui de la frontière algérienne va jusqu'à Tunis. — Un port est en construction à Tunis.

Il y a une vingtaine d'années la France, l'Angleterre, le Portugal et l'Espagne, vieilles nations coloniales, étaient seules établies sur les rivages du « noir continent ». L'Algérie et le Cap se développaient, le Sénégal commençait à s'étendre vers l'intérieur, des voyageurs avaient visité d'immenses régions inconnues; un des plus célèbres, Livingstone, mourait dans un misérable village noir, des négociants français et anglais trafiquaient aux côtes occidentale et orientale, et cependant il ne paraissait pas que les puissances européennes eussent hâte de s'assurer de grands domaines sur la terre des enfants de Cham. Mais tout à coup la lente marche des événements a été hâtée : le récit des voyages de Stanley, de de Brazza, du Dr Nachtigal, la brusque résolution prise par le prince de Bismarck de fonder des colonies en Afrique, le débarquement des Italiens à Massaouah [1], les progrès du commerce, la recherche de nouveaux marchés, l'espérance que les territoires africains peuvent être riches et fertiles, sont autant de causes qui ont communiqué aux peuples de l'Europe ce que l'on pourrait appeler un accès de « fièvre coloniale ».

Tous, du jour au lendemain, se sont préoccupés

[1] Les Italiens avaient pris possession d'Assab sur la mer Rouge dès 1870, mais ce petit territoire était sans importance.

des choses africaines : l'Acte de Berlin de 1885 et les Conventions de 1890 sont les deux grandes manifestations de la politique nouvelle, — manifestations qui, fait curieux, ne témoignent pas du même esprit. En 1885 les puissances réunies à Berlin, sur l'initiative de l'Allemagne, veulent prévenir l'établissement d'une ou plusieurs d'entre elles dans le bassin du Congo au préjudice des autres ; dans ce but elles donnent la vie à une sorte d'État neutre, sans nationalité, qui relévera du roi des Belges sans appartenir à la Belgique [1]; en

[1] La « question du Congo » avait été posée par la rivalité de la France (maîtresse du Gabon et de l'Ogowé), du Portugal (maître de la province d'Angola) et de l'Association Internationale africaine (Société géographique et commerciale dirigée par le roi des Belges, ayant Stanley à son service et établie sur le Bas Congo) qui toutes trois élevaient des prétentions sur l'immense région arrosée par le fleuve et ses affluents.

Dès la réunion de la conférence de Berlin (novembre 1884) le drapeau de l'Association Internationale déjà reconnu par les États-Unis le fut successivement par l'Allemagne, l'Angleterre, l'Italie, l'Autriche-Hongrie, les Pays-Bas, l'Espagne, la France et le Portugal. Ces deux dernières nations signèrent en même temps des conventions de délimitation avec l'Association qui devenait un État, — l'État du Congo.

L'« Acte général » fut à son tour signé (26 février 1885). Il dispose que le commerce de toutes les nations jouira d'une complète liberté dans le bassin du Congo et de ses affluents ainsi que dans les zones voisines, que la navigation du fleuve demeurera également libre et que les routes, chemins de fer ou canaux qui pourront être ouverts dans le but de suppléer

même temps elles déclarent libre, pour tous les pavillons, le commerce et la navigation du Congo et du Niger. En 1890, au contraire, il ne s'agit plus de limiter l'expansion des nations européennes en Afrique, mais bien de partager d'immenses régions connues et inconnues entre l'Angleterre et l'Allemagne, l'Angleterre et la France, l'Angleterre et l'Italie, l'Angleterre et le Portugal[1]. Chaque nation veut sa part dans le « Nouveau-Monde » et des régions inexplorées, habitées par des sauvages qui n'ont jamais vu un « blanc », sont attribuées et délimitées dans des réunions de diplomates. Les chancelleries proclament la doctrine de l' « Hinterland » ou de « l'arrière-pays » en vertu de laquelle une puissance européenne ayant une station sur un point de la côte peut réclamer « derrière » toute la profondeur du continent jusqu'au point de ren-

aux imperfections du système fluvial seront ouverts au trafic de toutes les nations sans taxes différentielles.

La souveraineté du nouvel État est reconnue, à titre personnel, au roi Léopold II de Belgique.

[1] Convention entre l'Angleterre et l'Allemagne du 1er juillet 1890; — Convention entre la France et l'Angleterre du 5 août 1890; — Convention entre l'Angleterre et le Portugal du 20 août 1890. — Cette dernière convention dans laquelle l'Angleterre a imposé, à son profit, au Portugal de graves amoindrissements dans la région du Zambèze n'a pas encore reçu l'approbation des Chambres portugaises; un *modus vivendi* a, en attendant, été établi. Quant à la convention entre l'Angleterre et l'Italie elle est encore en négociations (novembre 1890).

contre avec la puissance qui a fondé une station semblable sur le littoral opposé. Ces partages et ces doctrines remettent en l'esprit la célèbre bulle du pape Alexandre VI divisant le monde entre les Espagnols et les Portugais [1].

La France, au lendemain des Conventions diplomatiques de 1890, conserve en Afrique la situation prépondérante qu'elle y avait la veille. Elle est, elle demeure, à n'en point douter, la première parmi les six puissances européennes [2] qui se partagent aujourd'hui le « noir continent ». L'Angleterre,

---

[1] On ne saurait négliger de mentionner ici un autre grand fait international relatif aux choses africaines : la Conférence anti-esclavagiste de Bruxelles réunie sur l'initiative du roi Léopold et du cardinal Lavigerie pour aviser aux moyens de réprimer le trafic des noirs, qui a arrêté au mois de juin 1890 un « Acte général » issu de ses délibérations.

Trois régions principales sont encore déshonorées et ruinées par le trafic des esclaves en Afrique : le Soudan occidental, le Soudan oriental, les territoires des lacs Albert et Victoria Nyanza.

L'« Acte général » est un code entier sur la recherche et la répression de la traite. Toutes les puissances réunies à Bruxelles l'ont signé à l'exception de la Hollande qui jusqu'ici refuse de s'y associer, non qu'elle s'élève contre les dispositions humanitaires relatives à la traite, mais parce qu'à cet acte « sur l'esclavage » quelques dispositions « fiscales » ont été ajoutées dont l'adoption atteindrait le commerce hollandais au Congo.

[2] Ce sont : la France, l'Angleterre, l'Allemagne, le Portugal, l'Espagne et l'Italie. — Il n'est point ici question des provinces turques (Égypte et Tripolitaine).

elle-même, notre heureuse rivale sur les mers, la maîtresse de l'Inde en Asie, du Canada en Amérique, de l'Australie en Océanie, ne vient qu'après nous sur la terre africaine. Peut-être ses colonies, ses protectorats, ses « zones d'influence » représentent-ils une superficie totale supérieure aux nôtres, mais combien le domaine de la France est plus riche! Regardons une carte : au nord l'Algérie et la Tunisie, terres fertiles, commerçantes, propres à l'installation de la race française, situées sur les rives de la Méditerranée, le grand lac européen ; — sur la côte occidentale trois riches colonies de commerce : le Sénégal, la première, dont le commerce ne cesse de se développer, agrandi dans ces dix dernières années du Soudan, puis hier [1] du Sahara, extension nouvelle qui assure nos droits jusqu'à Say sur le moyen Niger et sur la rive occidentale du lac Tchad en même temps qu'elle permet la construc-

---

[1] Convention franco-anglaise du 5 août 1890. Cette Convention contient deux dispositions essentielles : 1° l'Angleterre reconnaît le protectorat de la France sur Madagascar; — 2° la France, maîtresse de l'Algérie, de la Tunisie, du Sénégal et du bas Niger, et l'Angleterre maîtresse de la colonie de Lagos et du bas Niger, appliquant la nouvelle doctrine de l'*Hinterland*, tracent dans le bassin du grand fleuve une ligne séparant deux « zones d'influence ». — Cette ligne est tirée de Say sur le moyen Niger à Barrua sur le lac Tchad; au nord est la « zone d'influence » française, au sud la « zone d'influence » anglaise.

tion dans le désert de voies ferrées qui relieront l'Algérie au Niger et au lac Tchad; — puis, les Rivières du sud et les Etablissements du golfe de Bénin, fréquentés par d'importantes maisons françaises, reliés au Sénégal par les voyages et les traités de nos explorateurs; — enfin, le Gabon avec la vallée de l'Ogowé et les vastes territoires du Congo français, acquisitions récentes dont on peut déjà pressentir l'importance. Sur la côte orientale d'Afrique elle-même la France n'a aucun territoire, — sauf celui d'Obock sur le golfe d'Aden, — mais elle possède dans son voisinage plusieurs îles baignées par les flots de l'océan Indien : Nossi-Bé, Mayotte, les Comores, la Réunion et Madagascar, « grande terre » placée sur la route obligée de commerce entre l'Australie, l'Europe et l'Afrique orientale qui deviendra au siècle prochain l'entrepôt nécessaire de ce commerce et qui, dès aujourd'hui, par sa richesse et sa fertilité, promet aux négociants un large mouvement d'affaires.

Le domaine de l'Angleterre est représenté sur la carte par de grandes taches à côté de celui de la France : la Gambie, Sierra Leone, Cape Coast Castle, ne sont que des enclaves étouffées au milieu de nos possessions de l'Afrique occidentale, mais la colonie de Lagos et du Niger s'étendant jusqu'à Say sur le fleuve et jusqu'au lac Tchad, comprenant les deux rives de la Benoué, riche déjà, peut espérer un grand avenir; le Cap et Natal pour avoir une population et un commerce moindres que celui de l'Algérie seule n'en sont pas moins de belles colonies; le Cap est d'ailleurs comme la capitale des immenses territoires de la Compagnie anglaise de l'Afrique du Sud; enfin la Grande-Bretagne possède Maurice, Rodrigue et les Séchelles dans l'océan Indien, les territoires de la Compagnie de l'Est africain au nord du Zanzibar, l'île de Socotora à l'entrée du golfe d'Aden et sur ce golfe même, la côte de Berbera [1].

La France et l'Angleterre, on l'a dit plus haut, ont des voisins en Afrique. D'abord, les deux puissances les plus anciennement établies, le Portugal et l'Espagne, puis l'Allemagne et l'Italie. Le Portugal possède les Açores, Madère, les îles du Cap-Vert, les Bissagos et Boulam, l'île du Prince, San Thomé, Cabinda avec les grandes provinces de Loanda et

---

[1] Pour n'oublier aucun des points occupés par l'Angleterre en Afrique ou dans les mers africaines, il faut encore rappeler : Tarfaïa au sud du Maroc, les îlots Ascension et Sainte-Hélène, Walfich-bay, enclavé dans le S.-O. africain allemand, quelques îlots dans l'océan Indien.

Enfin, il n'est pas possible d'oublier que, sans *aucun droit*, l'Angleterre occupe l'Égypte depuis 1882. Elle ne discute, ni l'autorité du Sultan, ni celle du vice-roi, elle a pris l'engagement public d'évacuer la vallée du Nil, mais ses troupes y tiennent encore garnison, tandis que ses fonctionnaires s'établissent dans tous les emplois.

Mozambique. La part de l'Espagne est moindre : Ceuta et Melilla au Maroc, les Canaries, la côte du Sahara au nord du cap Blanc, les îles Fernando-Po, Corisco et Annobon (et aussi des prétentions sur quelques points voisins de notre colonie du Gabon).

L'Allemagne et l'Italie sont entrées tard dans la carrière coloniale; ce sont elles surtout qui ont été atteintes de la « fièvre coloniale ». Le prince de Bismarck a pensé un jour, après s'être montré longtemps l'adversaire de la politique coloniale, que son pays, grand en Europe, ne pouvait se résoudre à être seulement une puissance continentale : il a construit des navires, cherché des colonies, prenant possession de territoires « sans maîtres » et, aussi, quelquefois de points sur lesquels l'Angleterre et la France avaient quelques droits[1]. Aujourd'hui le drapeau de

---

[1] Il n'entre pas dans le plan de cet ouvrage d'étudier les conditions de développement et l'avenir de la colonisation allemande, quelque soit l'intérêt de ce sujet, mais on ne saurait non plus passer sous silence un fait aussi considérable que celui de l'adoption, par l'Empire d'Allemagne, d'une politique coloniale.

Dès les premières pages de ce volume, comparant la situation géographique de l'Allemagne à celle de la France et de l'Angleterre, nous avons remarqué que la première de ces nations, placée au centre du continent, ne touchant ni à l'Océan, ni à la Méditerranée, dont les côtes, sur leur plus grande longueur, sont baignées par une mer septentrionale, est un pays beaucoup plus continental que maritime. Nous avons ajouté : il doit vivre exclusivement en Europe, y soutenir de nombreuses luttes, y conquérir, enfin, son unité.

l'Empire flotte sur Petit-Popo, Togo et quelques points voisins, à Cameroun, sur la terre de Lude-

Aujourd'hui l'Allemagne a réalisé son unité. D'autre part, la rapidité de la navigation à vapeur a rapproché des océans et des grandes routes maritimes les nations qui en sont éloignées. Peut-elle dans ces conditions poursuivre une « politique coloniale » ?

La constatation d'un fait important semble, d'abord, amener les esprits à une réponse favorable : la population de l'Empire est très prolifique, son émigration très importante. Pourquoi ces « émigrants » ne deviendraient-ils pas des « colons » ?

Malheureusement pour l'Allemagne, toutes les terres situées dans la zone tempérée, qui en Amérique, en Afrique, en Océanie, pouvaient recevoir des émigrants, les retenir, devenir enfin des « colonies de peuplement », sont occupées par l'Angleterre et la France. Il ne semble même pas qu'il reste dans le monde des territoires ou des îles qui soient propres à la fondation de « colonies d'exploitation » : l'Angleterre tient l'Inde et la Birmanie ; la France, l'Indo-Chine ; la Hollande et l'Espagne les meilleures des îles à plantations de l'Océanie. L'Allemand, d'ailleurs, pourrait-il s'acclimater sur une « terre chaude » ? Il est permis d'en douter lorsque l'on observe qu'en Algérie, région presque tempérée cependant, le nombre des décès dépasse sensiblement celui des naissances chez les individus de race germanique (70 naissances sur 100 décès).

Une chose est en tous les cas certaine, c'est que l'Empire n'a pu prendre possession en Afrique et en Océanie (nous dirons plus loin l'étendue de ses possessions dans ce continent), que de territoires inhabitables pour les Européens, — où les Allemands ne se rendent et ne pourront jamais se rendre en nombre, territoires qui sont des « colonies de commerce ». — (On connaît encore bien peu l'île de Bornéo ; cette « terre chaude » dont les Allemands ont une part deviendra-t-elle jamais une « colonie d'exploitation » ?) Ainsi les terres et les îles que le prince de Bismarck a tout à coup réclamées, dont il a pris possession avec autorité devant l'Angleterre et la France,

ritz (« Sud-Ouest africain allemand ») et sur les immenses territoires de l'Est qui s'étendent depuis

vieilles nations coloniales, ont une étendue considérable, — les possessions allemandes de l'Afrique semblent avoir à elles seules quatre fois la superficie de l'Empire en Europe, — mais elles ne deviendront point des « provinces d'outre-mer » peuplées de « citoyens allemands ». Les émigrants qui, chaque année, quittent l'Empire, continueront, comme par le passé, à se rendre aux États-Unis ou en Australie.

L'Allemagne n'a donc pu acquérir, en l'état actuel du partage du monde, que des « colonies de commerce », des terres insalubres où elle ne pourra élever des « comptoirs ». Encore faut-il ajouter que depuis qu'elle possède ce domaine extra-européen, il ne semble, dans aucune de ses parties, en voie de prospérité. Les « compagnies à chartes » constituées pour son exploitation sont déjà ruinées ou misérables, les fonctionnaires allemands ont paru plusieurs fois au-dessous de leur tâche, leurs conflits avec les populations indigènes ont été fréquents.

Il est trop tôt pour que l'on puisse chercher à prévoir l'avenir. Tout ce qu'il est possible de dire, c'est, d'une part, qu'une nation nouvelle venue dans la carrière coloniale est exposée à « faire des écoles », qu'il serait surprenant qu'elle n'en fît pas, c'est, d'autre part, que si l'Allemagne n'est pas suffisamment riche en capitaux pour pouvoir porter, avant longtemps, dans ses colonies de commerce les sommes nécessaires à leur mise en valeur, elle a cependant l'avantage de fabriquer déjà plusieurs des marchandises inférieures à bon marché, que les indigènes d'Afrique et d'Océanie troquent contre les produits de leur pays.

Mais, devant cet exposé, une objection se présente à l'esprit : la préoccupation d'assurer des débouchés en terre allemande extra-européenne à des industries métropolitaines qui ne paraissent avoir besoin d'aucune protection, puisque leurs ventes ne cessent de se développer dans les colonies étrangères et dans les terres « sans maîtres », suffit-elle à expli-

la côte du Zanzibar jusqu'en certains points des lacs Victoria, Tanganika et Nyassa ; enfin, le Sultan de Zanzibar est sous le protectorat allemand. Dans ces régions orientales le cabinet de Londres a dû renoncer à quelques-unes de ses prétentions, notamment sur le Sultanat de Zanzibar, et consentir à un partage [1]. L'Italie moins heureuse que l'Allema-

quer l'adoption par le gouvernement impérial d'une « politique coloniale » ainsi que les longs et coûteux efforts qui en sont la conséquence ?

Nous ne le pensons pas. En réunissant la Conférence de Berlin en 1885 pour régler la question du Congo, en prenant possession de larges territoires en Afrique et en Océanie à côté de l'Angleterre et de la France, en construisant une flotte afin d'avoir comme ces deux nations des navires de guerre, l'Allemagne a certainement cédé aux rêves ambitieux que lui ont inspirés ses succès sur le continent. La première puissance militaire de l'Europe a voulu devenir une nation maritime et coloniale, jouer un rôle, tenir une place hors d'Europe. L'Allemagne est assurément atteinte de cette maladie que certaines nations ont connue : « la mégalomanie » ; le prince de Bismarck a fait de la « politique impériale », au sens donné à ce mot en Angleterre, pour caractériser la politique de lord Beaconsfield.

Mais ce mobile n'a certainement pas été le seul à déterminer le Chancelier. Son esprit en réclamait de plus positifs. Deux au moins, ont dû lui apparaître : d'abord, détourner l'attention de ses compatriotes des questions européennes, chercher un dérivatif à des préoccupations qui, à certaines heures, pouvaient lui paraître si vives qu'elles en devenaient dangereuses, — ensuite, assurer des marchés toujours ouverts, mis à l'abri de toute taxe douanière gênante ou prohibitive, aux produits allemands en même temps qu'un fret certain au pavillon national.

[1] Convention anglo-allemande du 1er juillet 1890.

gne dans ses projets d'expansion n'a rencontré que des difficultés depuis son débarquement à Massaouah. Un traité lui a promis en 1889 le protectorat de l'Éthiopie, mais elle ne sait encore ce que vaut ce traité[1].

Pour achever ce tableau de « l'Europe en Afrique », il suffit d'ajouter que l'État indépendant du Congo semble destiné à devenir une colonie belge depuis que le Parlement de Bruxelles a adopté un projet de loi (1890) qui permet au gouvernement, s'il le veut, d'annexer cet État dans dix ans[2].

Tous les établissements que la France possède

---

[1] L'Italie possède, en outre, en Afrique Assab sur la mer Rouge et une partie de la côte des Somalis sur l'océan Indien.

[2] Par une lettre en date du 23 avril 1884 l'Association Internationale du Congo avait pris vis-à-vis du gouvernement français l'engagement de ne céder ses stations et territoires à aucune puissance et de « lui donner un droit de préférence » si, par des circonstances imprévues, elle était amenée un jour à réaliser ses possessions. Mais cet engagement a été modifié trois ans plus tard. Le 22 avril 1887 l'Administrateur général des affaires étrangères de l'État indépendant du Congo a, en effet, informé le ministre de la République à Bruxelles que l'engagement de 1884 « n'a pas entendu et n'a pas pu entendre qu'en cas de réalisation des possessions de l'Association le droit de préférence reconnu à la France envers toutes les autres puissances pût être opposé à la Belgique dont le roi Léopold était souverain ; mais il va de soi que l'État du Congo ne pourrait céder ces mêmes possessions à la Belgique sans lui imposer l'obligation de reconnaître le droit de préférence de la France pour le cas où elle-même viendrait ultérieurement à les réaliser. » — Le gouvernement

sur la côte occidentale d'Afrique présentent un même caractère : ce sont de vastes colonies de commerce, des comptoirs ouverts à l'activité de nos négociants, des voies par lesquelles ils peuvent introduire leurs marchandises et pénétrer à la suite de nos soldats ou de nos explorateurs jusqu'au centre du « noir continent ». Mais tous ces établissements ne sont point parvenus à une même situation commerciale. Le Sénégal est le plus ancien, son commerce atteint le chiffre le plus élevé, 40 millions dont 24 avec la métropole [1] ; d'importantes maisons françaises y sont établies ainsi que dans les Rivières

français ayant donné acte de cette interprétation à l'État indépendant, la lettre de 1887 est aujourd'hui la loi des parties.

Il n'a pas semblé nécessaire de rappeler dans ce tableau de la prise de possession du « Nouveau-Monde » par les puissances européennes que deux provinces de l'Empire turc, l'Égypte et la Tripolitaine, sont en terre africaine.

[1] Ce chiffre et ceux relatifs à nos autres colonies qui seront cités plus loin sont empruntés aux *Statistiques coloniales*. Chiffres de 1887 :

Exportations du Sénégal :
   En France............... 11 742 856 fr.
   Aux colonies françaises.... 14 507
   A l'étranger............ 2 186 679
                                        13 944 042 fr.

Importations au Sénégal :
   Marchandises françaises... 12 268 238
   Des colonies françaises... 308 000
   Marchandises étrangères... 13 236 437
                                        25 812 675

   Total général................... 39 756 717 fr.

du Sud et nos comptoirs du golfe de Bénin [1]. Le mouvement des échanges ne cesse de croître dans ces différentes régions, qui sont riches en produits naturels et en l'avenir desquelles nos négociants ont grande confiance (exportation de graines oléagineuses, gommes, caoutchouc, ivoire, poudre d'or, café...).

Le commerce du Gabon est demeuré jusqu'ici beaucoup moins important, bien que dans ces dernières années la pénétration de l'intérieur ait favorisé son développement [2].

Le Soudan, où des expéditions sont encore néces-

[1] Chiffres de 1887 :

Commerce des Rivières du Sud : 5 320 819 francs, dont 2 603 998 à l'exportation et 2 716 821 francs à l'importation.

Commerce du Grand-Bassam et Assinie : environ 2 millions.

Commerce de Porto-Novo, Kotonou, Grand-Popo et Agwey : 8 896 589 francs, dont 4 904 820 francs à l'exportation, et 3 991 769 francs à l'importation.

Soit au total pour ces régions un commerce de 16 217 408 fr.

On peut évaluer que dans l'importation totale de ces comptoirs les produits français entrent pour une somme d'environ 3 millions et demi.

[2] Commerce du Gabon en 1889 :

Exportations du Gabon :

En France................	236 678 fr.	
Aux colonies françaises.....	Néant.	
A l'étranger................	2 505 600	
		2 742 278 fr.

Importations du Gabon :

Marchandises françaises.....	1 496 052 fr.	
Des colonies françaises......	2 361	
Marchandises étrangères....	2 193 997	
		3 692 410

Total général.................... 6 434 688 fr.

saires pour assurer notre autorité (brillante campagne de 1889-1890), le Congo français, exploré d'hier, ne sont pas encore des marchés réguliers. Des traitants visitent cependant les régions nouvelles, sollicitent les indigènes à l'échange de leurs produits. Ces pays sont-ils riches? les populations nombreuses, actives? pourront-elles apporter en échange des étoffes, des liqueurs, des armes, et de quelques autres produits, les arachides, les bois, l'ivoire, le caoutchouc, le coton, les gommes, le fer, le cuivre et la poudre d'or? Ces questions se posent encore. Toutefois le nombre des caravanes fréquentant nos postes du Soudan augmente chaque année et, d'autre part, M. de Brazza promet de grands profits aux négociants qui établiront des comptoirs dans les vallées de l'Ogowé, du Niari-Quilliou, du Lefini et de la Licona. Pour M. Stanley, il estime que l'immense bassin du Congo, dont nous possédons une des routes par la vallée du Niari-Quilliou, est un des pays les plus riches du globe en produits naturels, en forêts inexploitées et en plaines labourables [1].

Bien que des maisons françaises et étrangères

Ce chiffre de 6 434 688 fr. fourni par les statistiques officielles est certainement au-dessous de la vérité, la fraude étant très grande au Gabon. Il serait possible que le commerce total du Gabon et de la vallée du Niari-Quilliou atteignît 10 à 12 millions.

[1] Un décret en date du 23 janvier 1889 a autorisé la mise

soient, depuis de longues années, établies sur les côtes de Madagascar et jusque dans la capitale, on ne connaît pas à l'heure actuelle le pays entier et toutes ses ressources. Madagascar, terre presque inculte, pauvrement peuplée par des races à demi sauvages, montagneuse dans certaines de ses parties, a des régions malsaines ou arides. Mais le sol y est dans d'autres régions d'une extrême fertilité ; la canne, le café, donnent et surtout donneront, en plantations régulières, un large rendement ; la vanille, le riz, les bœufs, le coton, la gomme copal, l'écaille, le caoutchouc, les peaux, font dès maintenant l'objet d'un commerce important ; des mines d'or sont déjà exploitées, les forêts pourront l'être. En 1882, avant les opérations maritimes entreprises

à l'étude et l'exécution de travaux ayant pour but d'améliorer la navigation du Niari-Quilliou et de créer éventuellement une voie de communication entre le Quilliou et Brazzaville, poste français situé sur le Stanley-Pool. A la suite de ce décret, et le complétant, est intervenue une Convention entre la Colonie et la « Compagnie commerciale et industrielle du Congo français » (21 janvier 1890). Cette compagnie se fondait dans le but d'étudier, puis d'entreprendre, dans certaines conditions, les travaux nécessaires pour établir une voie de communication entre la côte et le Congo. — Elle n'a malheureusement rien fait jusqu'à ce jour.

L'État du Congo cherche, de son côté, à ouvrir sur son territoire une route commerciale entre Léopoldville — sur le Stanley-Pool en face de Brazzaville, — et la mer, le bas Congo n'étant pas, comme on le sait, navigable. Un chemin de fer est en construction dans ce but.

pour amener la soumission des Howas, le commerce total de l'île s'élevait à plus de 23 200 000 francs. Ce chiffre ne paraît pas être dépassé aujourd'hui, une crise économique, conséquence de la guerre, ayant longtemps pesé sur l'île[1]. Cependant le nombre des Français qui viennent s'établir à l'abri de notre drapeau augmente ; les uns créent des entreprises, les autres entrent dans les différentes administrations howas ; la reconnaissance de notre protectorat par l'Angleterre aura un effet moral heureux. On peut espérer beaucoup de l'avenir, mais il est toutefois certain qu'il faudra plusieurs dizaines d'années et d'importants capitaux pour que l'île soit pénétrée dans toutes ses parties et mise en exploitation : Madagascar qui n'est aujourd'hui qu'une colonie de commerce deviendra alors une colonie mixte de commerce et de plantation[2].

Il y a peu à dire encore des Comores, acquises dans ces dernières années, et du territoire d'Obock. La terre des Comores est fertile et déjà l'on y cul-

---

[1] Il n'existe aucune statistique complète qui puisse être citée. Les principales relations de l'île sont avec la Réunion, Maurice, Nossi-Bé, le Cap et Mozambique. — Le dernier document publié sur Madagascar est au *Journal officiel* des 6 et 7 novembre 1889.

[2] La petite île de Sainte-Marie de Madagascar sur la côte est de la « Grande Terre » a une bien faible importance commerciale : en 1888 son commerce a été de 428 074 fr.

tive la canne à sucre. Obock est un point stratégique voisin de Périm et d'Aden, mais non fortifié[1]. Peut-être deviendra-t-il dans quelques années la tête de ligne des caravanes qui feront le commerce du Choa et du Harar[2].

Ainsi, la conclusion est la même pour toutes nos colonies de la côte occidentale et de l'océan Indien. Ce sont des comptoirs dont le commerce est plus ou moins actif, qui tous doivent attendre beaucoup de l'avenir. Il en est ainsi, d'ailleurs, pour les comptoirs anglais, portugais, espagnols ou allemands (plus encore pour ces derniers). C'est d'une longue succession d'années et d'efforts que les établissements fondés en Afrique par les nations européennes doivent attendre leur développement et leur richesse. L'Afrique est un pays neuf, connu d'hier : il y a cinquante ou soixante ans, quelques hardis négociants, parmi lesquels des Marseillais, y possédaient seuls un petit nombre de factoreries ; ils s'éloignaient peu de la côte ou de l'embouchure des

---

[1] Il faut ajouter que la France pourrait faire valoir des droits sur le petit territoire de Cheik Saïd situé en terre d'Arabie et dominant, par sa situation, le détroit de Bab el Mandeb et l'îlot de Périm. — Ce point, s'il était fortifié, pourrait peut-être devenir une situation stratégique plus forte qu'Obock.

Il est jusqu'ici impossible d'évaluer le faible commerce des Comores et d'Obock.

[2] Les îles de la Réunion, de Mayotte et de Nossi-Bé, colonies de plantations, sont étudiées plus loin avec les Antilles.

rivières, ne connaissaient pas l'intérieur du pays.

Aujourd'hui encore les traitants n'avancent que peu à peu dans les régions nouvelles; les capitalistes ne s'engagent qu'avec timidité parce que le commerce africain comporte de gros risques. Il serait donc imprudent de penser que les bassins du Niger et du Congo, que Madagascar, donneront avant un demi-siècle les résultats que l'on entrevoit et seront avant cette époque de « larges débouchés » ouverts aux négociants européens.

Cependant le commerce de l'Afrique est déjà considérable et mérite l'attention de nos fabricants. Les populations primitives du « noir continent » n'ayant, les unes et les autres, aucune industrie, demandent à l'Europe tous les produits dont elles ont besoin, dont on leur donne le besoin. Elles achètent surtout des étoffes de coton, des armes, de la poudre, des liqueurs, du sel, des articles de quincaillerie [1]. Les industriels français moins bien outillés que les industriels étrangers, ne vendant pas à aussi bon

---

[1] Les étoffes, les armes, la poudre, les liqueurs sont de dernière qualité, — « good for negers, bonne pour les nègres » suivant l'expression dont on se sert à Liverpool et à Hambourg, — les indigènes recherchant avant tout l'extrême bon marché. Il y a des cotonnades blanches ou teintes à 10, 12, 18 centimes le mètre, des fusils de 20 francs, des caisses de « genièvre » de douze flacons d'une contenance de sept litres du prix de 3 francs.

marché, n'ont point dans ce commerce la place qu'ils devraient y occuper, — place correspondante à l'étendue de nos territoires. Les cotonnades, vendues en quantités considérables, viennent surtout de Manchester, les alcools de Hambourg, les fusils de Hambourg et de Liège ; les fabricants de Rouen, de Roubaix, de Roanne, des Vosges, n'osent lutter avec leurs rivaux de Manchester. La conséquence de cette infériorité industrielle est que non seulement les maisons étrangères établies dans nos colonies vendent des produits étrangers, mais encore que les maisons françaises sont dans l'obligation, pour lutter avec leurs concurrents, de faire une part à l'article étranger et d'importer dans plusieurs de nos colonies, avec certains de nos articles, des cotonnades anglaises, des alcools allemands, des armes belges. C'est là assurément une situation fâcheuse dont il convient de se préoccuper [1].

L'Angleterre, depuis qu'elle a ravi l'Inde à sa rivale sur les mers, est la première parmi les nations européennes établies en Asie. L'Inde est une immense colonie d'exploitation, un empire, peuplé de 250 millions d'habitants, faisant un commerce de

---

[1] Voir plus loin, page 252.

plus de 3 milliards et demi[1]. Gibraltar, Malte, Chypre, Périm, Aden, la relient à la métropole; elle a pour annexes la Birmanie et les Établissements des détroits; c'est la possession de l'Inde qui a conduit la Grande-Bretagne à occuper Singapoure, à conquérir Hong-Kong et qui lui a permis de prendre en Chine une situation commerciale toute privilégiée.

Mais la Grande-Bretagne a une rivale en Asie. Ce n'est point la France dont le domaine colonial n'est devenu considérable que dans ces dernières années, et qui ne menace pas la souveraineté britannique dans les Indes. C'est la Russie qui possède aujourd'hui en Asie à l'est des monts Ourals et de la mer Caspienne, au sud du Caucase, des territoires beaucoup plus vastes que l'Europe[2]. Son autorité s'étend sur la Sibérie tout entière, elle a enlevé des provinces à la Chine, son influence pénètre en Corée, la possession de Vladivostok lui permet d'entretenir une flotte dans les mers de Chine; elle a, d'autre part, conquis ou placé sous sa protec-

---

[1] 3 785 675 000 francs en 1887-88, les métaux précieux non compris.

[2] Avec la Sibérie, les steppes des Kirghiz, le Turkestan et le Caucase, les Russes possèdent en Asie à peu près 17 millions de kilomètres carrés; l'Europe n'en comprend que 10 millions. Il est vrai que cet immense empire asiatique ne renferme guère plus de 17 millions d'habitants.

tion les immenses territoires des Kirghiz et des Turcomans, ses postes frontière sont campés en avant de Merv, son nom respecté en Perse; enfin, sur un troisième côté, la possession de la Transcaucasie la met aux sources de l'Euphrate et du Tigre, une des routes des Indes. Puissance formidable qui est à la fois une menace pour le Céleste-Empire et l'Indoustan! Déjà l'opinion publique européenne s'est plusieurs fois préoccupée de la possibilité d'un conflit, d'une guerre même entre la Russie et la Grande-Bretagne que l'approche des soldats du czar inquiète pour la domination de l'Inde[1].

Depuis cinq ans à peine la France est devenue, par l'établissement de son protectorat sur l'Annam et le Tonkin, une grande puissance asiatique à côté de l'Angleterre et de la Russie. Elle fonde en ce moment en Indo-Chine un empire dont le développement et la prospérité au siècle prochain aideront peut-être à oublier la perte des conquêtes de Dupleix. Après ses possessions africaines la France n'a dans son Empire d'outre-mer aucune province plus étendue, plus fertile, plus riche en promesses que la péninsule indo-chinoise.

[1] En 1885, au moment des difficultés soulevées par la délimitation de la frontière afghane, les Russes occupèrent l'île de Quelpaert et les Anglais Port Hamilton dans la mer de Corée. — Depuis, ces deux positions ont été évacuées.

Avant l'acquisition de la Cochinchine puis de l'Annam entier, notre pays n'était pas sans avoir en Asie quelques points sur lesquels pouvait flotter son drapeau. Il avait conservé sur les rivages de l'Inde cinq comptoirs, souvenirs d'une époque heureuse, de même que le Portugal, nation qui nous a glorieusement précédés dans la carrière coloniale, est resté possesseur de quelques kilomètres carrés sur la terre de l'Indoustan (île Diu, Daman, Goa) et de la petite île de Macao sur les côtes de Chine. C'est ainsi que quatre nations européennes, l'Angleterre, la Russie, la France et le Portugal, sont établies en Asie.

L'Indo-Chine où l'on récolte le riz, l'arachide, la canne, l'indigo, le coton, le poivre, le thé, le tabac, où le murier nourrit les vers à soie, où des mines de charbon sont en production, des minerais de fer et de cuivre reconnus, de belles forêts explorées, est comme l'Inde une colonie d'exploitation. Le Tonkin et l'Annam ont été jugés les provinces les plus riches de cet empire, ou plutôt susceptibles de devenir riches après quelques années de paix et de mise en valeur. En outre, la vallée du Song-Koï ne vaut pas seulement par ses propres productions, elle est un pays de transit, une route commerciale que descendront les minerais et les bois du Yun-nan, les thés du Pou-eulh et de la vallée du Wu-Kiang, le musc, la poudre d'or, les soies du Kouëi-Tchéou et du Se-Tchuen, tandis que les cotonnades, les articles de mercerie, d'horlogerie, de quincaillerie et d'autres marchandises européennes, apportées en échange, remonteront le fleuve. Pour être moins favorisés, la Cochinchine et le Cambodge ne sont pas des pays sans avenir; leur commerce est déjà considérable et il croîtra certainement lorsque des relations d'affaires suivies se seront établies par la voie du Mékong avec les provinces Laotiennes.

Chaque mois le courrier de Chine apporte des nouvelles satisfaisantes de notre Empire asiatique : une véritable colonie européenne est installée dans la vallée du fleuve Rouge [1], des maisons françaises importantes sont établies, étendent leurs affaires, des filatures de soie travaillent à Hanoï, on y monte une filature de coton, les mines de charbon de Hongay et de Kébao promettent un rendement considérable [2], celles de Tourane, moins riches, sont aussi en activité, la navigabilité du Song-Koï est

[1] L'administration des colonies évalue dans les *Notices* publiées à l'occasion de l'Exposition de 1889 la population européenne du Tonkin à environ 1 150 individus sur lesquels 900 Français.

[2] Les mines de Hongay et de Kébao sont aujourd'hui en exploitation. Une lettre publiée par le *Journal des Débats*

démontrée [1], un chemin de fer en construction est

(6 septembre 1890) donne les renseignements les plus satisfaisants sur la qualité du charbon et les procédés d'extraction ; elle évalue à un total minimum annuel de 6 520 000 francs le rendement que vont dès maintenant donner ces mines. — Outre les gisements houillers de Hongay et de Kébao, il convient de citer encore ceux de Dong-Trieu.

[1] Au lendemain de l'occupation du Tonkin on a cru le Song Koï — qui est coupé par plusieurs rapides — d'une navigation très difficile et l'on a pensé que les exigences du commerce rendaient immédiatement nécessaire la construction d'un chemin de fer le long du fleuve. Deux tentatives faites en 1889 et 1890 ont montré l'exagération de cette opinion. En 1889, un navire à vapeur remontait le premier, dans de bonnes conditions, jusqu'à Laokay. Etait-ce un succès de hasard ? On a fait la preuve : le *Yun-nan*, portant le gouverneur général, vient de monter d'Hanoï à Laokay en soixante heures et de redescendre en seize heures (1890). Il suffira de quelques travaux exécutés en certains points du lit du Song-Koï pour améliorer les conditions de la navigation.

Les résultats de ce voyage sont considérables : ils montrent que le Song Koï est incontestablement une voie commerciale et la plus courte qui existe entre la mer et les provinces méridionales de la Chine. Les Anglais, qui cherchent à ouvrir au commerce une route pratique entre l'Inde et la Chine et rêvent de construire, à travers mille difficultés, une ligne ferrée entre la Birmanie et le Yun-nan, paraissent définitivement devancés.

Il convient toutefois d'ajouter que nos rivaux songent, d'autre part, à atteindre les provinces méridionales par la Chine même en remontant le Si-Kiang et le Yang-Tsé-Kiang, A cet effet, ils ont signé avec la Chine au mois de juin de cette année une convention ouvrant à leur commerce le Yang-Tsé jusqu'à Tchoung-King. Mais cette voie, que la France aurait d'ailleurs le droit d'employer, est considérablement plus longue que celle du Song-Koï.

en partie terminé[1], un courant d'échanges régulier s'est établi entre le Tonkin et la Chine[2], le port de Haïphong ne cesse de se développer, un consul est installé à Luang-Prabang, la principale des principautés laotiennes, des relations commerciales ne tarderont pas à s'établir entre cette région et le Tonkin ; déjà on y fonde des comptoirs ; enfin, on espère pouvoir organiser sur le Mékong, dont les dangereux rapides ont été franchis, un service commercial entre cette ville et Saïgon, etc... Les courriers qui apportent ces nouvelles satisfaisantes ne cessent, à la vérité, de réclamer la réalisation d'un emprunt indo-chinois qui est indispensable à la « préparation » de la colonie nouvelle (travaux publics, travaux d'assainissement, casernes) et dont le refus retarderait sensiblement le développement du pays, mais il est permis d'espérer que cet emprunt sera prochainement autorisé[3].

[1] C'est une ligne qui joindra Phu-Lang-Thuong à Lang-Son et mesurera environ 103 kilomètres.
[2] Trois marchés, situés près de la frontière et en territoire chinois, sont ouverts au commerce : Long-tchéou dans le Kouang-Si au delà de Lang-Son, Mang-Tseu et Mang-hao dans le Yun-nan.
[3] Pendant la correction des épreuves de ce volume un démenti a été donné à cette espérance. Le gouvernement, qui avait présenté à la commission du budget de la Chambre des député, un projet de loi autorisant le Trésor à faire au Tonkin un prêt remboursable de 60 millions, a vu ce système

Il n'est pas nécessaire que les émigrants se rendent nombreux en Indo-Chine comme en Algérie et en Tunisie; il suffit que quelques centaines de Français, banquiers, planteurs, commerçants, ingénieurs, mécaniciens, viennent s'y établir. Ils seront « l'élément dirigeant » tandis que les natifs qui peuvent cultiver la terre, descendre aux mines, travailler dans les fabriques ou manufactures, seront « l'élément dirigé ». Mais une chose importe, si la France veut tirer un sérieux profit de sa nouvelle colonie, c'est que celle-ci soit un débouché pour son industrie, c'est qu'un actif mouvement d'échanges s'établisse entre nos ports et ceux de l'Indo-Chine. Il ne faut certes pas espérer que la totalité des exportations de notre possession asiatique se dirige vers notre pays et que celle-ci, par réciprocité, n'importe que des produits français. Il y a, à une sem-

condamné. D'accord avec la commission il s'est alors borné à demander à la Chambre de mettre à la charge de la métropole les déficits du Tonkin pendant les derniers exercices et d'exonérer le budget du Protectorat de quelques dépenses. Ces propositions viennent d'être accueillies au Palais-Bourbon, et il n'est point douteux qu'elles ont pour effet d'améliorer la situation financière de notre colonie extrême orientale. Mais il faut ajouter qu'elles ne constituent qu'une demi-mesure puisque le Tonkin se voit refuser les avances avec lesquelles il comptait exécuter des travaux publics urgents, (routes, canaux, travaux pour améliorer les conditions de la navigation du Song-Koï, chemins de fer… etc.) (Séance de la Chambre du 27 novembre 1890.)

blable situation commerciale, une impossibilité absolue. Les Annamites, entraînés depuis des siècles dans la civilisation, l'industrie et le commerce des populations de race jaune, ne sauraient demander à l'Europe, comme les peuplades primitives de l'Afrique, toutes les marchandises qu'ils consomment. C'est ainsi que, d'une part, ils achètent en Chine leurs thés, leurs « médecines », leurs poteries et leurs soies tandis que, de l'autre, ils vendent dans le Céleste Empire, à Java, aux Philippines leurs riz, leurs poissons salés, leurs graisses d'animaux, et aussi, pour une certaine part, le poivre, le coton, la soie. L'Indo-Chine, d'ailleurs, produit aujourd'hui encore ces denrées, peu demandées par les nations occidentales, en quantités beaucoup plus considérables que les marchandises dont la vente est assurée sur nos marchés, la soie, le coton, le café, le sucre, les épices, les métaux, les bois, etc[1]... Mais si notre

---

[1] La Cochinchine est une « rizière ». En 1888, elle a exporté pour 49 millions de riz contre seulement 12 millions d'autres produits. Ce riz, demandé par toutes les populations d'Extrême-Orient, ne peut d'ailleurs venir en Europe que lorsque les cours sont très bas.

L'Annam proprement dit et le Tonkin sont plus favorisés que la Cochinchine, parce qu'ils ont et auront des « produits riches ». Mais les habitants de ces provinces qui, avant notre arrivée, n'avaient qu'un faible commerce, cultivent peu encore le coton, le café, les épices ou le mûrier du ver à soie. C'est ainsi qu'en 1888 il n'a été exporté d'Annam et du Tonkin que pour 4 millions de soie et 2 200 000 francs de cannelle.

colonie ne dirige jusqu'ici sur l'Europe qu'une faible part de ses produits elle lui demande, pour un chiffre déjà considérable, un certain nombre d'objets manufacturés : des fers, des machines, des articles de quincaillerie, d'horlogerie, des lainages et surtout des fils et tissus de coton. Est-ce l'industrie française qui approvisionne les Annamites de ces articles? La réponse n'est malheureusement point douteuse. Le mouvement total des exportations et des importations de l'Indo-Chine étant de 140 millions, la France ne prend dans ce commerce qu'une part de 18 millions alors que celle de l'étranger n'est pas moindre de 121 [1]. Il est vrai que dans ce

---

[1] Commerce de l'Indo-Chine en 1888 d'après le *Rapport sur les statistiques des Douanes* :

Exportations de l'Indo-Chine :

En France..............	2 176 916 fr.	
Aux colonies............	6 040	
A l'étranger............	69 645 196	
		71 828 152 fr.

Importations en Indo-Chine :

Marchandises françaises.	16 213 245 fr.	
Des colonies............	37 747	
Marchandises étrangères.	51 823 312	
		68 074 304
Total général..............		139 902 456 fr.

Ce chiffre de 140 millions présente une diminution d'environ 7 millions sur l'année précédente. Cette diminution a sa principale cause dans l'application du nouveau tarif douanier, dont il sera parlé plus loin, et qui a eu pour effet au lendemain de sa mise en vigueur de restreindre pour un temps les importations.

chiffre est compris, — et pour plus de moitié, — le mouvement des échanges entre les Annamites, les Chinois, les indigènes de Java et des Philippines, — ce que l'on peut appeler le « commerce asiatique », — mais la part du « commerce européen » fait directement avec l'Europe et l'Amérique ou indirectement par les entrepôts de Hong-Kong et de Singapour reste considérable, — et c'est ici que l'industrie française ne tient pas le rang qu'elle devrait occuper. Elle fournit les denrées consommées par les troupes, les fonctionnaires et les colons, tandis que les manufacturiers de Manchester, de Bombay et de Madras (ces villes indiennes ont des manufactures dirigées par des Anglais), plus habiles, plus entreprenants que les nôtres et vendant à meilleur marché, fournissent aux indigènes les cotonnades dont ils se vêtent, — cotonnades qui constituent dans tout l'extrême Orient le premier objet d'échanges. Un chiffre suffira pour que l'on juge de l'état des choses : en 1888 il a été introduit en Indo-Chine pour 11 200 000 fr. de fils et tissus de coton de provenance étrangère et

Il faut noter encore, touchant le commerce général de la péninsule indo-chinoise, que la Cochinchine et le Cambodge (les deux tiers environ des échanges du Cambodge se font par le Mékong) ont de beaucoup le plus grand mouvement d'échanges. Dans le chiffre global de 140 millions leur part atteint plus de 100 millions alors que celle de l'Annam et du Tonkin est de moins de 40.

seulement pour 1 500 000 fr. de fabrication française.

La situation est donc la même en Asie qu'en Afrique. Doit-elle se perpétuer? Les industriels français ne peuvent-ils pas fabriquer et vendre aux mêmes conditions que leurs rivaux? Est-il « écrit » qu'ils ne profiteront pas des nouveaux débouchés ouverts au commerce par nos armes? La question est posée en ce moment même : Depuis trois ans un tarif protecteur a été promulgué en Indo-Chine[1], qui, assurant à nos produits un régime de faveur, convie nos industriels à faire les sacrifices et les efforts nécessaires pour prendre une importante place sur les marchés de l'extrême Orient. L'expérience est trop récente pour qu'il soit possible de se prononcer, toutefois les premiers faits observés permettent d'espérer un réveil de l'industrie française.

L'Empire indo-chinois, l'avenir que l'on peut en attendre, ne sauraient faire oublier que notre drapeau flotte dans une autre contrée de l'Asie. Les cinq petits établissements que nous avons conservés dans l'Inde rappellent nos gloires passées. Leur commerce approche 33 millions[2]. Pondichéry fabrique des

[1] Voir plus loin, page 239.
[2] Commerce des Établissements de l'Inde en 1889 :
Exportations des Établissements :
En France..............	14 637 238 fr.
Dans les colonies françaises................	652 817
A l'étranger.............	10 706 653
Report...,	25 996 708 fr.

étoffes de coton teintes en bleu, dites « guinées », qui sont exportées au Sénégal (en passant d'abord par Bordeaux) et le seront sans doute bientôt en Indo-Chine.

Les colonies que la France possède en Amérique et en Océanie sont bien moins étendues et importantes que celles d'Afrique ou d'Asie ; leur avenir semble beaucoup moins large. Cependant elles ne sont pas sans valeur et le commerce de quelques-unes atteint un chiffre élevé.

En Amérique nous n'avons conservé que la Martinique, la Guadeloupe avec ses dépendances, la Guyane, les îles Saint-Pierre et Miquelon. Aucune acquisition nouvelle n'est venue compenser en ce siècle la perte de Saint-Domingue et de plusieurs des Antilles, du Canada et de Terre-Neuve. Il est vrai, — et c'est un fait digne de remarque, — qu'aucune nation européenne n'a gagné de terrain dans « l'ancien Nouveau-Monde ». L'Europe, au con-

	A reporter....	25 996 708 fr.
Importations des Établissements :		
Marchandises françaises...	735 854 fr.	
Des colonies françaises....	17 535	
Marchandises étrangères..	6 009 710	
		6 763 099 fr.
Total général.............		32 759 807 fr.

traire, a été en partie chassée d'Amérique dans la seconde partie du xviii° siècle et dans la première de celui-ci, par des nations jeunes qui lui devaient la vie, mais qui, de bonne heure, ont voulu conquérir leur liberté : les États-Unis se sont séparés de l'Angleterre en 1783, le Brésil du Portugal en 1821, la Plata, le Chili, le Mexique, l'Amérique méridionale, l'Amérique centrale, le Pérou de l'Espagne entre 1814 et 1826.

La Grande-Bretagne possède sur le continent américain, malgré la perte des États-Unis, un domaine qui ne cesse pas d'être considérable et lui assure, de beaucoup, le premier rang parmi les puissances européennes : le Canada avec les territoires de la baie d'Hudson, Terre-Neuve, les Bermudes, les Lucayes, la Jamaïque, la Barbade, Saint-Christophe, la Grenade, Tabago, la Trinité, quelques autres petites îles, le Honduras, la Guyane et les îles Falkland. C'est à l'Espagne, maîtresse de Cuba, — le plus grand producteur de sucre de canne du monde, — et de Porto Rico, que revient la seconde place. La France vient après elle, puis la Hollande (Curaçao, une partie de Saint-Martin, la Guyane), puis le Danemark (Islande, Sainte-Croix, Saint-Thomas).

La Martinique et la Guadeloupe sont des colonies d'exploitation où tous les efforts tendent au même but : la culture de la canne. Trois îles françaises de l'océan Indien, la Réunion, Mayotte et Nossi-Bé, présentent le même caractère ; aussi peut-on réunir en un groupe ces terres séparées par de grands espaces pour les présenter comme de vastes « usines à sucre ». Au siècle dernier on y produisait, avec la canne, et quelquefois en très grande quantité, le coton, le café, la vanille, mais ces cultures sont aujourd'hui très restreintes, et presque tous les champs plantés en cannes. Cette « spécialisation » à une époque où la production de la betterave ne cesse d'augmenter en Europe a pour conséquence d'exposer nos îles de la mer des Antilles et de l'océan Indien à de vives souffrances en temps de « crise sucrière ».

C'est ainsi qu'elles ont été très éprouvées dans ces dernières années. Le commerce de la Martinique, de la Guadeloupe et de la Réunion qui s'élevait à près de 184 millions en 1880 est tombé à 118 en 1885. Aujourd'hui la crise est terminée, la prospérité revient ; le mouvement général de nos trois îles atteint 123 millions[1]. Mayotte et Nossi-Bé ont, en outre, un commerce de 5 millions.

---

[1] Commerce de la Martinique en 1888 :
Exportations de la Martinique :

En France...............	22 248 794 fr.
Aux colonies............	106 299
A l'étranger.............	1 099 809
	23 454 902 fr.

La situation de la Guyane est moins satisfaisante que celle des Antilles ; cette colonie n'a d'ailleurs

Importations à la Martinique :
- Marchandises françaises..   7 959 420 fr.
- Des colonies.............   663 927
- Marchandises étrangères...   14 293 102
-      22 916 449
- Total général.............   46 371 351 fr.

Commerce de la Guadeloupe en 1889 :
Exportations de la Guadeloupe :
- En France...............   24 691 120 fr.
- Aux colonies............   438 010
- A l'étranger............   721 765

Importations à la Guadeloupe :
- Marchandises françaises....   10 918 782 fr.
- Des colonies.............   1 191 957
- Marchandises étrangères...   12 580 881
-      24 691 620
- Total général.............   50 552 515 fr.

Commerce de la Réunion en 1889 :
Exportations de la Réunion :
- En France...............   12 625 867 fr.
- Aux colonies............   407 831
- A l'étranger............   867 903
-      13 901 601 fr.

Importations à la Réunion :
- Marchandises françaises....   9 178 610 fr.
- Des colonies.............   859 690
- Marchandises étrangères....   11 224 067
-      21 262 367
- Total général.............   35 163 968 fr.

Commerce de Mayotte en 1888 :
Exportations de Mayotte :
- En France...............   922 012 fr.
- Aux colonies............   12 780
- A l'étranger............   107 716
-      1 042 508 fr.

jamais été prospère. Elle pourrait être une « colonie d'exploitation », cultiver la canne, le café, le coton, ce n'est qu'un « placer ». Sur une exportation totale de 4 270 000 fr. elle exporte environ 4 100 000 fr. d'or [1].

Il ne reste aujourd'hui à la France de ses immenses possessions de l'Amérique du Nord que deux îlots perdus dans les brumes de Terre-Neuve. Saint-

Importations à Mayotte :
- Marchandises françaises.... 163 880 fr.
- Des colonies............. 72 781
- Marchandises étrangères... 294 308

530 969

Total général............. 1 573 477 fr.

Commerce de Nossi-Bé pour 1889 :
Exportations de Nossi-Bé :
- En France................ 108 333 fr.
- Aux colonies............. 92 626
- A l'étranger............. 1 318 289

1 519 248 fr.

Importations à Nossi-Bé :
- Marchandises françaises.... 140 649 fr.
- Des colonies............. 75 173
- De l'étranger............ 1 720 727

1 936 749

Total général............. 3 485 707 fr.

[1] Commerce de la Guyane en 1889.
Exportations de la Guyane :
- En France................ 4 115 125 fr.
- Aux colonies............. 1 665
- A l'étranger............. 155 144

4 271 934 fr.

13.

Pierre-Miquelon est une colonie d'un caractère spécial, une « station de pêche » très fréquentée une partie de l'année par 3 à 4 000 marins venus des ports français de la Manche. La pêche de la morue faite par des navires métropolitains, des navires locaux et des navires étrangers, est une industrie très prospère. Depuis quarante ans le mouvement commercial de Saint-Pierre ne cesse de croître ; il était en 1888 de 31 200 000 francs[1].

Six puissances européennes, l'Angleterre, la Hollande, l'Espagne, la France, l'Allemagne et le Por-

Importations en Guyane :
  Marchandises françaises....   5 877 548 fr.
  Des colonies..............   79 795
  Marchandises étrangères....   2 993 042
                                              8 950 385
      Total général............   13 222 319 fr.

[1] Commerce de Saint-Pierre-Miquelon en 1888 :
Exportations de Saint-Pierre-Miquelon :
  En France................   9 021 142 fr.
  Aux colonies.............   1 857 435
  A l'étranger.............   6 930 500
                                              17 709 077 fr.
Importations à Saint-Pierre-Miquelon :
  Marchandises françaises....   3 722 577 fr.
  Des colonies..............   50 834
  Marchandises étrangères...   9 805 206
                                              13 578 617
      Total général............   31 287 694 fr.

tugal possèdent ensemble presque toutes les terres appartenant à la cinquième partie du monde. Les races de l'Océanie ont été, comme celles d'Afrique, vaincues ou partagées; peu d'archipels sont demeurés indépendants depuis que l'Allemagne, dernière venue dans la carrière coloniale, a voulu s'assurer en Océanie, comme en Afrique, d'accord avec l'Angleterre, une grosse part des « biens sans maîtres [1] ».

Ici, comme en Asie et en Amérique, la Grande-Bretagne est la première : l'Australie lui appartient, — l'Australie, terre immense, véritable continent qui n'a cessé de progresser depuis un siècle, qui devient une puissance politique et commerciale, dont les archipels de l'océan Pacifique ressentent déjà l'influence; la Tasmanie, la Nouvelle-Zélande, les Fidji et quelques autres îles sont ses dépendances; enfin dans ces dernières années « l'Empire australasien » s'est encore agrandi de trois nouvelles provinces : la partie septentrionale de Bornéo, la partie méridionale de la Nouvelle-Guinée et l'archipel de Cook.

La Hollande doit être citée après l'Angleterre. Elle possède en Océanie son empire extra-euro-

[1] Convention anglo-allemande des 6 et 10 avril 1886, délimitant la sphère d'influence de l'Angleterre et de l'Allemagne dans l'Océan Pacifique.

péen presque entier, ses « Indes orientales » avec Java et Madura, Sumatra, Banca, Billiton, une partie de Bornéo et de la Nouvelle-Guinée, les Célèbes, les Moluques, les petites îles de la Sonde, une partie de Timor.

L'Espagne est aussi souveraine de territoires plus étendus, plus peuplés et plus riches que les nôtres ; elle tient les îles Philippines, les archipels Sulu, Mariannes et Carolines.

Les possessions françaises, modestes à côté de « l'Empire australasien » ou des « Indes Orientales », ne semblent toutefois pas être sans avenir ; ce sont : la Nouvelle-Calédonie et les îles Loyalty, les Wallis et Futuna (ces dernières seulement « protégées »), les archipels Tahiti, Tuamotu, Gambier, Tubuaï et Marquises, les îles Rapa, Raiatéa et l'île Kerguelen (non occupée).

Les établissements de l'Allemagne en Océanie sont, comme ceux d'Afrique, à leur début et il serait prématuré de parler dès maintenant de leur avenir. Le drapeau impérial flotte sur la partie nord orientale de la Nouvelle-Guinée, — grande île peu connue encore mais déjà partagée entre la Grande-Bretagne, la Hollande et l'Allemagne, — les îles de l'Amirauté, le Nouveau-Hanovre, la Nouvelle-Bretagne, plusieurs des îles Salomon et l'archipel des Marshall.

Le Portugal, la dernière des six nations européennes établies en Océanie, n'y possède qu'une partie de la petite île de Timor.

Il convient, pour achever cette description du partage des terres de l'océan Pacifique, d'ajouter un trait qui témoignera de la susceptibilité avec laquelle les différentes puissances en présence se disputent des îles à peine connues encore, habitées par quelques tribus sauvages : l'archipel des Nouvelles-Hébrides n'appartient ni à la France, ni à l'Angleterre, il est placé sous leur commune surveillance [1] ; l'archipel des Samoa n'appartient ni à l'Angleterre, ni à l'Allemagne, ni aux États-Unis (rivalité d'intérêts politiques et commerciaux), ces trois puissances ont tenté d'y établir une sorte de protectorat collectif [2].

La Nouvelle-Calédonie aurait pu devenir, mal-

---

[1] La France et l'Angleterre ayant élevé l'une et l'autre des prétentions sur cet archipel sans pouvoir parvenir à une entente sur le fond même, une Convention est intervenue entre les deux nations à la date du 17 novembre 1887 qui a organisé un *modus vivendi* : le maintien de l'ordre, ainsi que la protection des personnes et des biens aux Nouvelles-Hébrides est assuré par une commission navale mixte composée d'officiers de marine appartenant aux nations française et anglaise en service dans le Pacifique.

[2] Conférence réunie à Berlin, Acte du 14 juin 1889.

gré sa faible étendue, une colonie de peuplement, mais le choix qui a été fait de cette île comme lieu de transportation a contrarié le développement de la colonisation libre, en éloignant les émigrants et les capitaux. Les condamnés ne sont point, ainsi qu'on aurait pu l'espérer, un élément de travail, toujours utile dans un pays neuf, mais au contraire un perpétuel danger, une cause de démoralisation. Pour cette raison la Nouvelle-Calédonie n'a pas atteint jusqu'ici le degré de prospérité que l'on pouvait espérer : l'industrie agricole et l'industrie de l'élevage sont encore peu développées ; l'activité des colons se porte surtout vers l'exploitation des mines de nickel. Le commerce total de l'île s'est élevé en 1889 à 15 700 000 francs [1]. Cependant la richesse des mines de la Nouvelle-Calédonie (nickel et autres), la fertilité de ses terres, le commerce qu'elle est

---

[1] Commerce de la Nouvelle-Calédonie en 1889 :
Exportations de la Nouvelle-Calédonie :

En France..................	2 067 020 fr.	
Aux colonies...............	Nulles.	
A l'étranger................	4 191 698	
		6 258 718 fr.

Importations en Nouvelle-Calédonie :

Marchandises françaises....	4 024 622 fr.	
Des colonies...............	Nulles.	
Marchandises étrangères....	5 452 206	
		9 476 828 fr.
Total général...........		15 735 546 fr.

appelée à entretenir avec l'archipel des Nouvelles-Hébrides[1], sa situation sur une des routes que suivront les navires entre Panama et Sydney, lorsque l'isthme sera ouvert, permettent de croire au développement futur des ressources et des échanges de cette colonie[2].

Tahiti et sa voisine Moréa sont les plus prospères et les plus commerçantes parmi les îles réunies administrativement sous le nom d'Établissements français de l'Océanie. Leur climat, leurs productions (coton, sucre, vanille, café), permettent de les classer parmi les colonies d'exploitation. Leur commerce

---

[1] La Compagnie néo-calédonienne des Nouvelles-Hébrides, fondée à Nouméa il y a quelques années, est aujourd'hui propriétaire de nombreux domaines dans plusieurs des îles de l'archipel. Son but est d'établir des plantations en même temps que d'acheter aux indigènes les produits de leur sol. Le mouvement d'affaires créé par la Compagnie entre la Nouvelle-Calédonie et les Hébrides ne cesse de se développer.

[2] Les nouvelles arrivées depuis quelques mois de la Nouvelle-Calédonnie font connaître que la situation commerciale est en progrès et que les cultures jusqu'ici négligées (café, canne, blé) sont en voie de développement. — L'administration des colonies vient, d'ailleurs, de faire une tentative de colonisation intéressante : quinze familles appartenant à un même village de France ayant demandé des terres en Calédonie pour s'établir à demeure ont été transportées et mises en possession du domaine de la Ouameni préalablement approprié par des transportés. Chaque famille a reçu 5 hectares de terres à culture, une case habitable, et est assurée d'une année de nourriture.

approche de 7 millions[1]. L'archipel des Marquises possède des terres fertiles ; les Tuamotu et les Gambier sont d'immenses pêcheries de nacres et de perles. L'ouverture du canal de Panama aura, à n'en point douter, un heureux effet sur le développement et l'avenir de ces possessions. Elles se trouveront sensiblement raprochées de la métropole[2], les émigrants craindront moins de s'y rendre ; les relations commerciales entre la colonie et la France deviendront possibles ; en outre les Marquises et Taïti seront visitées par les navires marchands

---

[1] Commerce de Tahiti en 1889 :
Exportations de Tahiti :
    En France.................... 1 837 fr.
    Aux colonies............... Nulles.
    A l'étranger................ 3 032 937
                                           3 034 774 fr.

Importations à Tahiti :
    Marchandises françaises.... 841 293 fr.
    Des colonies................ Nulles.
    Marchandises étrangères.... 3 003 426
                                          3 844 719 fr.
        Total général.......... 6 879 493 fr.

Les *Statistiques coloniales* ne fournissent pas le chiffre du commerce des autres archipels.

[2] La distance entre Bordeaux et Tahiti par Panama sera de 9 166 milles. Un navire filant 10 nœuds, ce qui est une vitesse moyenne, pourra sans arrêts franchir la distance en 38 jours.

Aujourd'hui la distance entre Bordeaux et Tahiti par le détroit de Magellan est de 11 248 milles. — Aucun service de navigation n'existe entre la France et sa colonie, ce qui rend presque nulles les relations commerciales.

qui se livreront aux opérations d'escale entre Panama et Sydney.

Si, au point où nous sommes parvenus, nous voulons juger l'importance du commerce total de tous nos établissements d'outre-mer, il suffit d'additionner les chiffres qui viennent d'être donnés. Le total obtenu s'élève à 1 milliard (exactement 998 929 247 fr.) représentant le mouvement général des exportations et des importations de l'ensemble de nos colonies et protectorats[1]. Dans ce chiffre global la part du commerce entre la France et ses colonies ne cesse pas d'être importante puisqu'elle représente un total de près de 600 millions (583 763 102 francs). Quant au commerce entre nos colonies et l'é-

[1] L'insuffisance des statistiques administratives, leur publication tardive font qu'il ne nous a pas été possible de donner le commerce de toutes nos colonies et de nos protectorats pour une *même année*. Les chiffres que nous avons cités se rapportent tantôt à 1887, tantôt à 1888, tantôt à 1889. Ce manque d'unité est assurément regrettable, ses inconvénients ne sont toutefois que médiocres. La raison en est que, à moins de circonstances exceptionnelles que nous avons alors pris soin d'indiquer, le mouvement d'affaires d'une colonie varie peu d'une année à l'autre; on n'observe qu'une différence, en plus ou en moins, très peu sensible relativement à l'importance du total général. Or ce qui importe, c'est de savoir, non les exportations et les importations par francs et centimes, mais l'importance moyenne du commerce d'une colonie.

tranger, il atteint un chiffre beaucoup moindre : 305 millions de francs[1].

Il convient ici de se rappeler, afin qu'aucun de

---

[1] Voici le développement de ces chiffres :

Exportations des colonies en France.	311 324 160 fr.
Importations des marchandises françaises dans les colonies.........	272 438 912
Total....	583 763 102 fr.
Exportations des colonies à l'étranger..............................	148 829 709 fr.
Importations des marchandises étrangères dans les colonies.....	216 029 888
Total....	364 859 597 fr.

Ces deux totaux, additionnés avec un troisième, — 11 065 913 fr. chiffre du mouvement des affaires des colonies entre elles, — ne donnent pas le total général que nous avons annoncé dans le texte de 998 929 247 francs ; il s'en faut d'environ 36 millions. Cet écart est explicable ; il vient de ce que, s'il nous a toujours été possible de donner le chiffre total, au moins approximatif, du commerce d'une colonie, nous n'avons pu souvent en revanche (notamment pour les établissements d'Afrique, golfe de Bénin, Congo, Madagascar) répartir ce total entre « exportations » et « importations », « marchandises françaises » et « marchandises étrangères ». Il faut donc conclure que les totaux donnés dans cette note sont certainement inférieurs à la réalité.

Il n'est pas sans intérêt de rappeler ici que le commerce de la France s'élève à 10 133 800 000 francs dont 4 803 500 000 francs à l'exportation et 5 320 300 000 francs à l'importation (année 1889). — Ainsi, sur une exportation de près de 5 milliards, qui tombe à 3 704 millions de francs, au commerce spécial — « marchandises françaises » — elle vend près de 272 millions et demi de ses produits dans ses colonies, et, sur une importation totale (commerce général) de 5 320 millions de fr., elle reçoit d'elles plus de 311 millions.

ces chiffres ne paraisse médiocre, que notre Empire colonial est jeune, que plusieurs de ses provinces, — et ce sont les plus importantes, — ont été acquises depuis quelques années à peine. La Tunisie, l'Annam, le Tonkin, Madagascar, le Soudan et le Congo français sont annexés ou protégés depuis dix ans au plus; leurs ressources n'ont pu encore être mises en valeur, leurs richesses exploitées; aussi peut-on dire qu'elles sont dans l'enfance et leur commerce à ses débuts.

Nos colonies consomment 272 millions et demi de produits français, et *216 millions de produits étrangers.*

Ces deux chiffres — ou mieux cette direction des échanges — témoigne d'un changement radical dans la législation douanière de nos possessions. Il convient de l'étudier : Le « pacte colonial » qui se maintenait encore, — bien qu'avec plusieurs exceptions, — dans la première partie de ce siècle, est déchiré; le régime de la « liberté commerciale » a été substitué au régime de « l'exclusif ». C'est une révolution. Elle s'est accomplie sous le second Empire. Depuis lors, et dans ces dernières années, certaines industries métropolitaines ayant protesté contre la liberté commerciale accordée à nos colonies, des tempéraments ont été apportés à cette liberté, des mesures restrictives ont été prises. Toutefois notre législation douanière coloniale demeure aujourd'hui dominée par ce principe que nos possessions d'outre-mer sont libres de commercer avec l'étranger, que leur commerce peut employer le pavillon national ou le pavillon étranger.

Si le principe est commun, la législation est loin d'être uniforme.

L'Algérie, comme d'ailleurs toutes nos colonies acquises dans ces soixante dernières années, ne fut jamais soumise au « pacte colonial ». Deux lois de 1851 et de 1867 la dotèrent d'un régime très libéral qui favorisait les échanges à la fois avec la métropole et avec l'étranger. Elle est actuellement placée sous l'empire de ces deux lois modifiées par une troisième en date du 29 décembre 1884 : Entre la métropole et sa colonie, entre la colonie et sa métropole, aucune barrière de douane : les produits algériens sont exempts de toute taxe à leur entrée en France, les marchandises françaises importées en Algérie y pénètrent en franchise[1]. Quant aux

---

[1] Il faut toutefois noter que si les marchandises françaises ne sont soumises à aucune taxe douanière, elles doivent cependant acquitter l' « octroi de mer ».

On sait qu'à la différence du droit de douane, le droit d'octroi n'a aucun caractère protectionniste ; il est simplement fiscal. L'octroi de mer s'applique donc sans distinction

marchandises étrangères, elles sont soumises dans les ports de la colonie aux conditions qu'elles rencontraient dans les ports français : elles acquittent ainsi les droits du « tarif conventionnel » ou les droits du « tarif général » suivant qu'elles proviennent d'un pays ayant ou n'ayant pas avec le nôtre de traité de commerce. Un semblable régime est très rationnel : L'Algérie se trouvant à quelques heures de Marseille, il est juste de considérer, en matière douanière, les trois provinces comme des départements français ; les colons ne réclament pas la faculté de recevoir les produits étrangers en franchise et les industriels français seraient en droit de s'élever contre une telle prétention [1].

La Tunisie n'a malheureusement pu être dotée au lendemain de l'occupation du même régime que l'Algérie ; elle a même souffert jusque dans ces der-

de nationalité ni de provenance à toutes les marchandises qui entrent en Algérie par les ports. Mais il n'est plus perçu aujourd'hui que sur quelques produits : les sucres (de betterave ou de canne), les autres denrées coloniales, les marrons, les huiles minérales, l'alcool pur contenu dans les esprits, liqueurs et bières (non dans les vins).

[1] Les lois de 1851 et de 1867 autorisaient, en vue de hâter l'outillage de la colonie nouvelle, l'entrée en Algérie de quelques marchandises étrangères à un droit moins élevé que celui perçu en France. La loi de 1884 qui a mis fin à ce régime de faveur a été faite pour donner satisfaction à quelques industries métropolitaines, mais il est à noter qu'elle n'a été combattue par aucun des représentants de l'Algérie.

niers temps d'un système douanier fort défectueux et contraire à l'établissement d'actives relations commerciales entre elle et la France, pays protecteur. On a vu les marchandises tunisiennes, les blés et les vins produits par nos colons, soumis à leur entrée dans les ports français aux lourdes taxes du « tarif général », c'est-à-dire plus imposées que les provenances d'Italie, d'Espagne et de tous les autres pays qui bénéficient chez nous du « tarif conventionnel ». Les statistiques douanières accusaient d'ailleurs nettement les bizarres conséquences d'un pareil état de choses : la Tunisie, soumise à notre protectorat, mise en valeur par des colons et des capitaux français, entretenait un mouvement d'affaires plus important avec l'Italie qu'avec notre pays.

Le gouvernement a longtemps tardé à présenter aux Chambres un projet qui fît cesser une pareille anomalie ; il y est enfin venu, et la loi du 19 juillet 1890 a ouvert le marché français aux produits de la Régence. Ce n'est point encore la libre entrée dont bénéficient les produits de l'Algérie. On n'a point osé, — sans pour cela avoir de bonnes raisons, — traiter aussi favorablement les provenances d'un « pays protégé » que celles d'une « colonie » ; toutefois les céréales, les huiles, les bestiaux de Tunisie sont admis en franchise, les vins taxés seulement à 60 centimes l'hectolitre[1]. La loi est muette quant au traitement réservé aux marchandises importées en Tunisie ; elle ne pouvait d'ailleurs rien ordonner, la Régence étant « terre protégée » et non « province française ». Nos produits continuent d'acquitter aux douanes beylicales les mêmes taxes que les produits étrangers[2]. C'est ainsi que la réforme douanière n'est pas encore entièrement réalisée dans notre protectorat ; mais le plus urgent, le plus utile, a été fait[3].

[1] La loi du 19 juillet 1890 comporte quelques dispositions secondaires, — non toutefois sans importance, — qu'il serait trop long d'énumérer ici.

Il convient, en outre, de noter que la Tunisie a encore quelques « droits de sortie », bien que depuis l'établissement du protectorat beaucoup aient été supprimés ou réduits. Ces droits frappent tous les produits exportés, quelle que soit leur destination.

[2] Le Bey de Tunis, alors qu'il était souverain indépendant avant l'établissement du protectorat en 1881, a signé avec différentes puissances, — la France, l'Italie, l'Angleterre, l'Autriche, la Belgique, l'Espagne, — des traités de commerce accordant à toutes « le traitement de la nation la plus favorisée » et les soumettant à un droit de 8 p. 100 *ad valorem*. — Ces traités sont toujours en vigueur, mais celui conclu avec l'Italie arrivera à expiration en 1896.

[3] La France, bien qu'elle ait reconnu, en établissant son protectorat à Tunis, les traités précédemment signés par les beys avec les puissances étrangères, est-elle en droit de demander au gouvernement beylical de dispenser ses produits, à elle, nation protectrice, de tous droits d'entrée ? — La question a été examinée et l'affirmation soutenue. Mais la suppression des droits d'entrée en Tunisie au bénéfice des seuls produits français est avant toute chose, il faut le reconnaître, une question d'opportunité et de politique internationale.

Le régime douanier appliqué depuis plus de trois ans en Indo-Chine est le meilleur exemple des mesures restrictives au principe de la liberté commerciale qui ont été adoptées dans quelques-uns de nos établissements d'outre-mer en vue d'y protéger l'industrie métropolitaine. Jusque dans le courant de l'année 1887 il n'existait en Cochinchine et il n'avait jamais existé, depuis la conquête, aucun tarif douanier : les marchandises françaises et étrangères étaient importées libres de droits[1]. A la faveur de ce régime les articles anglais et allemands, vendus à meilleur marché que les nôtres, avaient conquis le marché. Devant une situation aussi défavorable à notre industrie, une préoccupation s'imposait au lendemain de la conquête du Tonkin : devait-on ouvrir aux produits étrangers, sans restriction, sans un tarif protecteur de l'industrie française, les nouveaux pays conquis : le Cambodge, l'Annam, la vallée du fleuve Rouge? Si, comme on l'avait dit, l'expédition indo-chinoise avait été entreprise « pour assurer à notre industrie de nouveaux débouchés », ne convenait-il pas de réserver un régime de faveur aux importations de la métropole dans ses possessions extrême-orientales? La question fut résolue par l'affirmative. Depuis le 1ᵉʳ juillet 1887

[1] Un droit « d'octroi de mer » atteignait toutefois trois ou quatre articles quelle que fût leur provenance.

les territoires de la Cochinchine, du Cambodge, de l'Annam et du Tonkin, forment une « Union douanière »; les produits français y pénètrent en franchise tandis que les produits étrangers sont soumis à un tarif qui a pour base le tarif général de la métropole [1] (loi du 26 février et décrets du 8 septembre 1887 et du 9 mai 1889). Ces dispositions assurent aux marchandises françaises une large protection.

La plupart des négociants étrangers ou français établis en Indo-Chine ayant, les uns et les autres, l'habitude d'introduire dans ce pays des marchandises étrangères, ont protesté contre l'établissement du régime protecteur de 1887. Ils ont fait remarquer que les droits établis renchérissent tous les produits, changent les conditions du commerce, entravent son développement. Ces plaintes sont, assurément, en partie fondées. Il importe toutefois de poursuivre l'application de notre tarif général en Indo-Chine; c'est, peut-on dire, une expérience qui est tentée. Ce tarif est, en effet, établi pour permettre

---

[1] Les alcools de toute provenance importés en Cochinchine y acquittent, en addition du droit de douane, un « droit de consommation » représentant la taxe intérieure qui frappe les alcools de fabrication locale.

Il existe en outre en Cochinchine et au Tonkin, un « droit de sortie » sur les riz. Ceux exportés en France sont exemptés de ce droit.

à nos industriels de lutter contre la concurrence étrangère et de s'assurer en Indo-Chine la place qu'ils devraient occuper ; il convient de leur accorder, au moins, les quelques années nécessaires pour se préparer à la lutte et l'entreprendre. Le marché qu'il s'agit de conquérir est considérable : ce n'est point seulement chez les 20 millions d'habitants de l'Indo-Chine que les industriels français, — s'ils profitent du régime de faveur qui leur est assuré pour apprendre à fabriquer et à vendre dans les conditions de bon marché nécessaires, — pourront trouver des consommateurs, c'est aussi parmi les 120 millions d'individus qui habitent le Quang-si, le Yun-nan, le Kouëi-tcheou, le Se-tchuem, provinces méridionales de la Chine. L'Indo-Chine et la voie de Song-Koï ont été conquises par nos armes ; il importe que notre industrie profite de cette conquête ; les bénéfices qu'elle pourrait réaliser sont assez considérables pour justifier, pour un temps, la suspension du principe de la liberté commerciale. Il est à peine utile d'ajouter que si nos fabricants ne répondaient point aux mesures de protection prises en leur faveur, s'ils ne faisaient pas les efforts et les sacrifices nécessaires pour remplacer les marchandises étrangères par les leurs dans la consommation des Annamites, le devoir du gouvernement comme l'intérêt de notre empire Indo-Chinois exigeraient que les entraves apportées à la liberté commerciale fussent levées [1].

L'Indo-Chine, obligée de recevoir nos produits libres de droits, est payée de retour : les produits des quatre pays de l'Union douanière importés en France sont admis en franchise, à l'exception toutefois des « denrées coloniales », sucres, mélasses, cafés, cacaos, qui sont frappées par notre législation de taxes fiscales plutôt que douanières (lois du 7 mai 1881 et du 30 mars 1888).

Le « pacte colonial » sous le régime duquel se trouvaient encore nos anciennes colonies au commencement de la seconde partie de ce siècle a été aboli par la loi du 3 juillet 1861 [2]. A cette épo-

---

[1] Voir plus loin, page 258, les premiers résultats constatés depuis l'établissement du tarif général en Indo-Chine.

[2] Si le plan de cet ouvrage comportait une étude complète de la situation économique de nos colonies, nous ne pourrions nous dispenser de consacrer plusieurs pages à l'abolition de l'esclavage, — révolution politique et révolution économique qui a précédé la réforme commerciale, — autre révolution traversée en ce siècle par nos établissements d'outre-mer.

En 1848, le gouvernement républicain décréta brusquement l'abolition de l'esclavage. Aucune mesure transitoire ne fut prise ; du jour au lendemain les esclaves attachés aux plantations devinrent libres et électeurs. Ce fut pour nos îles à sucre l'origine d'une crise qui dura plusieurs années. Les noirs, avides de liberté, avaient abandonné les plantations, refusaient d'y travailler comme « ouvriers libres », l'exportation du sucre baissait très sensiblement. Jusqu'en 1861, les

que nos trois colonies sucrières souffraient d'une crise grave, se voyaient menacées d'une ruine certaine : l'importation des marchandises étrangères étant interdite, ou rendue, pour les articles autorisés, difficile et coûteuse, les marchandises françaises qui n'avaient aucune concurrence à redouter atteignaient des prix extrêmement élevés, — d'autre part, l'exportation sous pavillon étranger étant

planteurs cherchèrent partout des travailleurs, en Chine, en Afrique. A cette époque le gouvernement impérial jugea qu'il convenait de prendre des mesures pour assurer un contingent régulier de travailleurs à nos colons. Dans ce but il signa avec l'Angleterre une Convention (1er juillet 1861) qui autorisait l'administration coloniale française à recruter et engager pour les transporter à la Réunion, à la Guyane, aux Antilles des travailleurs indiens.

La signature de cette Convention assura des bras aux planteurs, mais après une vingtaine d'années de ce régime « d'immigration ouvrière » entreprise, subventionnée par l'administration, des difficultés survinrent. Les anciens affranchis et leurs fils protestèrent contre l'introduction, *aux frais de la colonie*, des travailleurs indiens qui, disaient-ils, venaient faire concurrence au « travail libre ». La « question de l'immigration » était désormais posée. Elle l'est aujourd'hui à la Réunion et aux Antilles. Depuis quelques années l'introduction des immigrants indiens est partout suspendue. A la Guyane et à la Réunion cette suspension a sa cause dans certaines difficultés entre les gouvernements français et anglais, aux Antilles elle est le fait des conseils généraux dont la majorité noire est hostile à l' « immigration subventionnée ». — Les planteurs des Antilles et de la Réunion se plaignent et réclament le retour au système de l' « immigration », prétendant que le « travail libre » est à la fois trop cher et insuffisant.

également interdite, les bâtiments français qui opéraient les transports entre la colonie et la métropole n'ayant, de même que les négociants importateurs, aucune concurrence à craindre, maintenaient les frets à un taux extrêmement élevé, — enfin, les nouvelles lois sucrières votées en France réduisaient à rien la protection jusque-là accordée dans la métropole aux sucres coloniaux contre les sucres étrangers. Les colons, devant une situation aussi menaçante, ne cessaient de réclamer l'abrogation des règles dans lesquelles ils étaient enserrés, c'est-à-dire « le droit d'exporter leurs sucres par tous pavillons et pour toutes destinations et celui d'importer les marchandises de toutes provenances par tous pavillons ». Dans la métropole aussi bien que dans nos possessions on reconnaissait, d'ailleurs, qu'il n'était pas possible de maintenir les dispositions du « pacte colonial » à la charge des colonies quand les dispositions stipulées à leur profit n'existaient plus.

La loi de 1861 répondit à ces justes demandes en autorisant à la Martinique, à la Guadeloupe et à la Réunion : l'importation par tous pavillons de toutes les marchandises étrangères admises en France et aux mêmes droits, — l'exportation des produits des îles à l'étranger sous tous pavillons, — la liberté de se servir de la navigation étrangère, concurremment avec la navigation française, pour les échanges entre la colonie et la métropole.

Ainsi cette loi constituait un grand et incontestable progrès sur le passé. Elle n'accordait pas cependant à nos colonies une liberté suffisante, car la faculté de commercer avec l'étranger était rendue illusoire par l'élévation des tarifs d'entrée. Ces tarifs, empruntés à la métropole, où ils étaient établis pour favoriser l'industrie nationale, étaient fort lourds : en France ils « protégeaient » nos industries, aux colonies ils étaient par leur élévation « prohibitifs » des marchandises étrangères. Mais bientôt parut le sénatus-consulte du 4 juillet 1866, qui, complétant la réforme de 1861, autorisa les conseils généraux de la Martinique, de la Guadeloupe et de la Réunion à voter « les tarifs d'octroi de mer sur les objets de toute provenance ainsi que les tarifs de douane sur les produits étrangers naturels ou fabriqués importés dans la colonie. » C'était rendre les colonies maîtresses de leurs tarifs. Les assemblées coloniales supprimèrent aussitôt les droits de douane et les remplacèrent par un « octroi de mer », taxe purement fiscale que durent acquitter les marchandises françaises comme les marchandises étrangères.

Dès lors il ne restait plus rien du « pacte colonial », la liberté commerciale était faite.

La conséquence du nouveau régime fut, ainsi qu'il était inévitable, une diminution de l'importation française dans nos colonies au profit de l'importation étrangère. Les fabricants métropolitains semblèrent d'abord se résigner ou du moins compter sur eux seuls pour reprendre l'avantage, mais dans ces dernières années ils firent entendre des plaintes. Ils observèrent que les colonies devaient être « un débouché naturel pour l'industrie métropolitaine » et que, d'ailleurs, si les sucres coloniaux étaient taxés à leur entrée en France, ils bénéficiaient encore, par le mode de perception des droits, d'un régime de faveur sur les sucres étrangers. Ne convenait-il pas d'exiger des conseils coloniaux, à titre de réciprocité, l'adoption de tarifs douaniers protecteurs des marchandises métropolitaines? Ces plaintes ont été entendues du gouvernement. Sur sa demande, les colonies de la Martinique, de la Guadeloupe, de la Réunion, ont consenti à établir à côté des tarifs d'octroi de mer des tarifs douaniers qui frappent un certain nombre de marchandises étrangères (Martinique, décret des 25 avril 1885 et 19 juin 1890. — Guadeloupe, décrets des 16 novembre 1884 et 10 mai 1889. — Réunion, décret du 19 janvier 1885)[1].

---

[1] Ces décrets sont pris par l'autorité métropolitaine, mais seulement après le vote des tarifs par le conseil général de la

Doit-on approuver ces mesures, cette restriction à la liberté commerciale? Question délicate! Actuellement la situation est la suivante : les sucres coloniaux, provenant de toutes nos possessions, sont protégés en France contre les sucres étrangers à l'égal des sucres métropolitains, les droits qu'ils payent sont des droits fiscaux et non des droits de douane[1]; les autres « denrées coloniales » ne jouissent plus, au contraire, d'aucune faveur et acquittent les mêmes droits que les produits similaires étrangers[2]; en retour du régime de faveur accordé à leurs sucres, les assemblées locales des Antilles et de la Réunion ont consenti l'établissement de droits de douane sur les produits étrangers qui favorisent l'entrée des marchandises françaises.

Un pareil état de choses peut à la rigueur être défendu, mais il est à craindre — et c'est là le danger, — que les mesures protectrices soient

---

colonie intéressée, en application du sénatus-consulte de 1866.

[1] La loi de principe du 29 juillet 1884, puis les lois modificatives intervenues depuis, dont la dernière en date du 5 août 1890, font bénéficier les sucres coloniaux (de toutes les colonies françaises) d'un « déchet de fabrication » équivalent à l'« excédent de rendement » accordé aux sucres indigènes. Les sucres de canne étrangers ne bénéficient pas de ce privilège.

[2] Tableau E du tarif général des douanes. (Loi du 7 mai 1881.)

jugées des deux parts insuffisantes. Quelques industriels français réclament déjà l'aggravation des droits établis aux Antilles et à la Réunion ainsi que l'établissement de tarifs douaniers protecteurs dans toutes nos colonies, même les plus lointaines, et, d'un autre côté, les planteurs de nos colonies d'exploitation prétendent obtenir la franchise, ou tout au moins une large détaxe, pour les cafés, les cacaos, les vanilles qu'ils exportent en France. La réalisation de ces vœux, que suivrait sans doute bientôt le rétablissement du privilège du pavillon national, serait la résurrection du « pacte colonial », système funeste au développement et à la richesse des colonies, que depuis longtemps l'expérience a condamné [1].

[1] Les « vœux » que nous condamnons ici viennent précisément de se produire sous forme d'une proposition de loi déposée à la Chambre par un certain nombre de députés des colonies (octobre 1890). Ils demandent l'entrée en franchise dans les ports métropolitains de tous les produits coloniaux, en subordonnant cette faveur à « l'importation par navires français » et offrent en retour — on pourrait dire en payement — de cette faveur l'introduction du tarif général métropolitain dans les colonies.

L'adoption d'une semblable proposition nous ramènerait au « pacte colonial » tempéré par la loi de 1861. Nous venons de montrer les désastreux effets de ce système.

Une seule modification pourrait, à notre sens, être apportée au régime actuellement existant : il s'agirait pour la métropole d'accorder aux « denrées coloniales », non la franchise, mais une « détaxe » qui aurait pour conséquence

Peut-être semblera-t-il qu'il y a contradiction entre les réserves faites ici en faveur de la liberté commerciale aux Antilles, à la Réunion et l'approbation donnée dans les pages précédentes à l'application d'un tarif protecteur en Indo-Chine. Il n'en est rien cependant. Si le principe de la liberté commerciale est la vérité dans l'Indo-Chine comme aux Antilles, il faut toutefois remarquer que la situation de ces établissements n'est point la même. L'Indo-Chine est une « possession », une « terre conquise », où le légitime souci que la nation conquérante doit avoir d'assurer un débouché à son industrie n'est limité que par l'intérêt qu'elle a de ne pas entraver le développement commercial du pays par l'application d'un régime trop protectionniste. Les Antilles, au contraire, sont des « colonies » dans le sens étroit du mot, c'est-à-dire « des communautés » qui tirent leur origine de la mère patrie, « un prolongement » de celle-ci par delà l'Océan, où il serait injuste et impolitique de la part de la métropole d'établir, contre le gré des colons, dans un intérêt mercantile, un tarif douanier dont la conséquence

de favoriser dans les îles la plantation, beaucoup trop négligée aujourd'hui, du café, de la vanille..., etc. Il est, d'ailleurs, souhaitable que ces cultures soient reprises parce qu'elles auraient l'avantage d'assurer en partie nos colonies, « nos usines à sucre », contre le retour, toujours à craindre, des « crises sucrières. »

serait de renchérir, pour un certain nombre de Français, les conditions de la vie. La différence est profonde. Encore faut-il ajouter que les Antilles n'offrent à l'industrie métropolitaine qu'un marché restreint, l'espoir d'un chiffre de transactions assez faible, tandis que l'Indo-Chine représente, avec les provinces de la Chine méridionale, un marché considérablement plus étendu, un large mouvement d'affaires. L'importance des profits que retireraient nos négociants de la conquête commerciale de l'extrême Orient excuse la violation, pour un temps, de la liberté commerciale.

L'établissement du protectorat français à Madagascar n'a pas eu pour conséquence la modification du régime douanier qui existait alors. Un traité de commerce signé entre les deux pays le 8 août 1868 frappe les marchandises importées et exportées d'un droit de 10 p. 100. Le gouvernement Howa ayant, à différentes dates, assuré à l'Angleterre, aux États-Unis, à l'Allemagne et à l'Italie « le traitement de la nation la plus favorisée », le commerce de la nation protectrice ne peut bénéficier aujourd'hui à Madagascar d'aucun traitement de faveur. Les produits de l'île importés en France sont, d'autre part, soumis aux droits du tarif général.

Il suffira de dire, en ce qui concerne les colonies dont il n'a pas été jusqu'ici parlé, sans entrer dans le détail du régime douanier de chacune d'elles, que le Sénégal, le Gabon, Nossi-Bé, Saint-Pierre-Miquelon et la Guyane protègent à des degrés différents les importations françaises, tandis que nos autres possessions réservent aux marchandises de toute provenance le même traitement, leurs droits d'entrée ou de sortie ayant un caractère exclusivement fiscal [1]. Quant aux importations de nos colonies

---

[1] *Sénégal.* — Les marchandises importées subissent, quelle que soit leur provenance, le même traitement à l'exception des « guinées » de France et de Pondichéry qui bénéficient d'une détaxe. — Droit de sortie sur les gommes.

Ancien Gabon (territoires au nord du 2° 30 de latitude sud). — Les marchandises de toute provenance sont soumises à un droit d'importation, mais les françaises bénéficient d'une détaxe de 60 p. 100.

Nouveau-Gabon et Congo français (territoires au sud du 2°30 de latitude sud). — Droits de sortie de 5 p. 100.

Nossi-Bé. — Droits de douane sur les marchandises étrangères.

Saint-Pierre et Miquelon. — Droits de douane et octroi de mer.

Rivières du Sud. — Droits de sortie, et pas de droits d'entrée.

Établissements du golfe de Bénin. — Mêmes taxes d'entrée sur les produits de toute origine.

Guyane. — Droits de douane sur les marchandises étrangères et octroi de mer.

Sainte-Marie de Madagascar. — Droits sur les spiritueux de toute provenance.

Diego Suarez. — Droits sur les rhums de toute provenance.

Mayotte. — Droits sur les rhums de toute provenance.

Obock. — Aucune taxe.

en France, la loi du 7 mai 1881 (tableau E) les admet toutes en franchise, par mesure générale. Une seule exception est faite à cette règle : « les denrées coloniales » sont soumises aux droits de notre tarif[1].

L'étude qui vient d'être faite du régime douanier en vigueur dans nos colonies conduit, par une transition naturelle, à l'examen de cette importante

Établissements de l'Inde. — Droits d'entrée sur les spiritueux et quelques autres articles.

Nouvelle-Calédonie. — Octroi de mer et taxe sur les liquides de toute provenance.

Établissements de l'Océanie. — Octroi de mer et droit de sortie sur les nacres.

[1] Cette exception a déjà été notée plus haut à propos du régime douanier existant entre la France, les Antilles et la Réunion, ainsi que le régime spécial accordé aux sucres coloniaux.
On remarquera que ces droits sur les « denrées coloniales », cafés, cacaos, vanilles, poivres, etc..., ne sont pas à proprement parler des droits de douane puisqu'ils ne sauraient être établis en vue de protéger les produits similaires de la métropole. Ce sont plus exactement des taxes fiscales, — on pourrait dire un « octroi de mer ».
La loi de 1881 exempte les produits des « colonies ou possessions » ; elle ne dit rien des « protectorats ». C'est pour cette raison que les importations de Madagascar sont soumises au tarif général ; celles du Tonkin, de l'Annam et de la Tunisie, pays « protégés », étaient soumises au même régime avant le vote des lois du 30 mars 1888 (assurant la franchise aux produits de l'Annam et du Tonkin) et du 19 juillet 1890 (assurant aux principaux produits de la Tunisie l'exemption ou des taxes réduites).

question : la situation du commerce français dans nos établissements d'outre-mer est-elle satisfaisante? Les adversaires des colonies et de la politique coloniale d'une part, les protectionnistes qui veulent le rétablissement du « pacte colonial » d'autre part, disent que, si l'on excepte l'Algérie, nos possessions ne consomment pas suffisamment de produits métropolitains, qu'elles sont des marchés dont les fabricants étrangers profitent plus que les fabricants français, en un mot qu'elles n'ont point pour notre pays une suffisante « utilité commerciale ».

L'objection est trop sérieuse pour qu'on la néglige.

Lorsque l'on veut juger les relations commerciales d'une colonie, il faut tout d'abord examiner sa situation géographique. Est-elle voisine de la métropole? les rapports marchands sont-ils faciles? alors un important mouvement d'échanges s'établira entre les deux pays. Il en est ainsi de la France et de l'Algérie; il en sera de même, dès demain, de la France et de la Tunisie, l'ancien régime douanier — régime absolument anormal, — ayant été modifié. Si, au contraire, la colonie est éloignée de la métropole et proche de pays étrangers pouvant lui fournir les marchandises dont elle a besoin, les relations se dédoubleront; la colonie commercera à la fois avec la métropole et avec l'étranger. Il est parfaitement naturel que les Antilles achètent leurs vivres et divers produits aux États Unis plutôt qu'en France, plus naturel encore que la Réunion s'approvisionne en partie à Madagascar, Pondichéry dans l'Inde, Tahiti à San Francisco ou en Australie.

Les colonies britanniques sont aussi bien que les nôtres soumises à cette « loi de nature » et il n'est pas sans intérêt de remarquer qu'elles paraissent même y obéir davantage. Les Antilles ont avec le Honduras et la Guyane une population de 1 598 000 âmes; elles consomment pour 89 750 000 francs de marchandises anglaises, soit pour 56 fr. 16 par individu. A côté d'elles, la Martinique, la Guadeloupe et la Guyane peuplées de 391 000 habitants reçoivent pour 26 864 000 francs de produits français. C'est donc une consommation de 68 fr. 55 par tête (chiffres de 1888).

Dans l'océan Indien la situation est la même : Maurice a 386 000 habitants et achète pour 6 900 000 fr. de marchandises métropolitaines, soit pour 17 fr. 87 par individu. La Réunion peuplée de 165 000 âmes achète en France pour 9 034 000 francs. La consommation de 54 fr. 87 par tête accusée par ces chiffres dépasse de beaucoup celle de l'île anglaise voisine (chiffres de 1888).

Ces comparaisons sont loin de nous être défavorables et l'on peut dire que les industriels français ont ici moins sujet de se plaindre que les industriels anglais. Il est vrai que la même situation ne se retrouve pas dans toutes nos colonies. Dans les Rivières du sud, dans le golfe de Bénin, au Gabon, en Indo-Chine, notre commerce, — on l'a noté plus haut, sans rien céler de la vérité, — est en état de grande infériorité à côté du commerce étranger. L'éloignement des colonies de la métropole ne saurait ici être donné comme raison. La cause du mal est ailleurs : il faut la voir dans ce fait que les maisons françaises d'importation se trouvent contraintes de vendre des produits anglais et allemands, nos industriels ne fabriquant pas ou vendant trop cher les produits réclamés par les consommateurs. C'est ainsi, notamment, que les fils et les tissus de coton — principal objet d'échanges en Afrique et en Asie, — viennent de Manchester, de Bombay ou de Madras et non de Rouen, de Roanne ou des Vosges.

L'objection de nos industriels se plaignant que nos établissements d'outre-mer ne soient pas pour eux des débouchés assez larges porte donc en partie : il est vrai que nos colonies d'Afrique, moins l'Algérie et la Tunisie, sont, ainsi que l'Indo-Chine, des marchés dont les fabricants étrangers profitent beaucoup plus que les nôtres. Mais, s'il en est ainsi, n'est-ce point la faute de nos industriels eux-mêmes, ne sont-ils point responsables de la situation dont ils se plaignent? Pourquoi ne produisent-ils pas à aussi bon marché que leurs rivaux d'Angleterre? Lorsqu'ils disent que l'industrie française travaille dans des conditions moins favorables que l'industrie anglaise (prix plus élevés de la main-d'œuvre, des machines, du charbon, du coton, etc…), ils veulent excuser leur infériorité, mais ils ne donnent point sa véritable cause. Elle est, celle-ci, dans leur indifférence, dans leur manque d'initiative, dans la méconnaissance voulue des goûts des consommateurs. Tandis que les industriels britanniques cherchaient des débouchés nouveaux en Afrique et en Asie, augmentaient sans cesse le chiffre de leurs affaires, les nôtres ne donnaient à ces contrées lointaines qu'une faible attention, se refusaient à la lutte pour conserver les marchés acquis ou s'en ouvrir d'autres. Les négociants marseillais établis depuis longtemps en Afrique se souviennent qu'en 1850, 1855 on vendait encore au Sénégal et dans le golfe de Bénin des quantités importantes d'articles de Rouen, (des « rouenneries »), puis que peu à peu les mêmes articles, de fabrication anglaise, ont paru dans ces régions, offerts à des prix bien inférieurs. Malgré les sollicitations des Marseillais, les Rouennais ne tentèrent pas alors de soutenir la concurrence. Pensant que le marché métropolitain et l'exportation vers quelques pays d'Europe ou d'Amérique suffirait toujours à leur activité, ils se désintéressèrent de l'Afrique au grand profit des fabricants britanniques, et plus tard aussi des Allemands. En Chine nos industriels n'ont été ni plus clairvoyants ni plus audacieux qu'en Afrique : le traité de 1860 leur assurait les mêmes avantages commerciaux qu'aux Anglais; ils n'ont pas un seul jour essayé d'en profiter. Aujourd'hui, heureusement, ils reconnaissent leur erreur, ils veulent la réparer; ils comprennent que les marchés d'Afrique et d'Asie sont des marchés considérables, qu'ils ne peuvent en demeurer exclus, sans un très grave préjudice.

Dans le but d'encourager ce mouvement, ces bonnes volontés, d'aider les fabricants français à regagner le terrain perdu, le gouvernement a consenti, ainsi qu'on l'a vu plus haut, à l'établissement de tarifs protecteurs dans plusieurs de nos colonies. Aux Antilles et à la Réunion ces tarifs auraient déjà favorisé la vente de nos articles, si ces colonies n'avaient traversé de 1882 à 1887 une crise sucrière qui a eu pour conséquence une baisse très sensible de leur commerce, une réduction dans leurs achats. Un chiffre mérite toutefois d'être relevé à titre d'indication : en 1883, à la veille de l'application des droits protecteurs, la Réunion dont le commerce s'élevait à 51 millions importait 7 832 000 francs de marchandises françaises ; — en 1889, alors que son mouvement d'affaires se ressentant encore de la crise sucrière n'atteignait pas 35 200 000 francs, elle a importé 9 178 000 francs de marchandises françaises. C'est là un chiffre sensiblement supérieur qui représente une augmentation réelle de 1 300 000 francs dans la part prise par la métropole dans l'approvisionnement de sa colonie. (En 1883, les marchandises françaises importées dans la colonie représentaient 28 p. 100 des importations; en 1889 elles représentent 45 p. 100.)

Le tarif général n'est entré en vigueur en Indo-Chine qu'au mois de juillet 1887, et les dernières statistiques se rapportent à l'année suivante. Il faut attendre quelque temps encore pour connaître les premiers résultats des mesures protectrices; cinq à six années, au moins, sont d'ailleurs nécessaires pour que les articles français puissent se substituer peu à peu aux similaires étrangers auxquels sont habitués les vendeurs chinois (le Chinois est l'intermédiaire indispensable dans toute l'Indo-Chine) et les consommateurs annamites. Cependant les informations recueillies indiquent déjà un mouvement favorable : des syndicats de fabricants français se sont formés, ont envoyé des représentants en Indo-Chine et en même temps ont noué des relations avec les négociants importateurs et les Chinois. Ces premiers efforts ont été récompensés par des résultats appréciables. Dès l'année 1888 les statistiques témoignent que les importations de marchandises françaises ont augmenté de 2 343 000 francs alors que les importations étrangères baissaient sensiblement et qu'en Cochinchine nos importations en cotonnades sont passées de 140 000 francs — chiffre de 1887 — à 1 246 000 francs[1].

Ainsi les premiers résultats observés à la Réunion et en Indo-Chine donnent confiance en l'avenir. Il ne faut certes pas en conclure que les marchandises françaises sont dès maintenant assurées d'une large vente aux Antilles, en Afrique et en Asie, car il est nécessaire que les efforts de nos fabricants ne faiblissent pas, mais redoublent au contraire; il convient aussi de prévoir que nos rivaux d'Angleterre

[1] Depuis l'application du tarif général dans les pays de l'Union jusque dans le mois d'octobre 1890, les grandes maisons de Rouen auraient exporté en Indo-Chine pour environ 5 100 000 francs de tissus de coton et 500 000 francs de filés (Les filés sont surtout demandés au Tonkin où les indigènes les tissent eux-mêmes; jusqu'ici les filés sont importés de Bombay).

Les informations apportées par les derniers courriers de Saïgon et de Hanoï portent que le commerce français ne cesse pas de faire des progrès.

et d'Allemagne feront, pour conserver leur situation, de nombreux sacrifices, abaisseront leurs prix. La lutte sera donc vive. Il est toutefois permis d'espérer que l'industrie française en tirera avantage, — et à ce sujet l'histoire du développement industriel de l'Angleterre mérite d'être rappelée.

Seeley s'est appliqué à montrer, dans l'ouvrage déjà cité, que le préjugé d'après lequel la Grande-Bretagne aurait été de tout temps un grand pays industriel était absolument démenti par les faits. « La base de notre grandeur manufacturière, dit-il, n'a pu être posée qu'à une époque très récente. L'Angleterre des Plantagenets occupait une position économique tout à fait différente. Sans doute, nous avions des manufactures, mais la nation était encore si loin de se faire remarquer pour son activité industrielle et son génie pratique qu'une description écrite au xve siècle dit que les Anglais, rarement fatigués par le travail manuel, mènent une vie « intellectuelle et raffinée ». — Voilà donc ce qu'était l'Angleterre au xve siècle ! N'en doit-on pas conclure qu'il ne faut jamais dire qu'un peuple manque de certaines aptitudes, car on ne saurait prévoir si le jugement que l'on porte à la hâte ne sera pas bientôt infirmé ? L'observateur du xve siècle rapporté par Seeley n'aurait certes pas hésité à déclarer que les Anglais n'étaient ni colonisateurs ni commerçants. « Au moyen âge, ajoute en effet Seeley, l'Angleterre n'était pas au point de vue des affaires un pays avancé ; c'était plutôt un pays arriéré. Elle doit avoir été méprisée des vrais pays commerciaux ; les sentiments que lui inspire aujourd'hui le système d'affaires et de banque de pays comme l'Allemagne et la France, système que nous trouvons démodé et vieilli relativement au nôtre, les Italiens du moyen âge devaient les éprouver pour l'Angleterre ; avec leur existence de citadins, leurs grandes villes, leurs vastes relations commerciales et leur finesse en affaires, ils doivent avoir classé l'Angleterre au même rang que la France parmi les contrées du vieux monde, agricoles, féodales, restées en dehors du courant principal des idées de l'époque. »

Et l'Angleterre a conservé jusqu'au seuil des temps modernes cette infériorité qu'on remarquait en elle au moyen âge. Ce n'est qu'après la chute de la Hollande qu'elle s'est élevée peu à peu à la tête du commerce. « Si nous passons en revue tous les éléments de sa grandeur, dit encore Seeley, nous arrivons à cette conclusion que l'Angleterre, que nous connaissons avec sa suprématie maritime, commerciale et industrielle, est tout à fait moderne, que ses traits caractéristiques ne se sont dessinés clairement qu'au xviii° siècle et que c'est pendant le xvii° qu'elle a pris graduellement cet aspect. Si nous demandons l'instant précis où cette transformation commença, la réponse est remarquablement nette et facile. C'est l'époque de la reine Elisabeth. Or, c'est à l'époque où le nouveau monde commence à exercer son influence. Et, ainsi, les faits les plus évidents suggèrent cette conclusion, que l'Angleterre, dès le commencement, a dû au nouveau monde son caractère moderne et sa grandeur particulière. »

Ainsi la situation géographique de leur île, la découverte du nouveau monde, la fondation ou la conquête de grandes colonies en Amérique et en Asie, ont fait les Anglais marins d'abord, puis industriels.

La France est déjà, du fait de sa situation géographique, de son ancienneté parmi les États, de sa richesse, de l'émigration de ses enfants dans différents pays, et de la possession de ses colonies, la première nation industrielle du monde après l'Angleterre et une des premières nations maritimes[1]. Peut-être précéderait-elle aujourd'hui l'Angleterre si elle n'avait dû renoncer au xviii° siècle à la possession du Canada et de l'Inde. La perte de ces immenses marchés a certainement eu pour

[1] Voir à ce sujet les faits et les chiffres rappelés au chapitre VIII.

conséquence de limiter le champ ouvert à notre industrie et à notre marine, tandis que leur acquisition a considérablement favorisé le développement de l'industrie et du commerce britanniques. Lorsque, la France vaincue, les Anglais n'ont plus connu de rivaux, lorsqu'ils ont dominé dans toutes les parties du monde, gouverné et administré de nombreux peuples, eux seuls ont fabriqué des produits pour toutes les parties du monde, pour tous les peuples, quels qu'ils fussent. C'est sur leurs colonies que s'est élevé l'édifice de leur incomparable prospérité.

Est-il interdit de penser, en songeant au phénomène économique retracé par Seeley, que les acquisitions coloniales faites par la France dans ces soixante dernières années peuvent avoir une heureuse influence sur le développement de son industrie et de sa marine? Non assurément. Certes l'avance considérable prise par l'Angleterre, les progrès de l'Allemagne, l'activité de la concurrence entre toutes les nations rendent les conditions d'une lutte singulièrement plus difficiles à la fin du xix° siècle ou au xx° qu'elles n'étaient au xviii° siècle. On ne peut plus espérer conquérir un monopole, mais seulement prendre et garder une situation privilégiée dans la concurrence universelle.

La conquête de l'Algérie, de la Tunisie, puis du

Soudan et du Congo français, de Madagascar, de l'Indo-Chine ont constitué à notre pays un nouvel Empire colonial, élargi sa sphère commerciale en même temps que sa sphère politique. Il se trouve à l'heure actuelle directement invité à étendre ses relations d'affaires avec ses possessions nouvelles et, indirectement, par une loi naturelle souvent observée, avec les pays qui les avoisinent. Nos possessions produisent déjà et produiront chaque année davantage des matières premières et des denrées que travaille ou consomme notre pays, elles demandent en échange, elles demanderont plus encore, des marchandises qui sont fabriquées ou peuvent l'être en France aussi bien qu'en Angleterre et en Allemagne ; enfin, ces marchandises ne sont pas consommées exclusivement par les habitants de nos colonies, elles le sont aussi par ceux des régions voisines, de telle sorte que si les industriels français réussissent à fournir les indigènes de nos comptoirs africains ou de l'Indo-Chine, ils pourront espérer voir en même temps augmenter leurs importations dans toutes les régions de l'Afrique et en Chine.

A ces différentes observations, il faut en ajouter une dernière d'une incontestable valeur : tous les pays civilisés veulent aujourd'hui posséder une industrie nationale qui fournisse le pays lui-même, puis rivalise, au dehors, avec celle des pays voisins ; le travail manufacturier ne se développe point seulement en Europe, mais encore aux États-Unis, au Canada, dans l'Amérique du Sud, en Australie. En présence de ces faits nos fabricants n'hésitent plus à comprendre que l'Europe et l'Amérique ne sauraient leur offrir, dans les conditions actuelles de la concurrence entre tous les peuples, des marchés suffisamment étendus; ils voient qu'ils doivent chercher des débouchés nouveaux, que l'Afrique et l'Asie seront au siècle prochain les premiers parmi les pays consommateurs. — La « nécessité de vivre » n'est-elle pas le plus puissant des aiguillons?

Nous venons de parler longuement des exportations de la France dans ses colonies; le mouvement commercial inverse ne donne matière qu'à de courtes observations.

Ainsi que nous l'avons vu plus haut, l'ensemble des importations de nos colonies dans les ports métropolitains s'élève à 311 millions. Ce mouvement n'a pas cessé de s'élever et l'on peut prévoir qu'il ne cessera pas. Sous ce rapport « l'utilité commerciale » de nos colonies n'a pas besoin d'être démontrée. Elles n'envoient pas seulement en France des produits qui sont mis de suite en consommation comme les vins, les céréales, le bétail, les cafés, les vanilles ou le rhum et qui augmentent le bien-être de la population, elles envoient aussi, — et en quantités beaucoup plus considérables, — des matières premières qui apportent à nos fabricants un accroissement d'industrie, à nos ouvriers un supplément de main-d'œuvre. Il serait assurément d'un haut intérêt de rechercher à ce sujet dans une histoire de la France industrielle la grande part que les importations de nos « colonies d'État » d'Amérique, d'Afrique et d'Asie et de nos « colonies libres » d'Orient ont eue depuis quatre siècles sur la naissance et le développement de nos industries nationales. On montrerait ainsi un des côtés de l'influence considérable autant que bienfaisante exercée par le nouveau monde sur l'ancien.

Aujourd'hui les peaux, les laines, les lièges, les bois de l'Algérie sont manufacturés ou travaillés dans la métropole; nos huileries, nos stéarineries, nos savonneries s'enrichissent à traiter les graines oléagineuses importées d'Afrique et de l'Inde; les raffineries des ports travaillent les sucres bruts de nos colonies, puis les réexportent pour la plus grande partie; l'industrie lyonnaise reçoit de nos « colonies libres » d'Orient et d'extrême Orient, de notre « colonie d'État » d'Indo-Chine, plus des deux tiers des soies qu'elle importe et cette industrie seule occupe tous les jours plus de six cent mille de nos compatriotes[1].

Si nous n'avions pas de colonies ces matières premières seraient-elles apportées, qui occupent nos navires, alimentent nos industries, donnent du travail à nos ouvriers, les font vivre ?

Nous pourrions à la vérité aller les chercher en pays étranger, mais est-il certain que nous irions, que nos fabricants auraient songé à les employer ? Est-il certain, par exemple, que les industries de l'huile, de la bougie et du savon seraient prospères à Marseille, que des raffineries se seraient établies dans nos ports, que la fabrication des soieries serait une des premières de notre pays si nous ne possédions pas aux côtes d'Afrique et sur divers points du monde, des colonies qui considèrent le marché métropolitain comme leur débouché naturel, qui nous apportent leurs produits pour acheter les nôtres ? On pourrait, avec bien plus de vérité, soutenir que si notre pays était resté indifférent au commerce maritime et aux entreprises coloniales, il serait demeuré fort longtemps ce qu'était l'Angleterre du XVe siècle, un pays agricole possédant très peu de manufactures, au lieu qu'il est aujourd'hui en même

[1] A. de la Berge, *Les industries de la soie en France*. — *Revue des Deux-Mondes*, 1er septembre 1890.

temps qu'un grand pays agricole un des principaux centres industriels du monde.

Un dernier chiffre affirmera une fois encore l'utilité commerciale » de nos colonies. Elles emploient annuellement 8 000 navires métropolitains ou locaux jaugeant 6 300 000 tonnes et servis par environ 70 000 matelots, — entrées et sorties réunies.

La question de « l'utilité » ou de la « non utilité commerciale » de nos colonies est la première, la principale objection formulée par les adversaires de la politique coloniale, mais il en est une seconde, appartenant également à l'ordre économique, qu'ils présentent souvent : nos colonies, disent-ils, n'ont point de colons ; ce sont des « colonies de fonctionnaires ».

Une semblable critique serait-elle fondée ?

Pour l'examiner, il convient de rappeler tout d'abord que nous avons défini trois types bien distincts de colonies : les colonies de peuplement, les colonies d'exploitation et les colonies de commerce. La France, nous l'avons également remarqué, ne possède que des colonies d'exploitation et de commerce qui, par leur nature, ne réclament point la venue d'un grand nombre d'immigrants. L'Algérie et la Tunisie, elles-mêmes, ne sont pas de véritables colonies de peuplement, mais des « colonies mixtes » de peuplement et d'exploitation.

Ces points essentiels fixés, il est facile d'examiner l'objection et d'y répondre.

Dans nos anciennes possessions des Antilles et de la Réunion, colonies d'exploitation, la population d'origine européenne, dite « population créole », établie au xvii⁰ et au xviii⁰ siècle, est suffisamment importante. Sur la côte occidentale d'Afrique et dans l'océan Indien, où d'ailleurs l'Européen ne peut vivre, il suffit d'un petit nombre de Français pour présider aux opérations commerciales des comptoirs qu'ils ont fondés (ils sont toujours assistés de « traitants » indigènes). En Asie, enfin, notre Empire indo-chinois n'est, comme l'Inde anglaise, qu'une vaste colonie d'exploitation. Quelques centaines de colons, banquiers, négociants, planteurs, industriels, forment « l'élément dirigeant ». « L'élément dirigé » est la population indigène qui récolte l'arachide, le riz, l'indigo, la canne ou le café, tisse la soie ou le coton, travaille aux mines. On peut ajouter, — et ce fait mérite d'être opposé à ceux auxquels nous répondons, — que comparativement à l'importance de la population indigène, les Français sont beaucoup plus nombreux en Cochinchine que les Anglais dans l'Inde [1].

[1] On a recensé dans ce pays, qui est une des plus ancien-

Le chiffre de la population française établie en Algérie et en Tunisie mérite davantage d'être retenu. Si l'objection des « colonies de fonctionnaires » ne porte point dans nos autres possessions, serait-elle exacte dans l'Afrique du Nord ? L'Algérie et la Tunisie ont un caractère mixte : s'il est vrai que l'importance et la vitalité de l'élément indigène opposent des limites au développement de la colonisation européenne, il est d'autre part certain que les Européens peuvent s'établir à demeure et travailler dans ces régions fertiles et tempérées. L'Algérie où nos troupes ont débarqué il y a soixante ans, mais dont la conquête n'est guère terminée que depuis trente-trois ans [1], compte 220 000 colons français (et 205 000 étrangers). La Tunisie « protégée » seulement depuis neuf années, où il n'existe encore que de « grandes exploitations » dirigées par des Européens mais cultivées par les indigènes,

nes possessions de la Grande-Bretagne, 30 188 individus de race anglaise (fonctionnaires et soldats non compris) perdus au milieu d'une population de 253 982 995 natifs; soit une proportion de 1 Anglais par 8 413 Indous. D'un autre côté la Cochinchine est conquise depuis trente ans à peine et nos nationaux y sont au nombre d'environ 500 (fonctionnaires et soldats non compris) dans une population asiatique de 1 864 214. On compte donc 1 colon français pour 3 728 indigènes.

Au Tonkin les colons sont au nombre d'environ 1 150 sur lesquels 900 de nos compatriotes.

[1] L'expédition de Kabylie, dernière étape de la conquête, fut terminée en 1857.

possède environ 6 000 Français (et 25 000 étrangers). En présence de pareils résultats il ne viendra à la pensée de personne de soutenir que l'Algérie et la Tunisie sont des « colonies de fonctionnaires ». Ce n'est point à dire, toutefois, que le mouvement de l'émigration vers ces pays est assez rapide ; on peut le souhaiter plus important.

La population de la France, on le sait, est loin d'augmenter chaque année dans des proportions comparables à celles constatées en Angleterre, en Allemagne et en Italie [1].

Il suit naturellement de ce premier fait que l'émigration française est singulièrement plus lente que l'émigration anglaise, allemande ou italienne [2]. C'est ainsi que l'on évalue seulement à 20 ou 25000 le nombre des Français qui s'expatrient chaque année. Cette émigration, bien que faible, serait cependant plus que suffisante pour la colonisation du

---

[1] Moyenne annuelle de l'excédent absolu des naissances sur les décès constaté pendant la dernière période quinquennale connue (1883-1887, ou 1884-1888) :

France 64 000 individus. — Grande-Bretagne 416 000. — Allemagne 532 000. — Italie 310 000.

[2] Moyenne annuelle de l'émigration constatée pendant la dernière période quinquennale connue (1883-1887 ou 1884-1888) :

France, d'après les statistiques officielles très insuffisamment tenues 12 000 individus, en réalité 20 à 25 000. — Grande-Bretagne 251 000. — Allemagne 95 000. — Italie 126 000.

nord de l'Afrique. Si environ 12 à 15 000 de nos émigrants se rendaient chaque année en Algérie et en Tunisie, leur établissement, augmenté de l'excédent naturel des naissances sur les décès, assurerait à l'élément français la place qu'il doit prendre dans la France africaine. Mais on ne saurait évaluer aujourd'hui à plus de 8 000 à 9 000 le nombre de nos compatriotes qui traversent la Méditerranée. La plus grosse part de l'émigration française se dirige vers la République Argentine, les États-Unis, l'Uruguay, le Brésil.

Là est véritablement le point faible de la « colonisation française » en tant que l'on considère l'établissement de nos nationaux dans nos colonies : ce n'est point au Sénégal ou en Indo-Chine que les colons ne viennent pas assez nombreux, c'est en Algérie et en Tunisie; ce n'est pas l'insuffisance de l'émigration française qu'il faut regretter, mais bien la direction que prend cette émigration.

Chaque émigrant français qui passe en Amérique représente pour l'Afrique du Nord où il aurait pu se rendre « une perte » qu'il ne serait pas impossible d'évaluer [1]. Ses capitaux, s'il en possède, ou au moins son pécule, son métier, ses bras, son intelli-

[1] Les économistes ont, en effet, tenté d'évaluer la valeur moyenne de l'homme adulte qui émigre. Leurs estimations varient le plus souvent entre 4 000 et 8 000 francs.

gence, son ambition, au lieu de contribuer au développement d'une colonie qui fait partie du patrimoine national, vont augmenter la richesse et la prospérité de nations amies, mais étrangères. Il se mariera, il fondera une famille; ses enfants, plus encore que lui-même, seront perdus pour sa patrie, ce ne seront point des Français, mais des citoyens de l'Argentine ou des États-Unis, ayant les opinions et les intérêts de leur nouvelle patrie. On évalue à 175 ou 200 000 le nombre des émigrants qui, depuis les premières années de ce siècle, ont quitté nos ports pour la République Argentine : ils ont pris une part considérable à la mise en valeur de ce pays; ils y ont, d'abord, créé en partie l'industrie de l'élevage, puis construit des minoteries, des huileries, depuis quelques années ils y fondent des usines à sucre, ils y plantent la vigne. Les esprits soucieux de l'avenir n'hésitent point à dire que l'on verra l'importance de nos importations diminuer en Argentine à mesure que les émigrants français et leurs enfants développeront l'industrie locale [1].

[1] Cette opinion est exprimée par M. Daireaux dans son ouvrage La vie et les mœurs à la Plata, 2 vol. Hachette, éditeur, Paris. — On la rencontre également dans un rapport du ministre de France à Buenos-Ayres (Bulletin consulaire, mai 1889). Notre agent fait notamment remarquer que d'ici un certain nombre d'années, la production locale diminuera dans une forte proportion l'introduction des vins communs d'Espagne, d'Italie et de France.

La part qui revient à nos nationaux dans la prospérité chaque jour grandissante de la République Argentine [1] fait assurément honneur à notre pays et témoigne de la vertu colonisatrice indiscutable de notre race; elle n'est pas non plus sans assurer aujourd'hui à nos industriels un important débouché [2], mais combien l'Algérie serait plus prospère, plus riche pour le grand profit de la mère patrie, si depuis la conquête elle avait reçu une partie des émigrants et des capitaux qui ont contribué à la fortune de l'Argentine !

Nous disons « une partie des émigrants », parce qu'il convient de distinguer les malheureux sans autres ressources que leurs bras et un modique pécule de ceux qui connaissent une industrie, un métier spécial ou possèdent quelques capitaux. Les premiers trouveront des moyens d'existence à la Plata, en s'employant aux humbles travaux des

---

Il convient encore de remarquer que le gouvernement argentin ne veut signer avec les nations européennes aucun traité de commerce. Si donc il venait à adopter des taxes douanières prohibitives, en vue de protéger les industries naissantes du pays, l'importation française pourrait être sérieusement atteinte. Les droits de douane, les mêmes pour tous à la vérité, sont aujourd'hui déjà fort élevés.

[1] Nous ne disons rien ici de la crise qui vient d'éclater dans ce pays, parce que cette crise, pour aiguë qu'elle soit, ne nous paraît qu'un accident.

[2] Voir plus loin, page 281.

champs ou des villes, ils risqueraient, par contre, de mourir de faim en Algérie où la population indigène constitue un « prolétariat ouvrier » qui travaille partout à bas prix. Les seconds, au contraire, sont assurés, avec l'intelligence et la persévérance, de réussir aussi bien dans nos colonies africaines qu'ils le peuvent faire en Amérique. Ce sont eux dont l'Algérie et la Tunisie ont besoin, eux qui font éprouver à ces provinces une « perte » véritable, lorsqu'ils portent leur industrie ou leurs capitaux de l'autre côté de l'Océan.

Mais une question se présente à l'esprit : pourquoi ces colons, susceptibles de réussir dans l'Afrique du Nord, se dirigent-ils vers l'Amérique plutôt que vers l'Algérie et la Tunisie? Serait-il possible de les détourner?

Le courant de l'émigration française se portait vers l'Amérique avant que l'Algérie fût conquise. Il a continué depuis, pour une trop grande part, sous l'influence de plusieurs causes : le renom peu favorable de l'Algérie pendant la longue et ingrate période de la conquête et du défrichement ; l'habitude, qui fait suivre au nouvel émigrant le chemin pris par celui de la veille, ou plus exactement « l'appel » adressé par ce dernier, qui, satisfait de son sort, écrit dans sa patrie, conseille à un parent, à un ami, à un voisin de le rejoindre ; quelquefois, le « recrutement » organisé dans notre pays par les nations qui ont besoin de bras [1]; enfin, l'indifférence à certaines époques, l'inhabileté à d'autres de l'administration algérienne qui n'a jamais cherché à attirer les colons utiles, qui ne sait point « solliciter » l'émigrant disposé à porter par delà les mers son travail et son pécule.

Le devoir d'une administration soucieuse du développement de nos colonies africaines est tout tracé : il suffirait qu'elle voulût employer, pour faire connaître en France l'Algérie et la Tunisie, les cultures qu'on peut y entreprendre et les bénéfices qu'elles permettent d'espérer, les salaires et les conditions de vie qu'on y trouve, pour provoquer, enfin, l'émigration des hommes disposés à passer la mer avec un certain capital, les moyens de publicité si pra-

---

[1] Le gouvernement argentin ne donne pas à proprement parler des passages gratuits aux émigrants, mais il a imaginé, pour notre pays notamment, un habile système de recrutement : 1° il y a à Paris et dans certaines villes de provinces des bureaux officiels d'informations chargés de donner à ceux qui désirent émigrer les renseignements nécessaires et de viser les pièces établissant leur identité ; — 2° l'émigrant muni de ce visa se présente à l'agence de la compagnie d Chargeurs Réunis qui le transporte et le nourrit gratuitement. Ce n'est là, à la vérité, qu'une avance, — garantie à la Compagnie par le gouvernement argentin, — que l'émigrant doit rembourser par semestre en deux ans et demi, mais niera-t-on que cette avance facilite considérablement l'émigration de nos compatriotes vers la République Argentine ?

tiques, si simples dont usent avec succès les colonies australasiennes. On sait que celles-ci possèdent en Angleterre de nombreuses agences d'émigration qui sollicitent, par leurs affiches et leurs brochures, partout répandues, les prix modérés du transport, toutes les familles qui pourraient songer à s'expatrier. Grâce à cette propagande, les laboureurs, les fermiers, les artisans s'embarquent par milliers chaque année, sachant qu'ils ont chance de trouver en Australie une vie plus heureuse, des bénéfices plus élevés, ou une existence moins misérable que dans leur patrie.

Qu'un pareil système soit adopté par les administrations algériennes et tunisiennes et bientôt ses résultats seront appréciables : les Français qui aujourd'hui, ignorant presque l'existence de notre Afrique, passent en Amérique avec leurs ressources lorsqu'ils veulent émigrer, viendront en Algérie et en Tunisie, puis appelleront à leur suite leurs parents ou leurs amis, attireront les capitaux...

Le prodigieux succès de la culture de la vigne en Algérie et en Tunisie a déjà fait passer la mer depuis une douzaine d'années à un nombre appréciable de colons et de capitalistes. Il importe au rapide développement de la France africaine que cet heureux mouvement soit encouragé, hâté, par une habile propagande. Ce ne sont ni les colons, ni les capitaux qui manquent à notre pays, c'est un bon esprit de direction qui porte ces forces dans nos colonies plutôt qu'à l'étranger!

Il n'entre pas dans le cadre de cet ouvrage de donner de plus longs développements au chapitre consacré à nos « colonies d'État ». L'étude des nombreuses questions politiques, militaires, administratives et financières que soulève l'action de la France dans ses possessions des quatre parties du monde demanderait un volume entier[1].

Il a suffi de montrer ici l'étendue de notre Empire comparé à celui des autres puissances, ses productions, son commerce, son avenir, puis d'examiner brièvement les deux principales objections d'ordre économique qui sont faites à notre politique coloniale. On a pu juger que le nouvel Empire fondé par la France au delà des mers dans ces soixante dernières années est suffisamment vaste et permet de concevoir de grandes espérances. Pour compléter le tableau de l'expansion extra-européenne de notre pays, il convient maintenant, d'après le plan adopté dès les premières lignes de ce livre, de retracer la situation présente de nos « colonies libres ».

[1] Nous avons déjà renvoyé le lecteur à nos deux précédents ouvrages : *Les colonies françaises;* — *La France dans l'Afrique du Nord; Algérie et Tunisie.* Guillaumin, éditeur.

VII

Nos colonies libres.

L'expansion de la France dans le monde. — Ses cinq grandes « colonies libres ».

La colonie de la République Argentine. — Son importance, son commerce. — Nombre des Français établis à la Plata.

La colonie des États-Unis. — Son origine, son importance. — Chiffre des Français établis aux États-Unis. — Envahissement des provinces du nord par les Franco-Canadiens.

La colonie du Canada. — Vitalité des Canadiens français ; leur nombre, leur esprit, leur langue.

Les colonies d'Orient. — Turquie d'Europe, Turquie d'Asie, Égypte. — Ancienneté de notre influence politique, religieuse, et commerciale. — La concurrence des principales nations européennes. — Situation du commerce français en Turquie et en Égypte. — Importance des capitaux français engagés dans ces pays. — Les capitaux anglais et allemands placés à côté des nôtres.

Le protectorat catholique de la France en Orient. — Les communautés catholiques indigènes. — Heureuse influence exercée par la France ; ses écoles, ses hôpitaux. — Les ordres religieux et les sœurs de Charité. — Concurrence religieuse de la Russie, de l'Angleterre, de l'Italie. — Rivalités suscitées par notre protectorat religieux. — Nos intérêts commerciaux, politiques et religieux sont une part du patrimoine national. — La France en Grèce.

Les colonies d'extrême Orient. — La France en Chine. — Situation de l'Angleterre, de l'Allemagne et de la Russie à côté de nous. — Notre commerce. — Comment l'Angleterre paye en Chine les soies achetées par la France.
Le protectorat catholique en Chine. — Influence qu'il nous donne.
La France voisine de la Chine par la possession du Tonkin. — L'industrie française en Chine. — Part que notre commerce, notre industrie et nos capitaux peuvent prendre dans ce pays au siècle prochain.
La France en Corée et au Japon. — Notre situation au Japon.

Ce n'est point seulement dans les provinces orientales de la Méditerranée que la France possède aujourd'hui des « colonies libres ». Il est dans le monde d'autres pays dans lesquels elle jouit d'une situation ou d'une autorité morale particulière, appuyée, ici, par la présence d'un grand nombre d'hommes de son sang et de sa langue, agriculteurs, ouvriers, industriels, négociants, — là, sur la possession d'une influence politique et religieuse acquise grâce à nos soldats, à nos diplomates et à nos missionnaires. C'est, en effet, le privilège d'une vieille et riche nation, brave et entreprenante comme est la nôtre, dont la langue, l'histoire, les armes, les idées, le commerce ont toujours dépassé les frontières, d'être connue sur tous les points du globe et de voir son pavillon, — témoignage de relations amicales et pacifiques ou souvenirs d'événements glorieux, — flotter sur une terre étrangère et confié à la seule garde des populations mêmes ou de nos consuls.

Les « colonies libres » nées de l'expansion française forment cinq groupes principaux ayant chacun une origine différente, un caractère propre : le groupe argentin, le groupe des États-Unis, le groupe canadien, les anciennes « colonies franques » du bassin de la Méditerranée orientale et les jeunes colonies des ports ouverts de l'Empire Chinois et du Japon.

On a vu plus haut, en étudiant la direction du courant de l'émigration française, qu'un nombre considérable de nos nationaux étaient établis dans la République Argentine. Nous avons même regretté qu'une partie de ces émigrants ne se fût pas rendue en Algérie plutôt qu'en Amérique et nous n'avons pas hésité à dire que l'établissement d'un colon à la Plata représente une « perte » véritable pour l'Algérie où il aurait pu se rendre.

Si ces observations sont justes, il convient cependant de reconnaître, voyant les deux faces des choses, que notre « colonie libre » de la République Argentine assure à la France dans ce pays une haute situation morale en même temps que de larges profits commerciaux.

La Plata, ancienne possession espagnole devenue indépendante en 1814, ne cesse pas d'être au regard de l'Europe une grande « colonie de peuplement ». Ce pays neuf, fertile mais peu peuplé, attendait et attend encore du vieux monde les bras et les capitaux nécessaires à la mise en valeur de ses richesses naturelles, au développement de son agriculture, à la création de son industrie. Depuis un demi-siècle, tous les peuples, les Italiens, les Espagnols, les Français surtout, contribuent à la constitution de la race argentine [1]. Bien que la loi impose la nationalité argentine à tous les enfants

[1] On pouvait, il y a quelques années, suivant M. Daireaux (livre déjà cité), diviser ainsi la population de la République Argentine :

Argentins	1 907 000
Italiens	339 000
Espagnols	161 000
Français	153 000
Germains et Suisses	54 000
Anglais	54 000
Divers	265 000

On évalue aujourd'hui la population totale de l'Argentine à plus de 4 millions d'âmes.

Dans la période de dix ans qui va de 1872 à 1882 le nombre des immigrants arrivés a été de 476 000 ainsi répartis :

Italiens 330 000 ; — Espagnols 48 000 ; — Français 47 000 ; — Germains et Suisses 19 000 ; — Anglais et Irlandais 10 500 ; — Divers 21 500. — Il faut calculer que 100 000 de ces immigrants au moins sont retournés dans leur pays.

nés dans le pays, bien que nos nationaux et plus encore leurs enfants adoptent les intérêts et les sentiments de leur nouvelle patrie, bien que souvent même ils oublient leur langue maternelle [1], les Argentins qui ont dans les veines du sang français forment un « groupe français » qui aime toujours le pays d'origine, ne cesse pas de s'intéresser à ses affaires. Ce « groupe » fait pénétrer partout les idées, les usages, les modes, les livres de France. On rencontre des Français et des fils de Français parmi les savants, les professeurs, les ingénieurs, les médecins, les administrateurs, les agriculteurs, les industriels. C'est peut-être dans la création des industries qui ont pour objet de transformer les produits de l'agriculture que le « groupe français » a surtout fait sentir son action. Les minoteries, les amidonneries, les fabriques d'huiles et de produits alimentaires ont été pour la plupart fondées par nos compatriotes; ils ont engagé dans cette affaire des capitaux très importants [2]. En même temps l'influence

---

[1] Ce fait n'est point contesté; on en trouve d'ailleurs la confirmation dans le relevé suivant des journaux publiés en 1888 à Buenos-Ayres : Sur 106 journaux ou publications, 86 étaient rédigés en espagnol, 7 en italien, 5 en français, 4 en anglais et 4 en allemand.

[2] Les capitaux français ne se sont pas seulement portés pour une somme considérable, qui est peut-être d'une centaine de millions, dans les affaires industrielles et commerciales. Ils ont aussi répondu, et pour une large part, aux

du « groupe français » a beaucoup contribué à la naissance et au développement entre la France et la République Argentine d'un mouvement commercial considérable. La Plata occupe aujourd'hui la huitième place parmi nos acheteurs et la sixième parmi nos vendeurs [1].

Les importations françaises, à Buenos-Ayres, — boissons, tabletterie, bimbeloterie, fils, tissus, lingeries, substances alimentaires, etc., — progressent chaque année. En dix ans — 1879-1889 — elles ont plus que doublé, s'élevant de 73 millions à

appels adressés au public européen par l'État Argentin, les provinces et les banques, les chemins de fer. On peut évaluer de ce chef les placements français à environ 400 ou 500 millions.

Il convient d'ajouter que la crise commerciale et monétaire qui a éclaté il y a quelques mois en Argentine peut inquiéter à bon droit les porteurs de fonds de ce pays. Tous les coupons ont été jusqu'ici payés, mais l'avenir ne paraît pas assuré (décembre 1890).

[1] Exportations de la France en 1889, commerce spécial : Angleterre 999 496 000 francs ; — Belgique 570 703 000 francs ; — Allemagne 341 876 000 francs ; — États-Unis 273 483 000 francs ; — Suisse 230 484 000 francs ; — Espagne 194 537 000 francs ; — *Algérie* 178 662 000 francs ; — *République Argentine* 169 698 000 francs ; — Italie 143 781 000 francs.

Importations en France en 1889, commerce spécial : Angleterre 538 301 000 francs ; — Belgique 474 892 000 francs ; — Espagne 355 350 000 francs ; — Allemagne 338 414 000 francs ; — États-Unis 306 797 000 francs ; — *République Argentine* 218 669 000 francs ; — Algérie 200 560 000 francs ; — Italie 133 603 000 francs ; — Suisse 101 467 000 francs.

Tableau général du commerce de la France pour l'année 1889.

169 698 000 francs. La France figure sur les statistiques argentines au second rang, le premier étant tenu par l'Angleterre, le troisième par l'Allemagne, le quatrième par les États-Unis.

Ces faits et ces chiffres témoignent du grand profit à la fois moral et matériel que la France retire de sa « colonie libre » de l'Amérique du Sud. Elle a dans ce riche pays un marché étendu qu'elle doit s'appliquer à conserver malgré la double concurrence des importateurs étrangers et des producteurs locaux [1].

---

[1] Il y a sept à huit ans environ, les négociants français établis en nombre dans quelques-unes des principales villes de l'étranger et notamment dans les pays où notre commerce est dans une bonne situation, ont eu la pensée de se réunir pour fonder des « Chambres de commerce ». Ces « Chambres de commerce françaises à l'étranger » se sont donné pour principale mission de renseigner le gouvernement, les Chambres de commerce et les négociants de la métropole sur toutes les questions relatives au développement de l'importation des articles français dans le pays où elles sont établies, à la concurrence étrangère, aux moyens de la combattre et de développer les relations avec la France.

Une Chambre de commerce française fondée dans ces vues fonctionne à Buenos-Ayres.

Si la République Argentine est la première des « colonies libres » de la France dans l'Amérique du Sud, elle n'est point la seule. Nos compatriotes se portent, en effet, volontiers dans ces régions, comme dans l'Amérique centrale et les Antilles. C'est ainsi que nos consuls invités, il y a quelques années, à dénombrer leurs nationaux ont recensé : 14 000 Français dans l'Uruguay (ce pays reçoit environ 900 à 1000

Les immenses régions de l'Amérique du Nord qui forment aujourd'hui la Confédération des États-Unis ont été, du xvi° au xviii° siècle, attaquées de deux côtés différents par la colonisation française. Au nord-est notre colonie du Canada, dépassant les limites actuelles de ce pays, s'étendait sur les rives méridionales des grands lacs et descendait la vallée de l'Ohio ; au sud notre possession de la Louisiane ouvrait à nos compatriotes la vallée entière du Mississipi, de telle sorte que les Canadiens et les Louisianais pouvaient se joindre sur les bords du fleuve ou d'un de ses affluents. C'est ainsi que les voyageurs retrouvent encore à notre époque d'anciens villages canadiens dans l'Indiana et que, d'autre part, on rencontre, à la Nouvelle-Orléans et dans la région voisine, une population d'origine

de nos compatriotes chaque année sur 10 à 13 000 immigrants (Chambre de commerce française à Montevideo), — 6800 au Brésil (Chambre de commerce française à Rio de Janeiro), — 1760 au Chili (Chambre de commerce française à Santiago), — 1500 au Pérou (Chambre de commerce française à Lima), — 8800 au Mexique (Chambre de commerce française à Mexico), — 3300 à Haïti (Chambre de commerce française à Santiago), — 2330 à Cuba (Chambre de commerce française à la Havane). — Il faut remarquer que ces chiffres sont très inférieurs à la vérité, car ils ne comprennent point les Français ayant renoncé à leur nationalité, les descendants de Français et les Français qui ont négligé de se faire inscrire au Consulat. Notre commerce tient dans ces différents pays une situation honorable.

française d'environ 40 000 âmes composée d'anciens Acadiens [1] et de créoles Louisianais.

L'émigration française a fourni dans ce siècle un élément plus nouveau aux États-Unis. Les statistiques témoignent que nos compatriotes se portent en grand nombre dans ce pays, eu égard toutefois au faible chiffre de notre émigration. De 1821 à 1889 inclusivement 362 000 Français ont débarqué dans les ports de la République Américaine [2]. C'est là un chiffre très sensiblement supérieur à celui de l'é-

---

[1] En 1755 Lawrence, gouverneur anglais de la partie de l'Acadie cédée par la France au traité d'Utrecht, effrayé de voir les colons français augmenter chaque année, étendre leurs cultures et menacer ainsi d'exclure ses compatriotes d'une « colonie britannique », décida l'exil des Français et la confiscation de leurs terres. 6 à 8 000 furent chassés sans pitié ou embarqués et jetés les uns sur les côtes des colonies anglaises d'Amérique, les autres en Angleterre ou en France. — Dans ce triste exode un groupe d'Acadiens atteignit la Louisiane sur une flottille de bateaux, suivant en dérive le courant de l'Ohio et du Mississipi. Ils étaient environ 500 et furent rejoints dans les années suivantes par un nombre plus considérable d'Acadiens, — 2 000 à 2 200, — venus des ports de France où ils avaient été « déportés ».

D'après M. Rameau de Saint-Père (loc. cit.) les Acadiens de toute provenance étaient en Louisiane, en 1790, au nombre d'environ 4000. De nos jours les « familles canadiennes » qui se distinguent encore des « créoles louisianais » comprendraient peut-être 32 000 individus.

[2] Ce chiffre est emprunté comme les suivants aux statistiques officielles des États-Unis. — Dans les seize dernières années (1873-1888) la moyenne annuelle des Français débarqués aux États-Unis a été de 5 500.

migration française dans la République Argentine et cependant l'élément français possède à la Plata une importance beaucoup plus considérable que dans la grande Confédération américaine. Que représentent, en effet, 362 000 de nos compatriotes au milieu de plus de 15 millions d'immigrants [1] et dans une population totale de 65 millions d'âmes? Établis, comme en Argentine, sans esprit de retour, nos émigrants perdent le plus souvent leur nationalité et quelquefois leur langue dès la seconde génération. Le dernier recensement n'accuse que 106 000 Français aux États-Unis : 20 000 habitent l'État de New-York, 10 000 l'Ohio, 10 000 la Louisiane, 10 000 la Californie..., etc. Ces « colonies » ne doivent assurément pas être oubliées dans une histoire de l'expansion de notre pays ; elles forment çà et là de petits groupes entretenus par la venue annuelle de nouveaux émigrants; ils parlent de leur pays, le font connaître. Le Français débarqué aux États-Unis conserve le souvenir de sa patrie ; il ne se confond point dès le premier jour, comme l'Anglais ou l'Allemand, à la population américaine. Toutefois, si l'on excepte le groupe de la Nouvelle-

[1] La Grande-Bretagne est comprise dans ce chiffre pour environ 6 millions, l'Irlande pour près de 3 500 000, l'Allemagne pour 4 500 000, la Suède et la Norvège pour 880 000..., etc....

Orléans, des « colonies » aussi dispersées et aussi faibles ne peuvent posséder dans le milieu où elles sont établies une autorité très appréciable. Les citoyens américains n'ont point oublié le précieux appui que nos pères ont apporté aux leurs, lors de la guerre de l'Indépendance, quelques noms français sont restés dans les mémoires (Lafayette, Rochambeau, l'amiral de Grasse), mais l'Union recevant l'incessante alluvion de l'émigration anglaise, irlandaise et allemande, subit ces influences bien plus que les nôtres. Aussi le grand mouvement d'affaires existant entre la France et les États-Unis doit être attribué beaucoup plus aux lois naturelles des échanges, à la richesse des deux pays, au goût particulier de certains de nos articles qu'à la présence de notre « colonie libre [1] ».

Mais il est un fait curieux, qu'il importe de noter : si nos compatriotes se rendent en nombre trop faible aux États-Unis pour former dans la grande République des « groupes » importants, d'autres

[1] D'après le *Tableau général des douanes* pour 1889, les États-Unis occupent la quatrième place parmi nos acheteurs et la cinquième parmi nos vendeurs. D'autre part, les statistiques américaines témoignent que la part de notre pays dans les importations de l'Union a varié dans ces dernières années entre 10 et 13 p. 100. — Ni la France, ni ses concurrents n'ont de traité de commerce avec les États-Unis. — Une Chambre de commerce française a été fondée à la Nouvelle-Orléans.

immigrants qui parlent notre langue, professent notre religion, aiment notre pays, conservent son souvenir, viennent par dizaines de mille sur la terre américaine et y ont fondé dans ces quarante dernières années une « colonie » considérable. Ce sont les Canadiens français. 700 000 sont établis aujourd'hui dans le nord des États-Unis (Nouvelle-Angleterre et État de New-York). Leur nombre, leur extraordinaire natalité, la persistance de leur nationalité première et de leur culte au milieu des populations de l'Union ne sont point sans frapper les esprits curieux de l'avenir. Quelle destinée est réservée à ces 700 000 Franco-Canadiens installés sur les terres de la Confédération américaine? Seront-ils absorbés par la population de langue anglaise qui les entoure ou bien, au contraire, le développement de la race anglo-saxonne et le courant de l'émigration européenne paraissant diminuer en même temps -- la multiplication des petits-fils des colons français du Canada apportera-t-elle dans le nord des États-Unis une langue, des traditions, un type nouveau?

Des différentes « colonies libres » que la France possède dans le monde, la plus importante par le chiffre de ses membres, la persévérance de la langue et de la nationalité est la « colonie » du Canada. En 1763, au lendemain du traité de Paris qui livrait à l'Angleterre notre magnifique possession de la « Nouvelle-France », on comptait environ 80 000 Canadiens-Français; ils sont aujourd'hui au nombre d'environ un million et demi dans une population totale de 5 millions d'âmes[1]. Ce prodigieux accroissement s'est accompli sans que l'émigration française y ait une part appréciable, car il n'y a pas plus d'une vingtaine d'années que l'on voit des émigrants français se rendre au Canada et leur nombre ne dépasse jamais quelques centaines. L'augmentation des anciennes familles anglaises, — émigrants du siècle dernier, « loyalistes » venus des treize colonies qui conquirent leur indépendance en 1783, — l'incessante venue d'immigrants anglais, irlandais, scandinaves, fortifient l'élément britannique au Canada sans réduire ni assimiler les Franco-Canadiens. Les familles canadiennes comptent en moyenne cinq ou six enfants alors que les familles anglaises n'en ont que deux ou trois; aussi ne saurait-on dire où s'arrêtera leur invasion. Dans les territoires occupés autrefois par nos colons, de-

[1] Les Franco-Canadiens établis au Canada étaient, en 1774, 98 000, — en 1871, 1 005 000, — en 1881, 1 293 000, — en 1889, 1 490 000. — Dans ces derniers chiffres ne sont naturellement pas compris les 700 000 Canadiens émigrés aux États-Unis.

puis la mer jusqu'aux bords de l'Ottawa, les Franco-Canadiens jouissent d'une prépondérance que l'élément anglais ne saurait leur ravir; Québec et Montréal sont leurs capitales; dans l'Ontario, dans le Manitoba, ils forment des groupes importants, des minorités respectables, qui progressent chaque jour. Ici, on voit, en une quarantaine d'années, un village anglo-saxon se dénationaliser, ses habitants s'enfuyant vers l'ouest, chassés par des familles canadiennes; là, d'autres familles s'avancent vers les rives de la mer d'Hudson; ailleurs encore, ainsi que nous l'avons dit plus haut, les fils de nos colons se sentant à l'étroit débordent sur les États-Unis.

Cette race si féconde est restée pure; elle a conservé tous les caractères de la race française; elle parle notre vieille langue, elle suit avec une extrême ferveur notre religion. Religion et langue, — église et école, — affirment une nationalité que les Anglo-Saxons ont renoncé à vaincre. Longtemps, les descendants de nos colons ont dû lutter contre l'hostilité de l'administration anglaise; ils ont vaincu enfin, obtenant l'égalité des droits politiques et la reconnaissance de leur langue : on peut aujourd'hui se servir de l'anglais ou du français dans les Chambres fédérales; les documents publics sont imprimés dans les deux langues.

Faut-il ajouter que les Canadiens n'ont point oublié « le vieux pays » ? Ils ont toujours au cœur l'amour de l'ancienne patrie ; rien de ce qui lui arrive ne les laisse indifférents ; en 1870, beaucoup sont venus pour la défendre ; leurs journaux s'impriment en français ; les jeunes gens de la province de Québec ont adopté comme emblème les trois couleurs.

Par une contradiction étrange et qui ne laisse point de surprendre, cette vivante « colonie francocanadienne » n'entretient avec notre pays que de faibles relations commerciales. Le trafic du Canada se fait presque exclusivement avec l'Angleterre, puissance suzeraine et les États-Unis, pays voisin qui exerce sur notre ancienne colonie une attraction considérable [1].

La constatation de ce dernier fait, pour regrettable qu'il soit, ne permet pas de méconnaître la saisissante vérité qui se dégage de l'état actuel du Canada : la prodigieuse multiplication des colons français établis en Acadie et sur les rives du Saint-Laurent, leur fidélité au pays d'origine, la conservation de la pureté de la race au milieu de la popu-

---

[1] Les statistiques canadiennes évaluent le commerce total du Dominion pour 1888-89, importations et exportations comprises, à 1 015 900 000 francs. Les marchandises classées comme françaises ne représentent guère plus de 2 pour 100 de l'importation totale. — Une chambre de commerce française est à Montréal.

lation anglaise sont un vivant exemple de nos vertus colonisatrices, et témoignent que notre ancienne possession de la « Nouvelle-France » serait aujourd'hui la première de nos « colonies d'État » si Louis XV n'avait point entrepris, contre l'intérêt de son pays, la malheureuse guerre de Sept Ans[1].

Les « colonies libres » que la France possède à l'orient de la Méditerranée sont de toutes les plus anciennes, les plus intéressantes et les plus précieuses. Nous avons dit dans les chapitres précédents les traits principaux de leur histoire. On a vu les négociants marseillais commercer de bonne heure avec l'Égypte et la Syrie, François Ier signer avec Soliman les premières Capitulations qui assuraient à la nation française en pays ottoman des avantages commerciaux et religieux ; Richelieu, Louis XIV,

---

[1] On ne peut lorsque l'on parle du Canada, possession française devenue anglaise, oublier l'île Maurice qui a eu les mêmes destinées. — A Maurice, que les Anglais tiennent depuis 1814, vit et se perpétue une importante « colonie française » qui n'a oublié ni le souvenir, ni la langue de l'ancienne métropole, qui est en relations d'affaires et de bon voisinage avec les créoles de la Réunion. La présence de cette « colonie française » à Maurice et la fidélité de ses goûts ont une heureuse conséquence commerciale, puisque nous y vendons annuellement pour 11 à 13 millions de nos produits (soit 18 à 19 p. 100 des importations totales).

Colbert, Choiseul, Louis XVI favoriser le développement de notre commerce, poursuivre l'établissement de notre protectorat religieux, assurer notre influence politique à Constantinople, défendre l'intégrité de l'Empire ottoman.

Cette politique suivie durant trois siècles avec plus ou moins de succès suivant les circonstances, mais jamais abandonnée, est aujourd'hui encore une des meilleures traditions de notre pays. L'expédition de Bonaparte en Égypte, l'abandon de la Turquie aux ambitions du czar consenti par Napoléon Ier, l'expédition d'Alger entreprise sous Charles X, l'accession de la République à l'œuvre du Congrès de Berlin, puis en dernier lieu l'installation du protectorat en Tunisie n'ont point fait oublier à notre diplomatie « la politique traditionnelle de la France dans le Levant ». Notre gouvernement reste fidèle à la cause de la conservation de l'Empire ottoman et en ce moment encore ses vues relativement à l'Égypte sont conformes à celles de la Sublime Porte. D'autre part, en même temps qu'il poursuit cette politique, il ne cesse pas de prendre à Constantinople, à l'abri des Capitulations de 1740, la défense de nos intérêts commerciaux et de nos privilèges religieux.

Les temps sont loin assurément où la France avait presque le monopole du commerce européen dans les provinces du Sultan et le monopole de la politique à Constantinople. La concurrence commerciale, politique et religieuse des différentes nations, qui se dessinait au siècle dernier, s'affirmait dans les premières années de celui-ci, devient de jour en jour plus vive et plus redoutable; nos négociants, nos capitalistes, nos religieux, nos diplomates en ressentent également les effets. C'est que les temps ont changé: le monde de la civilisation et du travail s'est agrandi depuis quatre siècles; en Europe, en Amérique, de grands États sont nés, des industries se sont développées; de tous les pays partent maintenant à la fois les ambitions, les rivalités d'influence [1], les mouvements d'initiative, les navires chargés de produits et les capitaux.

[1] Ce serait dépasser les limites données à ce volume que de montrer ici l'importance politique du poste de Constantinople, où il semble que la « question d'Orient » ne cesse d'être posée. La vie diplomatique y est toujours active et souvent des intrigues internationales viennent compliquer des problèmes déjà suffisamment difficiles en eux-mêmes. Il est bien rare que les chancelleries ne soient point occupées d'une ou plusieurs affaires : question bulgare, question crétoise, question de la Macédoine, observations de l'Angleterre ou de la Russie tranchant l'exécution de certaines stipulations de l'Acte du Congrès de Berlin, prétentions ou susceptibilités de la Grèce, questions soulevées par l'exercice du protectorat catholique de la France, rivalités d'influence de l'Autriche et de la Russie, concurrence entre les financiers anglais, français et allemands pour l'obtention des concessions ou des entreprises... .

En matière commerciale nous avons aujourd'hui perdu le premier rang, il appartient aux négociants anglais qui nous ont considérablement distancés. Dans les principales villes la colonie française, groupée autour du consul, élisant pour ses affaires ses « députés de la nation », forme encore un groupe important; on a recensé il y a quelques années 2 000 Français en Turquie d'Europe, 3 000 en Turquie d'Asie, 16 000 en Égypte, et l'on sait que ces chiffres sont bien inférieurs à la réalité[1]. Mais à côté de la « nation française » sont les « nations » anglaise, allemande, autrichienne, russe, italienne, qui rivalisent avec la nôtre, sont plus nombreuses et plus riches qu'elle.

Leur concurrence est si active que si, dans l'ensemble général du commerce de l'Orient, importations et exportations comprises, nous tenons encore la seconde place, il est des ports où la France ne vient qu'au troisième ou même au quatrième rang.

[1] Recensement de 1886 fait par nos consuls. — Constantinople 1 591 Français, Salonique 212, Andrinople 134, Smyrne 988, Beyrouth 550, Port-Saïd 701, Le Caire 2,154, Alexandrie ? etc... En transmettant ces chiffres au département des Affaires étrangères, nos agents observent qu'ils doivent être considérés comme des *minima*, beaucoup de Français refusant de se soumettre à une déclaration, et un dénombrement en Orient étant chose particulièrement difficile. (Ces renseignements inédits sont dus à l'obligeance de M. Turquan, chef de bureau au Ministère du commerce.)

Les produits français jouissent à leur entrée dans toutes les provinces de l'Empire ottoman, y compris l'Égypte, du traitement de la nation la plus favorisée en vertu d'un ancien traité signé le 25 juin 1802[1] et d'un traité spécial, — additionnel aux Capitulations, aux traités de 1802 et de 1838, — en date du 29 avril 1861[2], traité toujours en vigueur bien qu'il soit à la lettre venu à échéance le 13 mars 1890[3]. Mais ce traitement qui pourrait être exceptionnel est au contraire le droit commun; les produits de l'Angleterre, de l'Allemagne, de l'Autriche, de la

---

[1] L'article 9 du traité de 1802 est ainsi conçu : « La République française et la Sublime Porte ayant voulu, par le présent traité, se placer dans les États l'une de l'autre, sur le pied de la nation la plus favorisée, il est entendu qu'elles s'accordent respectivement, dans les deux États, tous les avantages qui pourraient être ou avoir été accordés aux autres puissances comme si lesdits avantages étaient expressément stipulés dans le présent traité. »

[2] L'article 1er du traité de 1861 reproduit presque mot pour mot l'article 1er du traité de 1838 (Voir celui-ci plus haut, p. 111). L'article 13 assure aux marchandises turques importées en France le traitement de la nation la plus favorisée.

[3] Des discussions se sont élevées récemment à la Chambre et au Sénat (séances du 27 fév., du 13 et du 24 mars 1890), au sujet de l'expiration du traité de 1861. Le gouvernement a fait connaître qu'à son sentiment, et après accord avec la Sublime Porte, les deux nations se référant à tous les traités existants devaient continuer, jusqu'à conclusion d'un nouvel arrangement commercial, à s'assurer mutuellement le traitement de la nation la plus favorisée.

Russie, de presque tous les pays qui commercent avec la Turquie, sont soumis, comme les nôtres, à une taxe de 8 p. 100 *ad valorem*[1]. Sous un semblable régime les industriels et les négociants français se trouvent naturellement exposés à la concurrence des autres nations ; il n'est point douteux qu'ils aient reculé devant cette concurrence. Les rapports de nos agents consulaires ne cessent malheureusement pas de rappeler que nos rivaux, Anglais, Allemands, Autrichiens, Russes, Italiens, offrent aux acheteurs des produits de leur goût à plus bas prix que les nôtres, qu'ils témoignent dans toutes les affaires d'un esprit d'entreprise bien supérieur à celui de nos compatriotes, que leurs procédés de vente sont préférables aux nôtres, que sur plusieurs points ils prennent l'avantage, que sur d'autres ils nous menacent.

A Salonique, ville où aboutissent aujourd'hui les lignes de fer européennes, les importations totales s'élevant à 27 845 000 francs, la France ne vend que pour 3 837 000 francs de produits fran-

---

[1] L'Allemagne, qui ne cesse d'étendre ses relations politiques et commerciales en Orient, vient de signer un nouveau traité de commerce avec la Turquie contenant plusieurs stipulations très favorables. — De son côté l'Angleterre a fait avec l'Égypte une convention commerciale.
La France aura le bénéfice de ces deux actes lorsqu'ils seront mis en vigueur.

çais[1]; à Smyrne, la première des places commerciales de l'Asie Mineure où les négociants français furent pendant longtemps sans rivaux, les importations des principaux pays européens étaient il y a quelques années les suivantes : Angleterre 22 500 000 francs, Autriche 15 600 000 francs, France 13 millions, Allemagne 13 millions, Italie 10 millions, Suisse 10 millions[2]; à Beyrouth, entrepôt du commerce de la Syrie, les importations sous pavillon français atteignent 9 778 000 kilogrammes, supérieures ainsi à celles des navires autrichiens et russes, mais très sensiblement inférieures à celles faites sous les couleurs britanniques, qui ne sont pas moindres de 25 876 000 kilogrammes[3].

[1] Commerce du port de Salonique en 1888 :
Importations...................... 27 845 000 fr.
Exportations 25 635 000
                                    ─────────
                                    53 480 000 fr.

Importations sous pavillon français : 6 409 000 francs sur lesquels 3 837 000 francs de produits de fabrication française.
Exportations sous pavillon français : 6 717 000 francs dont 3 376 000 francs à destination de la France. (*Bulletin consulaire*, juillet 1889.)

[2] Commerce du port de Smyrne en 1883 :
Importations...................... 130 000 000 fr.
Exportations...................... 90 000 000
                                   ─────────
                                   220 000 000 fr.

Les principales exportations de Smyrne sont : en Angleterre 28 800 000 francs, — en France 14 400 000 francs, — en Autriche et Allemagne 21 600 000 francs. (*Bull. cons.*, nov. 1884.)

Les renseignements fournis par le *Bulletin consulaire* de

En Égypte notre situation commerciale est sensiblement la même que dans les provinces européennes et asiatiques de l'empire ottoman. L'Angleterre tient toujours la première place : dans la vallée du Nil, pays exclusivement agricole, le grand avantage du commerce britannique est de demander pour ses fabriques les produits textiles du sol et de pouvoir fournir en retour aux indigènes des cotonnades à bon marché. Grâce à cette double action l'Angleterre fait depuis longtemps plus de la moitié du commerce extérieur de l'Égypte, tandis que la France, bien qu'occupant le second rang (si on fait abstraction de la Turquie qui autrement prendrait place après la Grande-Bretagne), vient en arrière parce qu'elle achète les produits indigènes en quantité beaucoup moindre et ne vend que des articles

juillet 1888 ne contiennent aucun chiffre même approximatif, touchant le commerce total de Beyrouth, ou le commerce — en valeur — des principales nations.

Cette publication fait seulement connaître que les importations et exportations, en poids, des quatre principaux pavillons sont les suivantes :

Importations : pavillon anglais 25876000 kilogrammes, — français 9778000 kilogrammes, — autrichien 6646000 kilogrammes, — russe 1951000 kilogrammes. — Total 44252000 kilogrammes.

Exportations : pavillon anglais 3904000 kilogrammes, — français 2621000 kilogrammes, — autrichien 1931000 kilogrammes, — russe 1317000 kilogrammes. — Total 9867000 kilogrammes.

consommés par la colonie européenne. En 1888 les importations de la Grande-Bretagne en Égypte représentent 81 077 000 francs, soit 44 p. 100 du chiffre total, ses exportations 201 528 000 francs, soit 65 p. 100. La même année les importations de la France s'élèvent à 18 532 000 francs, soit 10 p. 100 ; ses exportations à 23 535 000 francs, soit 7,6 p. 100[1]. C'est un fait digne de remarque, que les tristes événements de 1882[2] n'ont point eu pour conséquence l'augmentation de la part de l'Angleterre dans le commerce de l'Égypte ; il semble plutôt qu'elle soit en décroissance. Mais si nos fabricants n'ont point à craindre une plus large concurrence des industriels britanniques, ils sont en revanche menacés par les réels progrès de l'importation austro-hongroise et de l'importation russe. De grosses maisons françaises sont établies au Caire et à Alexandrie ; le commerce de détail est aux mains de nos nationaux ; il importe cependant que notre « nation » ne néglige aucun effort pour conserver son rang.

En résumé la France est loin d'avoir conservé dans le Levant la situation commerciale qu'elle possédait autrefois. Son mouvement d'affaires avec l'Empire ottoman, — Égypte comprise, — ne dépasse

---

[1] Les livres égyptiennes ont été converties en francs.
[2] Voir plus loin (p. 317) ce qui est dit au sujet de l'établissement des Anglais dans la vallée du Nil.

pas 191 343 000 francs alors que celui de l'Angleterre seule atteint 568 164 000 francs et que, sur tous les points, dans la péninsule des Balkans, en Anatolie et dans la vallée du Nil, l'Autriche, la Russie, l'Allemagne font à notre industrie une concurrence chaque jour plus vive et trop souvent heureuse [1].

[1] Commerce de la France d'après les statistiques turques pour 1888-1889 (du 1er mai au 28 février), et les statistiques égyptiennes pour 1889 :

Avec la Turquie d'Europe, d'Asie et Tripolitaine : Importations (peaux préparées et ouvrages en peaux, tissus de laine, de coton et de soie, passementeries, sucres, poteries, outils et ouvrages en métaux, verreries, bimbeloterie, etc...) 55 451 000 francs. — Exportations (céréales, soies, fruits, peaux et laines brutes, vins, graines oléagineuses, etc.) 93 823 000 francs.

Avec l'Egypte : Importations (tissus et passementeries de soies et de coton, peaux préparées et ouvrages en peaux, outils et ouvrages en métaux, vins, etc...) 18 532 000 francs. — Exportations (coton, graines oléagineuses, légumes secs, sucres en poudre, mélasses, etc...) 23 535 000 francs.

D'après les statistiques auxquelles nous empruntons ces chiffres, les importations de l'Autriche auraient été supérieures à celles de la France en Turquie et en Égypte. Ce fait, s'il était exact, serait exceptionnel, mais on peut douter qu'il le soit parce que les produits « allemands » sont importés comme « autrichiens ».

Il n'est toutefois pas douteux, et c'est ce qu'il importe de retenir, que le commerce français rencontre une très active et très intelligente concurrence qu'il lui faut vaincre. — Des « Chambres de commerce françaises » sont établies à Constantinople, Smyrne et Alexandrie, qui s'efforcent de renseigner et de stimuler les industriels métropolitains.

Il ne faudrait pas conclure de ces faits et de ces chiffres que la situation « matérielle » de la France dans le Levant a cessé d'être fort honorable : tandis, en effet, que nos industriels et nos négociants luttent contre la concurrence universelle, nos capitalistes et nos ingénieurs assurent à notre pays une large place dans toutes les affaires. Ils ne sont point seuls assurément, car il n'y a plus de « monopole » en Orient. L'Angleterre, l'Allemagne, l'Autriche, l'Italie se partagent avec nous les titres ottomans et égyptiens, l'Angleterre et l'Allemagne les grandes entreprises de travaux publics[1]. La part réservée à la France reste cependant la première, grâce à la belle entreprise du percement de l'isthme de Suez. Elle devance ainsi l'Angleterre et plus encore l'Allemagne : un quart environ des titres émis par la Turquie est en la possession de nos compatriotes, et bien que jusqu'à présent les revenus affectés aux obligations de la Dette ottomane aient été insuffisants pour le service complet de l'intérêt et de l'amortissement, les rentiers français ont reçu de ce chef environ une centaine de millions de-

[1] Il y a quelques mois l'Allemagne a remporté à Constantinople un succès remarqué en obtenant la concession d'une importante ligne ferrée en Asie Mineure. Il est vrai qu'en ce moment (décembre 1890) un entrepreneur et une société, l'un et l'autre français, sont sur le point d'obtenir la concession de deux chemins de fer dans cette même province.

puis huit ans[1]; — on évalue à plus d'un tiers la part de notre pays dans la dette égyptienne, soit à 40 ou 45 millions la somme versée annuellement par le gouvernement khédivial aux porteurs français[2]; — la Banque Impériale ottomane dont la moitié au moins du capital (250 millions) a été souscrit en France est intéressée dans un grand nombre d'entreprises; — la Régie des tabacs et l'administration des Phares de l'Empire rémunèrent d'importants capitaux français ainsi que les sociétés qui ont entrepris de grands travaux publics (chemins de fer, ports, routes, etc.), dans la péninsule des Balkans, à Smyrne, à Beyrouth, à Damas et sur d'autres points de la Syrie; — les quais de Constantinople viennent d'être concédés à un de nos compatriotes;

---

[1] Le service des intérêts de la Dette turque ayant été suspendu en 1875, un concordat fut conclu en 1881 entre la Sublime Porte et les représentants des porteurs de titres ottomans en suite duquel le capital nominal de la dette a été réduit à 4 p. 100 et six des principaux revenus de l'Empire abandonnés aux créanciers. La gestion de ces revenus est confiée à un Conseil d'administration de la Dette publique ottomane représentant des porteurs de titres et dont la présidence appartient alternativement au délégué français et au délégué anglais.

[2] L'Angleterre elle aussi a plus d'un tiers de la dette égyptienne; sa part semble même être plus forte que celle de notre pays. Les titres n'appartenant ni à la France ni à l'Angleterre sont dans diverses mains, mais surtout dans des mains allemandes.

— enfin, en Égypte, plus de 100 millions appartenant à des Français sont engagés dans les principales affaires, Crédit foncier égyptien, Sociétés du gaz, des eaux, des moulins, Monts-de-Piété et Banques, etc... Dans ce chiffre de 100 millions n'est naturellement pas comprise la part de nos nationaux dans le canal de Suez. C'est là, tant au point de vue financier qu'au point de vue politique et commercial, une affaire, « une œuvre » qui prime toutes les autres. On évalue à plus de 835 millions et demi la valeur actuelle, en capital, des actions, parts de fondateurs et parts civiles qui sont aujourd'hui dans des mains françaises, et à 575 384 000 les intérêts, dividendes, primes d'amortissement et lots qui ont été payés dans notre pays depuis les débuts de l'entreprise jusqu'au 1er juillet 1890. Enfin le revenu annuel de ces différents titres apporté en France dans ces cinq dernières années a été en moyenne de 28 à 30 millions[1].

[1] Tous ces chiffres, on le voit, se rapportent aux titres appartenant à des Français, aux bénéfices retirés par la France dans cette grande entreprise. Il est à noter que sur les 575 384 000 francs de revenus apportés dans notre pays jusqu'au mois de juillet 1890, une somme de 30 900 000 francs représente l'impôt retenu aux actionnaires par l'Administration des Finances.

La répartition des actions du canal de Suez (actions seules) paraît être la suivante ;

396 058 actions (originairement 400 000).

La France, — et c'est ici le premier de ses privilèges, un fait qu'il convient de mettre en lumière, — n'a pas seulement en Orient une situation, une influence « matérielle » qu'elle tire de son commerce et de ses capitaux; elle possède aussi une situation, une influence « morale » particulière du fait de son long établissement dans ces régions et du protectorat religieux qu'elle y exerce depuis quatre siècles.

Les Capitulations de 1535 ont fondé notre protectorat catholique, les actes suivants ainsi que le temps et l'action persistante de nos ambassadeurs auprès de la Sublime Porte l'ont précisé et étendu. Alors que nous avons perdu depuis un siècle le monopole du commerce et de la politique dans le Levant, nous y avons conservé encore, du moins dans une certaine mesure, le monopole religieux ou plus exactement le monopole « catholique ». C'est ainsi que nous sommes les protecteurs naturels, *obligatoires* de toutes les populations catholiques indigènes, arabes, grecques ou autres, de tous les établissements catholiques français, italiens, autrichiens, espagnols, portugais, de tous les cler-

176 602 au gouvernement anglais.
154 039 en France.
33 000 en Angleterre.
33 001 en Suisse, Belgique, Allemagne, Alsace-Lorraine, Italie..., etc.

gés catholiques sans distinction d'origine et de rite[1]. Il n'y a plus comme autrefois aux yeux des musulmans une seule famille européenne dont nous soyons les chefs, mais il y a encore une seule famille catholique à la tête de laquelle nous sommes placés, dont nous avons la direction[2].

La France, nation protectrice, traite les clergés indigènes comme les congrégations ; elle défend chaque jour la liberté et les intérêts des populations catholiques contre le gouvernement turc, elle a même pris les armes pour eux (expédition de Syrie de 1860). La situation privilégiée qu'elle s'est ainsi assurée lui donne un prestige considérable dans tout l'Empire. Les musulmans ne considèrent point, d'ailleurs, nos religieux comme des ennemis,

[1] Voir sur cette intéressante question du protectorat catholique de la France en Orient et de l'influence qu'il lui procure : Gabriel Charmes, *Politique extérieure et coloniale*. Calmann Lévy, éditeur, Paris. — Paul Deschanel, Discours à la Chambre, *Journal officiel*, séance du 29 février 1888. — Gaston Deschamps, l'Influence française dans le Levant, *Revue bleue*, 16 mars 1889.

[2] La Porte admet l'exterritorialité de tous les établissements latins ; ces établissements ainsi que toutes les missions, étrangères aussi bien que françaises, sont placés sous l'autorité de nos consuls et de notre ambassadeur. Établissements, communautés, missions ne peuvent faire un acte quelconque d'achat ou de vente sans l'autorisation du consul de France. — Cette loi nous assure contre l'hostilité des missionnaires étrangers et, au moins dans une certaine mesure, les empêche de nous combattre.

bien au contraire. La raison en est simple : c'est d'abord parce que les congrégations s'abstiennent d'entreprendre des conversions parmi les croyants ; c'est ensuite parce qu'elles ne se consacrent pas seulement à la religion.

Elles n'offrent leur action religieuse qu'à ceux qui la sollicitent, à la « clientèle catholique » : Maronites, Grecs unis, Syriens unis, Coptes unis, Arméniens unis, etc…. Mais si elles limitent ainsi sagement leur propagande religieuse, elles fondent partout des écoles, des fermes modèles, des ateliers, des hôpitaux qu'elles ouvrent également aux enfants et aux malades de toutes les races et de toutes les croyances. La Syrie, la Palestine, le Liban, — qui a une organisation administrative et politique spéciale, — sont de toutes les provinces de l'Empire celles où cette large et intelligente propagande est le plus activement suivie. Elle y a assuré à la France une autorité morale considérable, une situation unique telle que le Congrès de Berlin a dû la reconnaître en nous confirmant expressément la protection des Lieux Saints. En Syrie et en Palestine, nos missionnaires et nos sœurs instruisent la jeunesse, soignent les malades (Université, école de médecine, hôpital, école d'arts et métiers de Beyrouth; écoles primaires dans les villages). Des écoles, des hôpitaux sont également ouverts dans les principaux centres de la vallée du Nil, d'Alexandrie à Louqsor (Institut des jésuites, École normale du Caire, sœurs de charité). Le lycée de Galata Seraï — lycée impérial dont le directeur est un Français — et une école de filles reçoivent à Constantinople un grand nombre d'élèves ; l'hôpital français que l'on reconstruit en ce moment est ouvert à tous les malades. On peut évaluer à 400 le nombre des écoles françaises en Orient, à 40 000 le nombre des élèves [1].

[1] Les écoles congréganistes, tenues par les jésuites, les lazaristes, les dominicains, les capucins, les frères de la doctrine chrétienne, où se coudoient les enfants de toutes les religions, vivent de subventions religieuses et laïques.

Les premières sont fournies par la Congrégation de la Propagande (voir plus loin note 1 de la page 314), les secondes par le ministère des Affaires étrangères qui a la disposition d'un crédit annuel de 520 000 francs et par « l'Alliance française », société dont le but est la propagation de notre langue dans nos colonies et à l'étranger.

La Propagande vient en aide à toutes les écoles, à tous les missionnaires, français ou étrangers. Le Ministère des affaires étrangères et l'Alliance ne subventionnent, au contraire, que les écoles tenues par des congréganistes français ou quelquefois par des étrangers, lorsque ceux-ci prennent l'engagement d'enseigner notre langue à leurs élèves. Le crédit de 520 000 francs dont dispose le gouvernement en faveur des écoles françaises d'Orient est très insuffisant et le Ministre des affaires étrangères a pris ces jours derniers (novembre 1890) l'engagement d'en demander le relèvement pour 1892. Ce relèvement est d'autant plus nécessaire que l'Italie et l'Autriche, — sans parler de la Russie qui elle protège les « orthodoxes », — consacrent chaque année des sommes im-

Cette politique traditionnelle, religieuse, éducatrice, hospitalière, poursuivie par tous les régimes, assure à la France en Orient une « popularité¹ » et une autorité particulières. Le consul de France paraît aux sujets du Sultan le premier des

portantes à leurs missionnaires et à leurs écoles. L'Italie a porté jusqu'à 1 100 000 francs le crédit affecté à des écoles d'Orient. (Les écoles congréganistes étrangères demeurent sous le contrôle de nos consuls de par notre droit de nation protectrice, mais souvent leurs membres tentent de combattre notre influence au profit de leur pays.)

Si les écoles congréganistes sont de beaucoup les plus nombreuses en Orient, il y a cependant quelques écoles laïques. Le Ministre des affaires étrangères et l'Alliance française en subventionnent plusieurs.

¹ « Les congrégations ont le bon esprit de ne pas s'occuper de politique et de se vouer exclusivement à leur tâche religieuse et éducatrice. Pour tout dire, avant d'être romaines, elles sont françaises, et, tout en enseignant notre langue à leurs élèves, elles leur apprennent aussi à aimer la France. Sœurs de charité, frères de la doctrine chrétienne, lazaristes, capucins..., etc., luttent de zèle dans leurs écoles et leurs bonnes œuvres. Ils sont généralement estimés et parmi eux les défaillances sont rares. Les sœurs de charité sont au premier rang pour les soins à donner aux malades, pour les distributions de vivres, pour les fourneaux économiques, sans distinction de religion et de nationalité. » (*Le Temps* du 13 janvier 1883.)

Les évêques, prêtres, missionnaires, congrégations établies en Orient, — et en extrême-Orient, — sont placés sous l'autorité et l'administration (au point de vue religieux) de la Sacrée Congrégation *de Propaganda fide* fondée il y a près de trois siècles pour « propager la foi » chez les nations infidèles. Son siège est à Rome ; elle est administrée par un « préfet » qui a la dignité de cardinal. Elle exerce son action dans

consuls[1] ; notre nation a été vaincue en Europe, son commerce est dépassé ou menacé par celui de ses rivaux et cependant elle est la grande nation européenne, on salue partout avec joie son pavillon promené par l'escadre de la « Méditerranée et du Levant » ; en Turquie d'Europe, en Turquie d'Asie, en Égypte, en Syrie surtout, on parle notre langue; elle est dans la plupart des Échelles la seule dont on veuille se servir pour le commerce; en Égypte elle demeure l'idiome officiel du gouvernement, malgré l'occupation anglaise; on lit nos livres, on

tous les pays où la hiérarchie catholique n'est point organisée en diocèses réguliers; c'est ainsi que « les vicariats apostoliques » du monde entier relèvent d'elle. Elle possède des biens considérables et, d'autre part, la piété des fidèles lui assure (notamment en France) chaque année des sommes très importantes.

[1] « On a de la peine à croire, écrit Gabriel Charmes dans le livre que nous avons cité, lorsqu'on n'en a pas été témoin, quel effet produit, non seulement sur les indigènes, mais même sur la masse des colons européens, l'appareil avec lequel nos consuls assistent et président aux cérémonies du culte catholique. Ceux-ci ont droit dans toutes les églises à une place particulière, à un prie-Dieu en évidence vers lequel le prêtre doit se tourner à certaines parties de l'office pour saluer le représentant de la France, l'encenser ou le bénir. Les jours de fête, le clergé tout entier vient l'attendre jusqu'à la porte du temple et le conduit en procession jusqu'à son prie-Dieu. Au moment de l'Évangile on lui porte le missel pour qu'il puisse en faire la lecture, et, lorsque la messe est terminée, c'est en se courbant devant lui, que les officiants, fussent-ils archevêques ou patriarches, rentrent à la sacristie. »

s'intéresse à nos affaires; dans les villages les plus reculés nos religieux portent le nom de la patrie[1].

Ce qui prouve d'une manière certaine la valeur de cette influence morale, — de notre protectorat catholique tel qu'il s'exerce, — ce sont les efforts tentés par les nations qui commercent avec l'Orient pour nous la ravir. Notre situation est attaquée à la fois par la Russie, par l'Angleterre, par l'Allemagne, par l'Italie. La Russie, — la Sainte Russie, — est la protectrice des « orthodoxes »; son prestige est grand au milieu des populations des Balkans et de l'Arménie qui attendent d'elle leur délivrance; elle dépense au service d'une propagande habile des sommes considérables, ses établissements religieux s'élèvent en face des nôtres à Jérusalem. L'Angleterre soutient son commerce par une armée de missionnaires méthodistes et anglicans, fonde partout des écoles et des hôpitaux, entame la Syrie elle-même qui est cependant le centre de notre influence; elle exerce, en fait sinon en droit, le protectorat protestant. L'Allemagne, venue plus tard, n'est pas moins empressée d'acquérir une influence morale qu'une influence commerciale et financière;

---

[1] Dans la vallée du Tigre, depuis près de deux cents ans, résident à Mossoul des dominicains et des carmes à Bagdad. Ils ont fondé des écoles où presque tout ce qui n'est pas musulman (c'est-à-dire les populations chaldéennes) vient chercher l'instruction.

elle crée sur les points qui lui semblent les mieux choisis de grandes entreprises agricoles, notamment en Syrie, des écoles, des hôpitaux et aussi des églises depuis la fin du Kulturkampf. L'Italie, surtout dans ces dernières années, multiplie ses efforts, envoie des missionnaires, des instituteurs, prodigue l'argent, fonde des sociétés d'action ; elle voudrait affranchir ses congrégations de notre autorité, et, puissance catholique comme la France, elle fait à Rome, malgré la politique du Quirinal, d'actives démarches en vue d'obtenir du pape qu'il lui confie une part des droits dont nous avons jusqu'ici le monopole.

Ainsi, notre situation, pour être encore presque entière, n'en a pas moins besoin d'être vivement défendue : on veut nous ravir notre « clientèle catholique » et par elle atteindre, d'abord notre commerce, puis notre juste influence. Le Souverain Pontife a-t-il intérêt à ce que la France soit dépossédée du protectorat religieux ? Il ne semble pas. A qui le pourrait-il confier ? L'Angleterre, l'Allemagne sont « hérétiques », — l'Italie est en guerre ouverte avec le Vatican, — l'Autriche a bien peu d'influence. Quant à déposséder notre pays pour ne confier le protectorat à aucune autre puissance, ce serait abandonner, sans défense, les missionnaires et les communautés indigènes catholiques à toutes les vexations et tous les abus de pouvoir des fonctionnaires musulmans. Il est vrai que nous avons à craindre de nos rivaux une « campagne » plus habile : ils peuvent réclamer à la fois auprès du Pape et du Sultan l'abolition du « monopole religieux » et le droit pour chaque nation de « protéger » elle-même ses missionnaires et leurs ouailles. Le catholicisme n'y gagnerait rien assurément, mais la France y perdrait !

La question est délicate autant qu'importante. Ce n'est point le lieu de la traiter, mais une chose est certaine, c'est que nos « colonies libres » du Levant sont, de toutes, les plus intéressantes, les plus « utiles » tant au point de vue « moral et politique » qu'au point de vue « matériel ». L'Empire turc, en même temps qu'il est considéré par les chancelleries comme « l'homme malade », est pour les ingénieurs et les capitalistes d'Europe un « pays neuf » : son agriculture est barbare, il n'a ni routes ni ports, ses immenses richesses sont rendues stériles par l'absence d'instruments d'exploitation. Ainsi il faut mettre ces régions en valeur, arracher les populations à la misère, les appeler au travail ; la Syrie, terre d'une rare fertilité aux populations travailleuses, est plus encore que les autres provinces imprégnée de nous... La France pourrait-elle se désintéresser ?

Une grande part du patrimoine national est en Orient ; il importe de la défendre pour la conserver, et cela, — il faut le dire, — est d'autant plus nécessaire qu'il y a peu d'années la France a subi dans ces régions une diminution réelle d'influence en même temps qu'un grave échec moral : le rappel des événements d'Égypte jettera une ombre sur le tableau qui vient d'être tracé.

L'Égypte, la plus riche des provinces de l'Empire ottoman, la mieux située, seule route commerciale entre l'Europe et l'Inde avant que le cap de Bonne-Espérance fût connu et depuis la plus courte, devait être de tout temps, de par sa situation géographique, une position commerciale et politique de premier ordre.

Les Marseillais y trafiquent déjà lorsque sont signées les premières Capitulations; ils développent leurs relations à l'abri de cet Acte; au xviie siècle leur commerce est considérable dans la vallée du Nil et, à cette époque, l'autorité de la France est telle dans le monde catholique que Leibnitz adresse un mémoire à Louis XIV pour l'engager à arracher cette terre aux Infidèles. Plus tard, Louis XVI songe à établir un canal de jonction entre la Méditerranée et la mer Rouge; puis, la France devient un instant maîtresse de l'Égypte lorsque Bonaparte veut atteindre, par elle, les Anglais dans l'Inde. Nos troupes parties, nos savants restent dans le pays à côté de nos négociants; Champollion, Mariette retrouvent dans les hypogées un monde évanoui ; Mehemet Ali appelle nos officiers et nos ingénieurs, M. de Lesseps perce le canal de Suez, nos capitalistes souscrivent aux emprunts du Khédive Ismaïl [1], nos administrateurs l'aident à établir l'ordre et la justice dans ses États, notre langue est la langue officielle... Mais, alors, la France n'est plus seule en Égypte, les négociants des principales nations européennes l'ont suivie sur la terre des Pharaons comme dans les autres provinces de l'Empire ottoman et l'Angleterre a conquis à nos côtés une situation « matérielle » considérable : son commerce dépasse le nôtre, ses capitalistes sont, ainsi que les nôtres, créanciers du gouvernement khédivial, ses administrateurs se partagent les principaux postes avec les Français. Un instant même, les Anglais paraissent prendre sur nous un réel avantage, lorsqu'en 1875 ils achètent à Ismaïl les 177 000 actions du canal de Suez dont il est propriétaire. Mais le gouvernement de la République profitant en 1878 de circonstances favorables arrête leurs progrès ; les cabinets de Paris et de Londres s'entendent pour se partager l'administration de l'Égypte (le *condominium* 1878).

Ismaïl (1863-1879) troisième successeur de Mehemet Ali, premier vice-roi d'Égypte (1806-1849). La Sublime Porte l'autorise à changer son titre de vice-roi pour celui de Khédive (ou souverain). — Le prince Tewfik a succédé en 1879 à Ismaïl.

Ainsi la France n'est pas à même de tenir seule une situation prépondérante, mais elle a l'autorité nécessaire pour lier intimement l'action de l'Angleterre à la sienne propre.

Le *condominium* anglo-français fonctionnait sans la moindre difficulté et au mieux des intérêts de l'Égypte lorsqu'éclata, en 1881, une insurrection « nationale » contre les « étrangers » et le gouvernement du Khédive. Les deux nations unies devaient la réprimer en commun, mais la France commit la lourde faute de ne pas intervenir et l'Angleterre fut seule victorieuse des bandes d'Arabi à la bataille de Tel el Kebir (1882).

Depuis ce jour le *condominium* est dénoncé, l'Angleterre tient garnison dans la vallée du Nil, ses fonctionnaires remplacent les nôtres dans toutes les administrations publiques, la colonie française a perdu quelque chose de sa légitime autorité, et les indigènes s'étonnent que la France paraisse oublier son glorieux passé.

La situation actuelle s'affermira-t-elle? Les Anglais resteront-ils en Égypte? Il est permis de compter sur les événements et d'espérer un autre avenir, mais il faut reconnaître que la bataille de Tel el Kebir a fait du bruit en Orient et que les temps sont loin où la France, à demi maîtresse en Égypte, pouvait espérer établir à l'abri de son protectorat catholique et de son influence séculaire une sorte de protectorat effectif sur la Syrie, — autre route des Indes, autre clef de la Méditerranée [1].

Le plan de cet ouvrage ne permet pas de traiter plus longuement ici des « colonies libres » de l'Orient. Il n'est cependant pas possible d'oublier la Grèce, ancienne province chrétienne de l'Empire turc que la France a aidée en 1827 à reconquérir sa liberté.

Aux siècles précédents les négociants marseillais commerçaient avec la Grèce comme avec les autres parties de l'Empire ottoman. Aujourd'hui, bien que notre commerce avec le jeune royaume rencontre la concurrence de plusieurs nations européennes, il ne cesse pas d'atteindre un chiffre assez important (statistiques grecques pour 1888 : commerce total

---

[1] L'Angleterre, n'a jusqu'ici, fixé aucune date à la réalisation de la promesse qu'elle a faite d'évacuer l'Égypte.
Un seul acte diplomatique est intervenu dans ces dernières années qui touche non ce pays lui-même, mais le canal de Suez. Il porte la date du 29 octobre 1888 et la signature des gouvernements de France, d'Allemagne, d'Autriche-Hongrie, d'Espagne, de Grande-Bretagne, d'Italie, des Pays-Bas, de Russie et de Turquie. Le canal de Suez est déclaré neutre ; il sera libre et ouvert en temps de guerre comme en temps de paix à tout navire de commerce ou de guerre sans distinction de pavillon. Les parties contractantes s'engagent à ne porter aucune atteinte à son libre usage en temps de guerre comme en temps de paix.

de la Grèce — importations et exportations comprises — 204 800 000 francs; part de la France dans ce chiffre 28 839 000 francs)[1]. L'influence de la France en Grèce n'est pas limitée d'ailleurs au chiffre de son commerce : les affinités de races, les souvenirs de la guerre de l'Indépendance, des relations plusieurs fois séculaires nous assurent dans ce pays des avantages « moraux » très appréciables : les dispositions du Code civil et du Code pénal, les règlements de l'armée et de la marine sont calqués sur les nôtres; l'enseignement du français est obligatoire dans plusieurs établissements publics et privés; on parle notre langue, on lit nos livres; deux missions militaires viennent de réorganiser l'armée et la flotte; l'École d'Athènes ne cesse de poursuivre des fouilles importantes; les grandes entreprises de travaux publics sont dirigées par des ingénieurs français, etc...

A l'extrême Orient de l'Europe, l'immense Empire de Chine avec ses 400 millions d'habitants, producteurs et consommateurs, ses richesses consi-

[1] Il y a une Chambre de commerce française à Athènes.
Le gouvernement vient de présenter à l'approbation des Chambres un projet de Convention commerciale qui assurerait aux marchandises françaises en Grèce le traitement de la nation la plus favorisée.

dérables non encore exploitées, doit être considéré comme un « pays neuf » ouvert au commerce, à l'industrie, aux capitaux, à la civilisation des deux mondes. Des Français sont venus s'y établir sous la garantie des traités de 1844 et de 1860 ; ils ont fondé dans les ports ouverts, sur des terrains « concédés » et à l'abri de la juridiction consulaire, des « colonies libres » assez semblables à celles du Levant [1]. Ces « colonies » ont déjà leur importance et l'on peut espérer qu'elles prendront au siècle prochain un grand développement. Elles forment, avec celles du Japon, le cinquième groupe des « colonies libres » que notre pays possède dans le monde.

Moins heureuse dans les mers de Chine que dans le bassin oriental de la Méditerranée, la France n'a jamais été la première nation commerçante dans ces parages. Au xviie siècle et dans les quarante premières années du xviiie siècle, alors que nos pères jésuites possédaient une grande influence à la cour de Pékin, la Compagnie des Indes orientales ne sut point en profiter pour étendre ses affaires : les Célestes commerçaient surtout à cette époque avec les Anglais de la Compagnie des Indes, puis avec les « Moscovites » maîtres d'une partie de la Sibérie et les Portugais établis à Macao.

[1] Voir plus haut les expéditions de la France en Chine, page 155.

Dans la première moitié de ce siècle, la nation britannique avait presque le monopole du commerce maritime de la Chine ; c'est ainsi qu'elle entreprit seule, en 1840, la « guerre de l'opium ». Aujourd'hui, bien que nous ayons fait, à côté des Anglais, deux expéditions pour assurer à nos négociants l'ouverture du Céleste-Empire, nous sommes loin d'y posséder la situation commerciale que mériterait notre effort militaire. L'Angleterre, maîtresse de Hong-Kong, entrepôt commercial considérable, a dans ce pays une avance décidée sur les nations concurrentes, Allemagne, États-Unis, France, Russie. La direction des douanes de l'Empire est, en fait, presque dans ses mains, ses maisons de commerce sont nombreuses, ses banques puissantes ; elle fournit aux Chinois l'opium et les cotonnades, les deux produits qu'ils demandent le plus ; on peut évaluer approximativement qu'elle fait, au moins, la moitié du commerce de l'Empire[1]. Ce ne sont point les négociants français qu'elle doit craindre, mais les Allemands dont les progrès sont très réels depuis quelques années, les Américains qui ont un notable

---

[1] Les statistiques anglaises, les seules qu'il soit possible de consulter touchant le commerce de la Chine, sont elles-mêmes fort incomplètes. Toutefois on évalue pour 1888 le chiffre des importations du Céleste-Empire à 627 605 000 francs, et celui des exportations à 558 861 000 francs, soit un total de 1 186 466 000 francs.

courant d'affaires[1]. Pour notre commerce il souffre en Chine du même mal que dans notre colonie indo-

[1] En 1888 le commerce international était ainsi représenté dans les ports ouverts :

Angleterre. 297 maisons de commerce. 3682 nationaux.
Allemagne. 71 — 607 —
Amérique.. 29 — 1020 —
France..... 19 — 467 —
Russie..... 11 — 119 —

Viennent ensuite l'Espagne, l'Italie, l'Autriche. — Nous ne citons pas ici le Japon, — pays asiatique, — qui, du fait de sa situation géographique et de sa civilisation, a naturellement d'importantes relations avec le grand Empire extrême oriental (67 maisons servies par 811 nationaux).

Quant au commerce de la Russie, — nation voisine par ses possessions de Sibérie avec la Chine, il ne paraît pas, autant toutefois qu'il est possible de juger, — les documents statistiques faisant défaut, — être considérable. Et cependant la Russie possède en Chine une situation commerciale plus que privilégiée, — unique. — Elle jouit dans toute la Mongolie demeurée chinoise, jusqu'à la grande muraille, d'un *modus vivendi* particulier. Outre qu'elle peut seule installer dans presque toutes les villes de cette région y compris Soutchéou qui appartient à la Chine proprement dite, des consuls favorisés de mille façons, elle a stipulé pour ses marchands le droit de s'établir à demeure dans toutes les localités de cette région, même là où il n'y a pas de consul russe ni d'autorités chinoises et de faire, par telle route qu'il leur plaira, le commerce d'importation et d'exportation franc et libre de tous droits (traité de 1881).

Mais si la Russie a pu, par des conventions heureuses, assurer de semblables facilités à son commerce, elle n'a pa vaincre, au moins jusqu'à ce jour, les obstacles que la situation géographique de la Sibérie et de la Chine apporte aux transactions. La Chine reçoit « naturellement » d'Europe par la voie maritime mille produits que la Sibérie ne saurait lui

chinoise[1] ; jusqu'ici les industriels français n'ont point su fabriquer les articles demandés par les individus de race jaune, aussi n'ont-ils qu'une faible clientèle presque réduite à la colonie européenne et américaine. Nos importations sont plus que modestes : elles ne dépassent pas 4,300,000 francs[1].

La faiblesse de ce chiffre donnerait toutefois, si on s'y arrêtait, une idée très inexacte de notre situation commerciale. On compte à Shanghaï, la métropole commerciale de la Chine, à Canton, à Tien-Tsin et dans quelques autres ports dix-neuf maisons françaises, dont plusieurs importantes, servies par environ cinq cents nationaux. Si, en effet, la France vend peu en Chine, elle y achète beaucoup. C'est de ce pays que l'industrie lyonnaise tire plus du tiers des soies qu'elle emploie[2] ; ce sont, pour une large

---

fournir et les routes de terre de Russie et de Sibérie sont sensiblement plus onéreuses que les routes maritimes. Aussi n'évalue-t-on pas les ventes de la Sibérie en Chine à plus de 2 ou 3 millions de roubles (3 fr.99), et les ventes de la Chine en Sibérie au delà de 14 ou 16 millions (surtout le thé dit chez nous « thé de la caravane »).

[1] Voir plus haut p. 215.

[2] Ce chiffre est celui du commerce spécial (marchandises françaises) en 1889. Nos principales importations consistent en outils et ouvrages en métaux, vins, tissus et passementeries de laine, plomb, tissus de soie.

[3] L'importation totale des soies en France s'élevait en 1889 à 291 616 000 francs.

Les principaux pays de provenance sont : la Chine pour

part, les soies chinoises qui assurent la prospérité d'une de nos grandes industries. Un fait intéressant doit même être noté à ce sujet : la France devant payer avec des produits la soie qu'elle achète en Chine, — car les produits s'achètent avec des produits, — et ne pouvant offrir aux indigènes des articles de sa fabrication, acquitte ses dettes contractées en extrême-Orient, en Europe, auprès d'une nation qui, elle, consomme nos produits et se charge de fournir aux Chinois des articles de leur goût. C'est ainsi que l'Angleterre paye pour nous, en Chine, les soies dont nous avons besoin et que nous la remboursons chez elle de cette avance[1]. On trouve, — constatation

---

113 174 000 francs, — l'Italie pour 52 574 000 francs, — le Japon pour 52 103 000 francs, — la Turquie pour 21 654 000 francs.

Après la soie, la France achète en Chine des tissus de soie et du thé. — Les importations totales de Chine en France atteignent 134 897 000 francs.

[1] En 1889 les importations de l'Angleterre en France s'élèvent à 538 301 000 francs, tandis que les exportations de France en Angleterre atteignent 999 496 000 francs. (Chiffres du commerce spécial.)

C'est un écart de plus de 460 millions à notre préjudice. Comment l'expliquer ? Nous ne *donnons* assurément pas, sans retour, aux Anglais pour 460 millions de nos produits.

Voici comment s'explique l'écart, comment se fait la balance : d'abord, dans une certaine mesure, par des retours qui proviennent des placements de capitaux anglais en France, — ensuite parce que l'Angleterre importe en Chine, soit directement, soit de Hong-Kong, soit des Indes et de ses autres possessions pour 500 millions de francs ou plus. Elle paye là la différence qui existe entre ses importations et ses ex-

digne de remarque, — dans cette curieuse opération la démonstration de cette vérité, enseignée par Adam Smith, que la colonisation d'une contrée peut profiter même à l'industrie de pays qui ne pourraient envoyer dans cette contrée un seul article de leur propre fabrication [1].

portations dans son commerce européen avec nous en faisant pour nous en Orient des achats et des transports. — On pourrait dire que nous chargeons l'Angleterre d'acheter pour nous en Chine, avec ses produits, la soie dont nous avons besoin et de nous la porter.

Cette opération l'Angleterre la répète dans d'autres pays, toujours pour nous, notamment au Japon et en Afrique.

[1] Dans son ouvrage sur la *Richesse des nations* Adam Smith distingue les avantages généraux que l'Europe, considérée comme un seul vaste pays, a retirés de la colonisation, et les avantages spéciaux dont chaque mère patrie a profité du chef de ses colonies particulières. « Ce qui est moins évident, ajoute-t-il, c'est que ces grands événements (la découverte et la colonisation des deux Indes) aient dû pareillement contribuer à encourager l'industrie de pays qui, peut-être, n'ont jamais envoyé en Amérique un seul article de leurs produits, tels que la Hongrie et la Pologne : c'est cependant ce dont il n'est pas possible de douter. On consomme en Hongrie et en Pologne une certaine partie de produits de l'Amérique et il y a dans ces pays une demande quelconque pour le sucre, le chocolat et le tabac de cette nouvelle partie du monde. Or, ces marchandises il faut les acheter ou avec quelque chose qui soit le produit de l'industrie de la Hongrie ou de la Pologne, ou avec quelque chose qui ait été acheté avec une partie de ce produit. Ces marchandises américaines sont de nouvelles valeurs, de nouveaux équivalents, survenus en Hongrie et en Pologne pour y être échangés contre l'excédent du produit de ces pays. Transportées dans ces contrées, elles

Ainsi qu'en Orient, la France n'a pas seulement en Chine une situation commerciale; elle y jouit, en même temps, d'une autorité morale particulière comme la première puissance catholique du monde. Les traités de 1844 et de 1860 sont l'origine du « protectorat religieux » qu'elle exerce dans le Céleste-Empire [1]. Les missionnaires et les sœurs, étrangers comme français, ressortissent de nos consuls et de notre ministre à Pékin. Nous « protégeons » les indigènes convertis, notre représentant dans la capitale fait appel à l'Empereur des décisions vexatoires ou injustes de ses mandarins, nous secourons les malheureux, nous ouvrons des écoles, le gouvernement central autorise — à regret peut-être, mais il autorise — les missionnaires à s'établir dans toutes

y créent un nouveau marché, un marché plus étendu pour cet excédent de produits. Elles en font hausser la valeur et contribuent par là à en encourager l'augmentation. Quand même aucune partie de ce produit ne serait jamais portée en Amérique il peut en être porté à d'autres nations qui l'achètent avec une partie de la portion qu'elles ont dans l'excédent du produit de l'Amérique et ainsi ces nations trouveront un débit au moyen de la circulation du commerce nouveau que l'excédent du produit de l'Amérique a primitivement mis en activité. »

[1] Les Portugais à qui la possession de Macao donnait un pied en terre chinoise ont été longtemps, de ce fait, les protecteurs des missionnaires dans le Céleste-Empire. Nous les avons dépossédés en 1844 avec l'agrément de la cour de Rome. — A cette époque, la grande influence dont les jésuites français avaient joui à Pékin au xviie siècle et pendant les quarante premières années du xviiie siècle était complète-

les provinces et à prêcher la religion du Christ (Collège des jésuites de Siu Kia weï, près Shanghaï, donnant une haute instruction scientifique, école française de Shanghaï, asiles, hôpitaux, hospices dans tout l'Empire)[1]. Près des trois quarts des missionnaires sont Français; on évaluait, en 1881, à près de un million cent mille le nombre des fidèles. Ce chiffre est assurément faible en présence de la population totale de l'Empire; il est juste aussi de reconnaître que les conversions sont peu nombreuses et la qualité des convertis médiocre, la plupart appartenant aux dernières classes de la société. On ne saurait nier cependant que la propagande de nos missionnaires jusque dans les provinces les plus reculées, l'exercice des droits qui découlent du protectorat catholique, donnent à notre pays une influence morale et politique dans l'Empire. Les voyageurs louent l'heureuse action qu'exercent les missions sur leurs petits troupeaux; elle est, disent-

ment ruinée. Sa ruine avait été causée par une décision malheureuse prise contre l'Ordre par le pape Clément XI en 1704 et maintenue par Benoit XIV en 1742. (On reprochait à Rome aux jésuites leur indulgence pour les rites chinois). — Sur « les missions catholiques en Chine et le protectorat de la France » voir la *Revue des Deux-Mondes* du 15 décembre 1880.

[1] Les écoles fondées par les missionnaires sont encore trop peu nombreuses. C'est par les sciences et surtout l'astronomie, les mathématiques et leurs applications qu'il sera le plus possible aux Européens d'agir sur la classe dirigeante.

ils, comme « une aurore de civilisation européenne qui commence à éclairer le vieux monde oriental et prélude à son rapprochement avec le nouveau monde de l'Occident [1]. » Pour les nations concurrentes de la nôtre, elles ne peuvent se dissimuler l'avantage que la France retire de sa situation de première puissance catholique; elles envient en extrême Orient comme en Orient l'autorité morale et politique que nous assure notre protectorat religieux; elles seraient assurément heureuses si notre privilège venait à être entamé. Il a failli l'être en 1886, lorsque le vice-roi du Pe-tchi-li envoya un agent à Rome [2] pour proposer, au nom de la Chine, l'établissement de rapports diplomatiques directs entre le Saint-Siège et la cour de Pékin. L'accueil d'une semblable ouverture eût rempli d'aise les lettrés chinois qui n'aiment point les chrétiens; ils sentaient que la présence d'un envoyé du Pape leur permettrait d'opposer le nonce au ministre de France et d'affaiblir ainsi le rôle protecteur de ce dernier. Mais au Vatican on comprit le danger, la France protesta et la proposition de l'envoyé de Li-hung-tchang fut écartée [3].

[1] Francis Garnier, *De Paris au Thibet*.
[2] M. Dunn, ancien employé de la douane de Tien Tsin.
[3] On a vu depuis lors, en 1889, le Tsung li Yamen reconnaître comme valables les passeports délivrés aux mission-

Jusqu'aux événements du Tonkin, la France n'a dû son influence en Chine qu'à l'exercice du protectorat catholique. Il n'est pas douteux aujourd'hui que nos victoires dans la vallée du Song-Koï, la signature du traité de 1885, des conventions de 1886 et 1887 et notre établissement définitif en Annam [1] n'aient des conséquences heureuses pour l'expansion de notre pays en extrême Orient; les unes s'affirment déjà, les autres se peuvent entrevoir.

Comme la Russie, comme l'Angleterre, la France devient voisine du Céleste-Empire et, de ce fait, les relations politiques sont plus actives à Pékin entre la légation de France et le Tsung-li-Yamen, tandis qu'un mouvement commercial s'établit entre le Tonkin, le Yun-nan et les Kuangs. Le gouvernement impérial semble, d'autre part, disposé à accueillir depuis quelques années, on pourrait dire depuis notre établissement à Hanoï, les ingénieurs et les découvertes des deux mondes. Déjà, il a construit des lignes télégraphiques et quelques kilomètres de chemin de fer. Un article du traité de Tien-tsin stipule que lorsque la Chine aura dé-

naires catholiques allemands ou italiens par les légations d'Allemagne et d'Italie alors qu'auparavant la légation française était la seule à laquelle ces missionnaires s'adressaient. Mais c'est là un fait qui ne permet point de conclure que notre situation de nation protectrice est réellement entamée.

[1] Voir plus haut, page 165.

cidé de construire des voies ferrées, elle s'adressera à l'industrie française. Sans attendre l'exécution de cette promesse, les grandes maisons industrielles françaises ont envoyé des représentants à Tien-tsin. Appuyées sur un établissement financier de premier ordre, elles ont obtenu d'assez nombreuses commandes, dont la plus importante est celle des travaux de Port-Arthur, évaluée à environ 7 millions [1]. Certes, l'industrie française rencontre en Chine et ne cessera de rencontrer la concurrence anglaise, allemande, américaine. Les premiers avantages qu'elle a obtenus permettent cependant de penser qu'elle saura prendre une part honorable dans les grandes entreprises de l'avenir.

Ainsi notre « colonie libre » de Chine représente aujourd'hui un faible mouvement commercial, une

[1] C'est à la fin de l'année 1885 que fut constitué à Paris, sous la direction du Comptoir d'Escompte, un « Syndicat de Chine » ayant pour objet d'obtenir dans ce pays, soit du gouvernement, soit des administrations provinciales ou municipales, soit des particuliers, des travaux publics ou particuliers et des commandes de matériel de toute nature.
Ce syndicat comprenait la société de Fives-Lille, les anciens Établissements Cail, la Société des Forges et Chantiers de la Méditerranée, le Creusot... Constitué pour trois ans, il est aujourd'hui dissous et les maisons françaises les plus importantes ont à Tien-tsin des représentants directs. — Le nouveau Comptoir d'Escompte a repris, sans la laisser décroître, la situation de premier établissement financier français en extrême Orient, qu'avait conquise l'ancien Comptoir.

Quelques années après l'expédition de 1860, les Chinois

grande influence morale et quelques premiers succès industriels. Cette situation, pour comporter une large part « d'intérêts sentimentaux », nullement négligeables d'ailleurs, n'est pas médiocre.

La Chine est à peine ouverte à l'Europe et à l'Amérique, prodigieusement peuplée, travailleuse, fertile en beaucoup de provinces, riche en charbon; son commerce est à ses débuts et promet de devenir considérable; elle demandera à l'Ancien et au Nouveau continent dans le siècle prochain des capitaux [1],

---

avaient déjà fait appel à notre industrie. En 1867, un lieutenant de la marine française, M. Giquel, fut chargé de construire l'arsenal de Fou-tchéou. On sait que cet arsenal a été détruit lors des hostilités de 1884 par la flotte de l'amiral Courbet.

[1] La Chine a déjà fait quelques emprunts, les uns à des banquiers de Londres ou de Berlin, les autres aux banques étrangères et françaises (Comptoir d'escompte) établies dans les ports ouverts. Ces emprunts ont été demandés tantôt par le « gouvernement impérial », tantôt par les « gouverneurs de province », tantôt par la « maison impériale. »
Toutefois le Céleste Empire n'a pas encore eu besoin d'importants capitaux, parce qu'il n'a pas jusqu'ici entrepris de grands travaux publics. Lorsque, les résistances du « vieux parti » chinois vaincues, le gouvernement impérial entrera dans la voie des travaux et des emprunts, il faudra évidemment qu'il donne à ses prêteurs — qui ne seront plus des maisons de banque, mais le public lui-même, — des garanties sérieuses, garanties qui seront d'autant plus exigées que le budget chinois est loin d'être établi d'après les règles et avec la certitude des budgets de l'Europe ou de quelques États de l'Amérique.

des travaux publics, des machines, des ingénieurs; elle produira sans doute à bas prix des objets qui viendront jusque dans nos pays; elle pourra, par une diplomatie habile, une armée instruite et bien commandée, devenir une force en Asie. La situation morale et matérielle que dès aujourd'hui nous possédons dans l'Empire et à ses portes nous servira certainement alors et pourra nous valoir des avantages appréciables. L'Angleterre, l'Allemagne, la Russie seront à nos côtés, se livreront à une active concurrence, mais si nos nationaux font preuve d'initiative, nos diplomates d'habileté, nous ne paraîtrons pas à côté d'elles une puissance de second ordre. Faut-il ajouter, rappelant ce que nous avons dit plus haut [1], que le jour où l'industrie française saura prendre au Tonkin l'avantage sur l'industrie étrangère, notre situation commerciale pourra, à l'instant, s'améliorer dans la Chine même?

L'exposé de la situation que possède déjà la France en extrême Orient et de celle, plus grande, qu'elle peut y acquérir, serait incomplet si nous négligions de parler de deux pays voisins du Céleste-Empire, la Corée et le Japon. Nous ne possédons certaine-

[1] Voir plus haut, page 239.

ment pas dans ces pays la première place, mais notre influence, notre religion et notre commerce y sont suffisamment connus pour que nous comptions à côté de nos rivaux.

Le royaume de Corée, sur lequel l'Empereur de Chine exerce des droits de suzeraineté, est encore semi-barbare et presque fermé aux Européens et aux Américains. Trois ports leur sont ouverts depuis 1883 seulement, et presque tout leur commerce passe par l'intermédiaire des Japonais [1]. Les ventes de nos industriels dans ce pays sont encore faibles, mais la France, imitant l'Angleterre, la Russie, l'Allemagne, les États-Unis, a pris soin de réserver l'avenir en obtenant, au mois de juin 1887, un traité d'amitié et de commerce qui assure à nos nationaux la juridiction consulaire et le droit de commercer dans les ports ouverts, en même temps qu'à nos produits un tarif modéré. La Russie et l'Angleterre voisines de la Corée, la première par sa frontière de Sibérie, la seconde par sa grande situation dans les mers de Chine, paraissent devoir se disputer à Séoul l'influence politique; quant à notre pays, il possède dans ce royaume des intérêts religieux qu'il tient de l'exercice du protectorat catholique.

[1] Le commerce de la Corée s'est élevé en 1889 à 18 444 000 fr. Les produits importés sont d'origine anglaise, japonaise, chinoise, allemande, américaine, française et autrichienne.

La situation « matérielle » et « morale » que la France possède au Japon est bien autrement importante. L'Empire du « Soleil Levant » mérite, d'ailleurs, d'être comparé non avec la Corée, mais avec la Chine même et cette comparaison ne lui serait pas désavantageuse. Le Japon comme le Céleste Empire s'est ouvert au commerce européen et américain en 1858, mais de sa propre volonté, sans qu'aucune expédition fût nécessaire. Dix ans plus tard, en 1868, une révolution intérieure y condamnait les vieux usages, brisait les vieux moules, conduisait brusquement le pays vers la civilisation européenne et américaine. Le Céleste Empire n'a pas encore fait une pareille évolution.

Aujourd'hui l'Empire du « Soleil Levant », dont la superficie est sensiblement moindre que celle de notre pays, compte 39 millions d'habitants et fait un commerce de plus d'un demi-milliard [1] ; il a emprunté à l'Europe quelques-unes de ses indus-

---

[1] Que l'on juge de l'avance prise par le Japon sur la Chine ! Le commerce de ce pays, peuplé de moins de 40 millions d'âmes, atteint 522 175 000 francs alors que celui de l'immense Empire de Chine dont la population dépasse 400 millions d'hommes n'est que de 1 186 466 000 francs.

Il est certes vrai que la situation géographique de l'archipel japonais est singulièrement plus favorable à la pénétration du commerce et des idées que celle du massif Empire de Chine que les Européens n'ont guère pu aborder, jusqu'ici, que par sa frontière maritime, — mais cette situation ne suffit

tries, beaucoup de ses mœurs, de ses idées, de ses lois et même ses institutions parlementaires.

Quelle part la France a-t-elle prise dans ce double mouvement, si rapide, si intéressant?

Sa situation commerciale est malheureusement au Japon assez semblable à celle observée en Chine, les Japonais, comme les Annamites et les Chinois, demandant avant tout des fils ou tissus de coton et des produits bon marché. C'est ainsi que notre pays ne vient qu'au quatrième rang parmi les nations importatrices, après l'Angleterre, les États-Unis et l'Allemagne [1]. Il convient, cependant, de remarquer que nos ventes dépassent au Japon le double de celles que nous faisons en Chine (9 959 000 francs contre 4 300 000 francs; chiffres de 1889), parce que

point à expliquer l'écart considérable que nous signalons. On en trouvera bien plus la cause principale dans ce fait que les Japonais ont embrassé la civilisation européenne au lieu de la repousser, qu'ils se sont livrés activement au commerce et aussi à l'industrie, — voulant imiter les Européens et « faire eux-mêmes » après avoir pris leurs leçons.

[1] C'est d'après un rapport d'un vice-consul d'Angleterre au Japon que nous venons d'estimer le commerce total de cet Empire à 522 millions de francs. Ce même rapport fournit les chiffres suivants :

Importations : — de la Grande-Bretagne (les Indes et Hong-Kong compris) 146 175 000 francs; — des États-Unis 23 750 000 francs; — d'Allemagne, 18 900 000 francs; — de France 14 092 000 francs.

Quant aux importations de la Chine, pays voisin et de race jaune, elles atteignent 35 575 000 francs.

nous y introduisons un article consommé par les indigènes (les tissus de laine pour près de 5 millions)[1]. Pour l'exportation nous rencontrons dans l'Empire du Soleil Levant le fait déjà observé chez la nation voisine : la France achète des quantités considérables de soie qui alimentent l'industrie lyonnaise, et pour cette raison elle passe au troisième rang, laissant l'Allemagne au quatrième[2].

L'influence « morale » de la France a été considérable au Japon : ce sont nos officiers, nos administrateurs, nos jurisconsultes qui ont d'abord guidé ce pays dans sa brusque évolution vers la civilisation occidentale. Les Anglais, les Américains, les Allemands sont, les uns et les autres, devenus nos rivaux ; ces derniers surtout paraissent prendre l'avantage depuis quelques années. Mais ici, comme en Chine, la France trouve dans l'exercice du protectorat catholique un supplément d'influence, une autorité morale particulière. Qu'elle sache donc en profiter, que, d'autre part, nos industriels apportent

[1] Ce chiffre de 9 959 000 francs représentant les importations de « marchandises françaises » au Japon est emprunté au *Tableau général des Douanes pour 1889*. D'après ce même *Tableau* les importations totales de la France au Japon, — marchandises françaises et étrangères, — se sont élevées à 14 837 000 francs, — somme qui approche sensiblement celle indiquée par le rapport anglais cité à la note précédente.

[2] Exportation du Japon d'après le rapport anglais : aux États-Unis 89 425 000 francs ; — en Angleterre (Indes et Hong-

plus d'énergie à lutter contre la concurrence étrangère et nous pourrons tenir au siècle prochain, par notre commerce, notre protectorat religieux, notre influence civilisatrice et peut-être aussi nos capitaux, une place honorable parmi les nations des deux mondes établies dans l'Empire du Soleil Levant[1].

Kong compris) 58 725 000 francs ; — en France 55 500 000 fr. ; — en Allemagne 6 375 000 francs.

Le chiffre de 55 500 000 francs donné ici pour la France est sensiblement inférieur à celui fourni par le *Tableau général des Douanes* : 75 millions sur lesquels 57 475 000 francs de soies.

Les exportations du Japon en Chine s'élèvent à 21 175 000 fr.

[1] Nous n'avons pas abordé en parlant soit de la Chine, soit du Japon, une intéressante question qui préoccupe, à juste titre, les esprits soucieux de l'avenir : n'est-il pas à prévoir, — en considérant le nombre du peuple chinois, les qualités de travail et d'industrie des Chinois et des Japonais, le bas prix de la main-d'œuvre dans leur pays, — que les ouvriers de l'Extrême-Orient, formés, instruits par nous, ne deviennent au siècle prochain des concurrents redoutables pour les ouvriers européens et américains ? Ne verra-t-on pas un jour certains des produits que nous fabriquons et consommons en Europe importés d'Extrême-Orient dans nos pays?

Nous sortirions des limites de cet ouvrage en examinant ces prévisions. Nous noterons toutefois, — signe précurseur, — que le Japon, plus avancé que la Chine, a déjà une industrie et exporte dans les pays voisins quelques objets fabriqués à l'imitation de l'Europe. C'est ainsi qu'en Corée les allumettes (consommation importante) de fabrication autrichienne, dites « viennoises, » tendent à disparaître devant la concurrence de celles qui sont fabriquées au Japon ; de même encore, la bière japonaise semble ne pas devoir tarder à remplacer dans ce pays la bière allemande.

VIII

Conclusions.
Politique continentale et politique coloniale.

La politique continentale et coloniale de la France durant quatre siècles. — Ses résultats.
Double conclusion.
Le passé. — Les succès et les revers. — Pourquoi avons-nous éprouvé des revers ? — La France a « deux fers au feu » pendant le xviiie siècle. — La France commet les fautes d'une puissance continentale sous Napoléon Ier.
L'avenir. — Devons-nous « opter » ou suivre une double politique ? — Nos charges militaires et maritimes. — Comparaison avec l'Angleterre et l'Allemagne. — Qualités de nos soldats, de nos colons et de nos explorateurs.
Sur quels faits repose la puissance d'une nation dans le monde. — Puissance de l'Angleterre. — Puissance de l'Allemagne. — Puissance de la France. — Sa richesse, son commerce, sa marine, ses colonies.
Il ne faut pas « opter », mais « orienter » notre politique. — Orientation coloniale. — La France en Europe, son « recueillement », son rôle défensif. — L'unité nationale. — Comparaison avec l'Angleterre et l'Allemagne. — Notre avenir aux colonies. — La « Plus Grande Bretagne « et la « Plus Grande France ». — Notre domaine colonial est assez vaste.
La politique de demain. — Comment la politique coloniale est une œuvre de longue haleine. — La France hors d'Eu-

rope. — Grandeur de ses intérêts. — De la nécessité d'adopter et de suivre résolument une ligne de conduite. — Conclusion.

L'étude entreprise dans cet ouvrage est terminée. On a vu, d'abord, la nature assignant à notre pays une situation géographique qui l'invitait, le condamnait même à une double action sur le continent et sur les mers, — puis, la France, lorsqu'elle est faite, poursuivre pendant quatre siècles, tantôt la réalisation de justes espérances, — des frontières solides et un équilibre nécessaire en Europe, un empire colonial par delà les océans, — tantôt, pour son malheur, des rêves ambitieux et irréalisables de domination continentale. On a trouvé, enfin, à la suite de cette partie historique et la complétant, un tableau de l'expansion actuelle de notre pays dans ses « colonies d'État » et ses « colonies « libres », qui montre quelle est la grandeur présente de nos intérêts extra-européens.

Nous avons voulu donner dans ces pages l'idée, ou mieux, si l'on peut ainsi parler, la théorie de la France et de son rôle dans le monde.

Il faut maintenant conclure, — et notre conclusion sera double, parce qu'il faut, d'une part, envisager le passé, puis d'autre part, éclairé par ses résultats, tenter de prévoir l'avenir, chercher nos destinées futures.

Pour le passé, il faut tout d'abord reconnaître que jamais notre pays n'a été inférieur à la double tâche que lui a réservée la nature.

Ses enfants ont sur terre et sur mer, en Europe et aux colonies, employé dans la guerre comme dans la paix toutes les qualités physiques et intellectuelles nécessaires. On peut dire, rappelant un vieux mot du moyen âge, — « *Gesta Dei per Francos* », — qu'ils avaient la taille d'accomplir les volontés de Dieu. Et cependant, moins heureuse que l'Angleterre, la France arrive à la fin du xixe siècle n'ayant qu'à moitié rempli ses destinées : sur le continent la magnifique frontière « naturelle » conquise par la Révolution est perdue, la solide frontière léguée par la monarchie entamée, le traité de Westphalie déchiré, sur les mers l'Empire colonial fondé par Richelieu et Colbert est passé aux mains de notre rivale et nous devons en créer aujourd'hui un autre. Il est vrai que ce n'est ni à ses soldats, ni à ses marins que la nation peut reprocher ces désastres : ils sont, non le fait de tous, mais seulement celui de trois hommes, de trois maîtres : Louis XV, Napoléon Ier, Napoléon III.

Nous avons fait, dès les premières pages de cet ouvrage, un tableau rapide que nous devions reprendre en détail dans les chapitres suivants, de la glorieuse expansion de la France en Europe et aux colonies au xvi° et au xvii° siècle. Pendant cette belle période l'unité française se fait et s'affirme, les provinces se distinguent encore par divers privilèges, mais toutes sentent qu'elles constituent un même pays, l'agriculture se développe, l'industrie naît et prospère, les relations commerciales se nouent et ne cessent de croître, les ports reçoivent des navires, les routes, les fleuves, les canaux concourent au transport des produits : la France, victorieuse en Europe, maîtresse d'un grand Empire colonial, est chez elle riche et prospère, — elle suit glorieusement ses destinées.

Mais dès les dernières années du xvii° siècle la voici dévoyée : Louis XIV vieilli, puis Louis XV l'entraînent sur le continent, au grand profit de l'Angleterre, dans des guerres ambitieuses, inutiles. A ce moment notre pays a conquis en Europe des frontières solides qui suffisent à sa puissance et à sa sécurité ; il ne possède pas, il est vrai, la frontière du Rhin, mais le traité de Westphalie empêche l'Allemagne d'être redoutable ; les Espagnols tiennent la Belgique, mais ils ont été souvent vaincus et la « barrière de fer » de Vauban couvre Paris ; — c'est alors qu'un gouverneur du Canada écrit au roi : « La France peut en dix ans, et à moins de frais, s'assurer en Amérique plus de puissance réelle que ne sauraient lui en procurer cinquante années de guerre en Europe »; un peu plus tard, Dupleix voit comment un petit nombre d'Européens put réduire à l'obéissance des millions d'Hindous, il entreprend la conquête d'un empire, il nous promet ses richesses... Tout semble nous convier vers une politique coloniale active, — mais Louis XIV et Louis XV ne savent pas, n'entendent pas, ne voient pas; les « guerres impolitiques » suivent les « guerres d'ambition » et la guerre de Sept ans vient la dernière, faite pour madame de Pompadour, en dépit des intérêts de la France. Alors des colonies magnifiques acquises par le courage, l'esprit d'entreprise et d'aventure de nos compatriotes, peuplées de leurs enfants, enrichies déjà de leur travail, qui semblent devoir à tout jamais faire partie de notre domaine, payent aux mains de l'Angleterre nos fautes et nos défaites continentales.

Plus tard, au siècle suivant, notre pays subit, et cette fois en Europe, un désastre plus grand encore que celui de 1763 : la Révolution attaquée a dû se défendre, elle a pu porter nos frontières jusqu'aux Alpes et au Rhin, donnant ainsi à la France des limites tracées par la nature; elle est assez forte pour garder ces conquêtes, assez riche, assez habile, assez heureusement douée pour « pénétrer » les populations des pays conquis, les assimiler, pour faire, avec le temps, des Niçois, des Savoyards, des Belges et même des Allemands — Allemands de France comme ils s'appelaient, — des citoyens français... Mais la République est tombée aux mains de Napoléon et ses entreprises ambitieuses, ses plans gigantesques aboutissent aux lamentables traités de 1814 et 1815. Enfin, il y a vingt ans à peine, les rêveries nuageuses et les ambitions dynastiques de Napoléon III nous ont attiré en Europe de nouveaux revers : l'Alsace perdue, la constitution de l'Empire d'Allemagne sur notre frontière de l'Est.

Comment expliquer ces prodigieux retours de fortune, les plus grands que jamais une nation ait subis? Nous avons insisté plus haut sur l'acharnement de l'Angleterre contre notre pays durant tout le xviiie siècle et jusqu'en 1815, mais ce fait seul ne suffit point à expliquer nos désastres, notre diminution en Europe et sur les mers, après une magnifique période de prospérité longue de deux siècles. La victoire de l'Angleterre est un « effet »; — où est la « cause » ? Seeley, la recherchant, a dit que la défaite de la France venait de ce que notre pays avait eu à la fois « deux fers au feu », que durant le xviiie siècle il s'était battu en même temps sur le continent et sur les mers, qu'il avait éparpillé ses efforts, aidant ainsi en quelque sorte à

sa propre perte. Cette observation est assurément
juste et nous n'avons cessé de montrer dans le récit
des événements passés l'habileté de l'Angleterre
occupant la France en Europe pour aller plus sûrement l'attaquer dans ses colonies en même temps
que l'imprudence et la courte vue de nos ministres
ne cessant d'accepter avec insouciance cette double
partie. Lorsque la France a « deux fers au feu »
elle est vaincue (traité d'Utrecht, traité de Paris);
lorsqu'elle n'en a qu' « un seul » elle est victorieuse aussi bien sur mer que sur terre (traité de
Westphalie, traité des Pyrénées, traité de Versailles). Mais à l'observation de Seeley il faut en
ajouter une autre qui n'est pas moins exacte que la
première et la complète, — observation que nous
avons cherché à bien dégager lorsque nous avons
rappelé les « guerres d'ambition » de Louis XIV
et plus encore celles de Napoléon Ier. C'est que
la France, puissance continentale victorieuse, est
exposée de céder à la tentation de vouloir rompre l'équilibre de l'Europe à son profit pour parvenir à la suprématie; c'est que, arrivée sur la
rive gauche du Rhin, il lui est facile de franchir
le fleuve, — et alors qui peut l'arrêter, qui l'arrête? L'Europe tout entière liguée pour la défense
de sa liberté (ligue d'Augsbourg, guerre de la
succession d'Espagne, coalitions contre Napo-

léon Iᵉʳ, défaite de Leipzig, la « bataille des nations », Waterloo[1]).

Faut-il maintenant conclure de ce passé, — et ici nous abordons notre seconde conclusion, — que la double politique suivie par notre pays depuis quatre siècles lui impose des charges trop lourdes, que, pour l'avenir, la France doit y renoncer, qu' « elle doit opter » ? Non, assurément !

Certes, la nature, en donnant à notre pays une frontière territoriale ouverte vers l'est, des intérêts continentaux considérables en même temps qu'une longue étendue de côtes sur deux mers, lui a imposé dans le monde une lourde tâche ! Sa situation est belle, avantageuse peut-être, plus que celle d'aucune autre nation, mais aussi combien elle

---

[1] La guerre de 1870-1871 ne tombe sous aucune des deux observations qui viennent d'être faites. La France n'y avait pas « deux fers au feu » et ce n'était pas, au moins dans son principe, une guerre « inutile » ou « d'ambition ». Il était, en effet, dans la politique constante, séculaire, de notre pays d'arrêter en Allemagne les progrès d'un État qui pourrait devenir une menace pour notre frontière de l'est. Nous avons indiqué plus haut que Napoléon III devait arrêter la Prusse avant Sadowa ou à ce moment obtenir une compensation et une garantie à l'Est. Mais alors il « rêvait » d'un Empire latin au Mexique. Lorsque quatre ans plus tard il déclara la guerre à la Prusse, sans être prêt, sans attendre une occasion favorable et pour sortir des difficultés intérieures qu'il rencontrait, c'est beaucoup moins une « guerre politique » qu'il fit qu'une « guerre dynastique ».

comporte plus d'exigences, plus d'efforts! Puissance continentale, il faut que la France ait des canons, des forteresses, des camps retranchés, une armée considérable afin d'être prête contre toute attaque : le service militaire y est obligatoire, son armée compte 570 000 hommes en temps de paix, 3 millions en temps de guerre [1]; ses dépenses annuelles pour la guerre atteignent environ 682 millions de francs [2].

Puissance maritime, il faut que la même France ait des arsenaux et des flottes pour défendre ses côtes, ses ports de commerce, ses colonies : aussi ses populations riveraines sont-elles soumises à l'inscription maritime, ses escadres fortes de 350 navires [3], ses dé-

---

[1] Discours du ministre de la guerre à la Chambre des députés, séance du 21 janvier 1889.

[2] Ce chiffre — exactement 681 763 182 francs — représente le cinquième des dépenses ordinaires et extraordinaires votées par les chambres pour le ministère de la guerre dans ces cinq dernières années. Le chiffre total des sommes consacrées à la dépense nationale de 1886 à 1890 s'élève, en effet, à 3 408 825 911 francs.

En 1890, le budget ordinaire est de 556 333 550 francs et le budget extraordinaire de 154 072 000 francs.

En 1886, année où le budget extraordinaire était le plus faible, il s'élevait encore à 73 369 800 francs.

[3] Ces 350 navires (chiffre de 1890) comprennent 48 cuirassés, 170 non cuirassés et 132 torpilleurs, — 1 776 officiers et 36 000 marins.

Ces chiffres et les suivants touchant les marines anglaise et allemande sont empruntés à l'*Aide-mémoire* de

penses maritimes annuelles de environ 205 millions[1].

Nos voisins n'ont point à s'imposer d'aussi lourds sacrifices. L'Angleterre, puissance maritime, a la première flotte du monde, elle comprend 431 navires[2], elle exige chaque année une dépense de plus de 228 millions[3], mais, grâce à sa position insulaire, elle ne tient pas à l'Europe et rien ne la contraint à payer une armée[4]. L'Allemagne est, au contraire, une puissance exclusivement continentale; il lui faut entretenir une armée formidable pour garder en Europe la situation qu'elle a conquise; elle veut posséder des forces aussi importantes

l'officier de marine, par Ed. Duranier, Baudoin, éditeur, Paris.

[1] De 1886 à 1890 les dépenses totales, ordinaires et extraordinaires, de la marine se sont élevées à 1 026 684 781 francs. En 1890, les crédits ouverts sont de 203 148 225 francs.

[2] Ce chiffre, qui se rapporte à l'année 1890, se décompose ainsi : 71 cuirassés, 199 non cuirassés et 161 torpilleurs, — 1 818 officiers et 36 850 marins.

[3] Le rapport de M. Gerville-Réache, député, sur le budget du ministère de la marine pour 1891 fixe les dépenses faites par l'Angleterre pour sa marine de 1871 à 1889 à 4 335 916 526 francs. C'est ce chiffre que nous avons divisé par 19 pour avoir la dépense annuelle moyenne de la Grande-Bretagne (exactement 228 206 132 francs).

[4] Ce n'est point dire que l'Angleterre n'a pas un soldat, mais seulement que sa puissance militaire n'est rien à côté de celle des grandes puissances militaires. En temps de paix l'armée anglaise compte 149 000 hommes (non compris

sur sa frontière orientale (la Russie) que sur sa frontière occidentale (la France) ; elle entretient sur pied de paix 558 000 hommes, sur pied de guerre 3 570 000[1] ; ses dépenses annuelles atteignent plus de 611 millions et demi de francs[2]. Elle pourrait, toutefois, borner là son effort, mais cédant depuis ses victoires à des rêves ambitieux, atteinte d'une maladie que certains peuples ont connue, — la mégalomanie, — elle veut, puissance continentale, forcer la nature, posséder une flotte et des colonies (176 navires, 52 600 000 fr. de dépense annuelle[3]).

naturellement l'effectif servant aux Indes), en temps de guerre elle pourrait lever 600 000 soldats pour sa défense, mais elle ne saurait disposer pour l'offensive que de 70 000 hommes.

[1] *Revue militaire de l'étranger*, numéros 689 et 690, année 1888. — Il convient de remarquer que le chiffre de l'effectif de guerre de l'armée allemande proprement dite est de 2 686 000 hommes. — Le chiffre de 3 570 000 hommes comprend « l'arrière-ban » composé des hommes entre trente-neuf et quarante-cinq ans; tous ces soldats ne sont point exercés.

Peut-être convient-il de noter, en prévision d'une comparaison entre les forces militaires de la France et de l'Allemagne, que la France n'a qu'une population de 38 200 000 habitants alors que celle de l'Allemagne est de 46 855 000.

[2] Ce chiffre représente la moyenne annuelle des dépenses — ordinaires et extraordinaires, — faites pour la guerre pendant les cinq dernières années budgétaires de 1884-1885 à 1888-1889.

[3] Soit 27 navires cuirassés, 35 non cuirassés, 114 torpilleurs (chiffres de 1890), — 606 officiers et 12 000 marins. Le rapport de M. Gerville-Réache déjà cité fixe les dé-

Deux pays, situés l'un à l'occident, l'autre au midi de l'Europe possèdent comme le nôtre une situation géographique qui leur permet d'adopter aussi une double politique, ce sont : l'Espagne et l'Italie. Mais la première, que la barrière des Pyrénées sépare d'ailleurs de l'Europe presque autant qu'un bras de mer, n'a pas tenté, depuis ses revers des siècles passés, de reprendre sur le continent et sur l'océan le grand rôle qu'elle a autrefois tenu; la seconde, moins heureusement située que notre pays, puisque toutes ses côtes sont baignées par une mer intérieure, est une nation jeune, née depuis trente ans à peine, qui n'a encore, malgré ses progrès et ses ambitions, ni la richesse, ni l'autorité d'une vieille nation. Ses forces militaires et maritimes n'en sont pas moins considérables à cette époque de « paix armée » où chaque peuple donne un *maximum* d'efforts[1].

Ainsi la France, vieux et riche pays dont la situation géographique est unique en Europe, voi-

---

penses de l'Allemagne pour sa marine de 1871 à 1889 à 1 000 724 404 francs. — C'est ce total divisé par 19 qui nous donne la dépense annuelle moyenne (exactement 52 669 705 francs).

[1] Armée italienne : pied de paix 235 000 hommes; pied de guerre 2 570 000.

Marine italienne : 19 cuirassés, 38 non cuirassés, 130 torpilleurs, soit au total 187 navires, — 730 officiers et 22 450 marins.

sine de l'Angleterre, puissance maritime, et de l'Allemagne, puissance continentale, ne cesse pas de se considérer comme également intéressée à l'équilibre de la mer et à celui du continent. Ses lois, ses budgets, témoignent qu'elle n'hésite pas à s'imposer les lourdes charges qu'exige cette double politique. Elle les supporte, d'ailleurs, facilement sans que sa croissance ni sa prospérité soient atteintes parce qu'elle est fertile et travailleuse, — elle les supporte, aussi, vaillamment parce que dans les Chambres et dans le pays le sentiment de la patrie réunit tous les cœurs.

Mais ce n'est pas encore assez dire : il convient d'ajouter que la nation française n'a rien perdu de ses qualités d'autrefois. Les soldats de la République, du premier, du second Empire ne se sont pas montrés moins braves, moins impétueux que ceux de la monarchie; souvent ils se sont conduits en héros; jamais ils n'ont cédé, sinon devant des forces supérieures, et les tristes campagnes de 1814, 1815, 1870-71 témoignent que dans la défaite ils savent sauver l'honneur. Nos flottes sous la République et le premier Empire, moins heureuses que nos armées, n'ont éprouvé que des désastres, mais, comme elles aussi, elles n'ont cédé que devant le nombre. Depuis 1814 aucune grande guerre maritime n'a réclamé nos marins, toutefois l'on a pu en diverses circonstances juger de leur bravoure sur leurs vaisseaux et même sur terre (Navarin, Alger, Sébastopol, campagne de France, mer de Chine, Tonkin). D'autre part on voit, depuis soixante ans, la France fonder un nouvel Empire colonial en Afrique et en Asie ; ses soldats ne cessent de faire preuve dans des campagnes pénibles et trop peu connues (notamment dans le Soudan français) des plus précieuses qualités ; ses colons s'établissent dans l'Afrique du Nord ; ses explorateurs, ses pionniers ouvrent à son influence et à son commerce des régions nouvelles (de Brazza, Binger, Trivier, Dupuis, Pavie).

Les faits que nous venons de rappeler témoignent que notre pays *peut* ne rien abandonner de ses traditions historiques, qu'il ne lui manque pour les poursuivre ni soldats, ni vaisseaux, ni colons, ni explorateurs. Mais ce qu'*il peut*, le *doit-il ?*

Il s'agit, ici, de convaincre les esprits hésitants.

Chaque nation tient aujourd'hui dans le monde la place qu'elle a su conquérir par ses vertus militaires, ses qualités de travail, sa richesse, son génie propre et l'énergie qu'elle ne cesse de développer dans la lutte universelle qui est la grande loi de la nature.

Quels éléments constituent donc la force, la grandeur, l'influence considérable de l'Angleterre, de l'Allemagne, de la France en Europe et dans l'univers entier?

Pour l'Angleterre, c'est, à n'en point douter, l'ensemble des multiples avantages que lui procurent directement ou indirectement sa situation insulaire et la possession de son magnifique Empire colonial fondé depuis plus de deux siècles et sans cesse étendu : une flotte de guerre formidable, une large et incessante émigration qui peuple ses provinces d'outre-mer et déborde sur les pays étrangers, un commerce extérieur, le premier du monde, qui alimentant une puissante industrie et lui donnant mille débouchés, présente un mouvement général d'affaires de 17 à 18 milliards [1], entretient sur les océans 15,800 navires jaugeant 8,800,000 tonnes; puis encore de riches « colonies libres » en Orient et en extrême Orient, des capitaux considérables engagés dans tous les pays du monde; puis enfin, et comme résultante, la confiance en lui-même et en la grandeur de son pays qui est au cœur de chaque citoyen anglais, le *civis romanus* de notre époque.

La force de notre voisin de l'est repose sur des

[1] Commerce général de l'Angleterre en 1889, — importations et exportations comprises, — 18 558 550 000 francs. — Ce chiffre est le plus élevé qui ait été atteint depuis onze ans. — En 1879, le commerce général de la Grande-Bretagne était de 15 294 400 000 francs.

bases bien différentes de celles de l'Angleterre : la Prusse avait affermi sa suprématie en Allemagne par sa victoire sur l'Autriche, l'Allemagne a affirmé sa suprématie en Europe par sa victoire sur la France. Ainsi, cette puissance, la plus jeune parmi les nations, paraît être aujourd'hui la première grâce à ses succès militaires. Elle fait peser sur le continent une lourde hégémonie, elle contraint tous les peuples à demeurer sous les armes. C'est la réputation qu'elle s'est acquise sur les champs de bataille qui lui a permis de réclamer un lot dans les partages de l'Afrique et de l'Océanie ; c'est elle aussi qui, venant en aide à un état économique spécial[1], a grandement hâté le développement du commerce et des entreprises germaniques dans le monde. Ce développement est récent, mais on ne saurait nier qu'il est considérable : la flotte marchande de l'Empire compte 3,300 navires jaugeant 1,300,000 tonnes, son commerce s'élève entre 11 et 13 milliards de francs[2].

[1] Le bas prix de la main-d'œuvre et de quelques matières premières (fer, bois, charbon..., etc.).

[2] Le commerce général de l'Allemagne — importations et exportations comprises — a pour la première fois en 1889 atteint 13 milliards (exactement 13 101 781 000 francs). De 1879 à 1888, il a oscillé entre 10, 11 et 12 milliards. — Il n'est pas sans intérêt de remarquer que l'écart est toujours considérable dans les statistiques allemandes entre « le commerce général » et le « commerce spécial » ; en 1889, par

La France, différente à la fois de l'Angleterre et de l'Allemagne, réunit cependant les caractères distinctifs de chacun de ces pays, puisqu'elle trouve les éléments de sa force dans sa double situation de puissance continentale et de puissance maritime et coloniale. Comme l'Empire allemand elle est une grande nation militaire, appuyée sur une armée formidable; elle a, en outre, sur son voisin l'avantage d'être une vieille nation qui a promené ses armées dans toute l'Europe, vaincu de nombreuses coalitions. Comme l'Angleterre, et la première après cette glorieuse rivale, la France est une grande nation maritime et coloniale; sa flotte militaire est la plus forte après la flotte britannique. Riche par son agriculture, son industrie, ses capitaux, la posses-

exemple, le « commerce général » étant de 13 101 781 000 fr., le « commerce spécial » n'entre dans ce chiffre que pour 8 976 158 000 francs. La cause de cet écart a sa raison dans ce fait que l'Allemagne est, par sa situation géographique au centre de l'Europe, un grand pays de transit.

Nous ne mettons pas l'émigration allemande, pour considérable qu'elle soit, au nombre des principaux éléments de force du pays, parce que les sujets allemands perdent leur nationalité bien plus vite que les autres étrangers dans les pays où ils se rendent (surtout les États-Unis et l'Australie). — Il convient, en outre, de noter qu'ils s'établissent en petit nombre dans les colonies de l'Empire, ainsi qu'il est d'ailleurs naturel, celles-ci étant des « colonies de commerce » inhabitables pour les Européens. — (Voir sur les colonies allemandes la note 1 de la page 107).

sion de ses « colonies d'État », ses relations d'affaires avec ses « colonies libres » et tous les pays du globe, elle est, du fait de son ancienneté et de sa richesse, la seconde nation commerciale du monde[1],

[1] Le « commerce général » de la France, importations et exportations comprises, varie depuis onze ans entre 8 885 800 000 francs, — chiffre le plus bas, 1885 — et 10 725 900 000 francs, — chiffre le plus haut, 1882. — En 1889, il a été de 10 123 800 000 francs.

Si l'on se bornait à mettre en regard les chiffres du « commerce général » de la France et ceux de l'Allemagne, on devrait conclure que notre pays vient non au second rang, après l'Angleterre, mais au troisième après l'Allemagne, car de 1879 à 1889 le « commerce général » de l'Allemagne n'a pas cessé d'être plus élevé que celui de la France. Mais il ne faut pas oublier, ainsi que nous venons d'ailleurs de le remarquer à la note 2 de la page 354, que l'Allemagne est un grand pays de transit et que ce fait maintient toujours un large écart entre les chiffres du « commerce général » et ceux du « commerce spécial », — écart dont on ne trouve pas l'équivalent dans les statistiques françaises. (En 1889, Allemagne : commerce général 13 101 784 000 francs, — commerce spécial 8 976 458 000 francs ; — France : commerce général 10 123 800 000 francs, — commerce spécial 8 120 millions de francs.)

Si nous venons donc, pour supprimer l'influence de cet écart, à comparer le « commerce spécial » des deux pays, de 1879 à 1889, nous observons que la France et l'Allemagne se suivent de près, se distancent tour à tour : six fois le commerce de l'Allemagne a été supérieur à celui de la France, cinq fois celui de la France supérieur à celui de l'Allemagne ; quelquefois la différence est bien faible.

La quatrième nation commerçante du monde, après l'Angleterre, la France et l'Allemagne, est les États-Unis. Son mouvement d'affaires, — importations et exportations com-

tandis que sa flotte marchande est la cinquième [1].
L'Allemagne, à la vérité, dont la flotte marchande
est déjà supérieure à la nôtre, nous dispute vivement
le deuxième rang parmi les nations commerçantes,
mais elle ne l'a pas encore conquis. D'ailleurs,
notre pays n'exporte pas seulement des produits; il
exporte aussi des capitaux et l'Allemagne est loin de
pouvoir offrir cette « marchandise » en quantité
aussi considérable que la France. Il n'est pas excessif, en effet, d'évaluer à environ 20 milliards, —

---

prises, « commerce général », — oscille entre 6 et 7 milliards de francs. En 1888-1889 : 7 137 000 000 fr.

[1] La flotte marchande française occupe, cela n'est point douteux, un rang très inférieur à celui qu'elle devrait tenir. Elle ne compte, en effet, que 2,100 navires jaugeant 773,000 tonnes. Ces chiffres sont médiocres comparés à ceux de l'Angleterre et de l'Allemagne — et même à ceux de l'Italie, de la Russie et de la Suède.
Si la France passe avant ces trois dernières puissances, bien qu'ayant moins de navires qu'elles, si sa flotte marchande vient la cinquième, après celles de l'Angleterre, de l'Allemagne, des États-Unis et de la Norwège, c'est qu'elle est riche en bateaux à vapeur, plus riche, proportionnellement au nombre total des navires, que d'autres nations. Or, on ne doit pas apprécier le rang d'une marine marchande, en se bornant à totaliser la jauge de ses vapeurs et de ses voiliers. Si l'on admet qu'un navire à vapeur peut faire trois voyages et même quatre pendant que le navire à voiles en fait un seul, il faut multiplier par trois le nombre des tonnes à vapeur. C'est en opérant ainsi que l'on trouve que, pour la puissance totale de transport, la France est au cinquième rang.

rapportant un intérêt annuel de plus de 1 milliard, — les capitaux français engagés dans les emprunts, les chemins de fer, les travaux publics étrangers ainsi que ceux placés dans les grandes sociétés ou entreprises établies dans divers pays par nos compatriotes. L'Angleterre est la seule nation qui ait plus de capitaux productifs engagés au dehors.

Si l'on ne peut nier, devant un pareil tableau, que la grandeur de notre pays, son renom dans le monde soient la résultante de ces divers contingents, — comme aussi la situation de l'Angleterre et de l'Allemagne tient aux causes que nous avons rappelées, — comment est-il possible de demander que la France renonce à l'une de ses deux politiques, qu'elle « opte » pour l'une d'elles, c'est-à-dire qu'elle abandonne quelque chose d'elle-même, une part de son patrimoine lentement acquis par les générations précédentes ?

Il s'agit assurément, lorsqu'une semblable proposition est formulée d' « opter » pour la politique continentale, de renoncer à toute expansion extra-européenne, à notre Empire colonial. Mais n'est-il pas évident que si une semblable voie était adoptée notre situation continentale elle-même serait amoindrie au lieu d'être fortifiée? Se représente-t-on nos amis, nos rivaux, nos ennemis apprenant qu'une loi a été votée par les Chambres françaises qui ordonnerait le désarmement de notre flotte, l'abandon d'une colonie, le renoncement à notre protectorat catholique? Quelle surprise dans le monde entier à l'annonce d'une pareille nouvelle, quels commentaires, et peut-être aussi quelles joies! Qui hésiterait à douter de notre faiblesse? Combien tomberait aussitôt en Europe l'autorité d'une puissance qui doute d'elle-même, combien fléchirait dans le monde le commerce d'un pays qui abdique et renonce à son rang! Que l'on songe seulement, pour avoir une faible idée de l'effroyable diminution à laquelle nous nous condamnerions, au « Sedan économique » qui a été la conséquence du « Sedan militaire » ou bien encore à la grave atteinte portée au prestige du nom français en Orient au lendemain de la bataille de Tel el Kebir!

Laquelle de nos colonies, d'ailleurs, pourrions-nous abandonner? L'Algérie, la Tunisie? Qui l'oserait? Le Tonkin, sans doute? Des représentants français se sont trouvés pour faire une semblable proposition [1]. Mais ne sait-on pas déjà avec certitude que ce pays est riche, susceptible de le devenir davantage, que des colons y sont établis, y commer-

[1] Séances de la Chambre des députés des 21, 22, 23, 24 décembre 1885, où furent discutés et enfin votés les crédits demandés par le gouvernement pour le Tonkin.

cent, ont foi en l'avenir? Faut-il ajouter encore que si la France cessait d'avoir des colonies, renonçait à son protectorat catholique, elle ne cesserait pas d'avoir besoin d'une flotte pour défendre ses nationaux, ses capitaux, ses navires marchands engagés dans toutes les parties du monde, ainsi que ses côtes et ses grands ports qui font une partie de la richesse nationale?

Non ! il ne faut point « opter », mais il faut « orienter » notre politique extérieure et l'orienter résolument vers le commerce maritime et les colonies. Là est le succès certain, l'avenir, la richesse.

Est-ce à dire que nous devons renoncer à nos intérêts continentaux et par conséquent compromettre notre sécurité, notre indépendance même ? Qui pourrait y songer? Nous l'avons écrit dans les premières pages de cet ouvrage, la France n'est pas protégée par une « barrière » naturelle du côté de l'est comme au sud-est ou au midi, et pour cette raison notre pays est d'abord une puissance continentale. Mais, que nous a rapporté la politique continentale poursuivie par Louis XIV après le traité de Nimègue, par Louis XV, par Napoléon Ier? Beaucoup de gloire, un grand renom, mais aussi d'effroyables désastres, la perte d'un Empire colonial, la perte d'une partie de nos frontières. Ce sont là de dures leçons dont il serait insensé de ne pas profiter.

D'ailleurs, nos récentes défaites nous condamnent sur le continent à une « politique de recueillement », à une « politique défensive ». Une semblable attitude n'est pas un signe de faiblesse; elle ne va même pas sans grandeur. La guerre de 1870-71 a, il est vrai, rompu l'équilibre européen, mais des puissances demeurent sur le continent qui font contre-poids à l'omnipotence germanique et parmi elles la France même — si vite relevée, couverte aujourd'hui par une armée qui défie toutes les attaques et dont personne ne peut dire qu'elle serait vaincue si la guerre éclatait.

Elle a aussi, cette France, notre patrie, un élément de force que ses voisins ont le droit de lui envier et qui, peut-être, double sa puissance de résistance à l'ennemi, — c'est sa profonde unité. La collaboration de la nature, du temps et des hommes, la politique de nos rois et celle de la Révolution qui ont réuni en une même armée les habitants du nord, du midi, de l'est et de l'ouest, qui ont brisé les groupements locaux, détruit les privilèges, imposé partout les mêmes lois, a fait de 40 millions d'hommes dont les aïeux appartenaient à des peuples divers, — hommes encore différents par la condition ou l'esprit, mais habitant le même sol, associés à la même vie, — une nation parfaitement unie devant l'étranger, que rien ne saurait diviser, dont chaque membre se considère comme un co-propriétaire de la patrie. Peut-on dire que nos voisins jouissent d'un si précieux avantage lorsque l'on voit l'Angleterre, — nation vieille cependant autant que la nôtre, — toujours déchirée par la « question irlandaise »? — l'Allemagne, unie depuis vingt ans à peine dans l'enthousiasme d'une victoire, puis dans la crainte de l'étranger, mais encore morcelée entre plusieurs États à demi indépendants, travaillée par les idées particularistes?

Ainsi prête contre toute attaque, forte de son unité, de son ancienneté, de sa richesse, de son rôle parmi les nations voisines, la France « recueillie » ne paraîtra jamais absente ni désintéressée des grands mouvements qui peuvent se produire sur le continent; elle demeurera, comme on l'a dit, indispensable à l'existence de l'Europe.

Quant à son action, à son activité, à son besoin d'expansion, elle doit les diriger résolûment vers les choses maritimes et coloniales. Le jour est venu où notre pays, maintenant libre et seul maître de ses actions, doit comprendre et poursuivre les destinées que la nature lui a promises par delà les mers.

En l'état actuel du monde la réussite des entreprises coloniales de la France est d'ailleurs pour elle, comme on l'a dit justement, *une question de vie ou de mort*. Les principales nations de l'Europe, l'Angleterre, la Russie, l'Allemagne, l'Italie, possèdent à côté de nous des colonies, cherchent à en acquérir de nouvelles, s'agrandissent en Afrique, en Asie, en Océanie; en même temps leur population s'accroît bien plus rapidement que la nôtre; l'Italie, l'Allemagne, la Grande-Bretagne sont prodigieusement prolifiques; la Russie envoie des colons dans les espaces presque sans bornes qu'elle possède en Asie; la race anglo-saxonne établie au Canada, aux États-Unis, en Australie, fait des progrès considérables. Que serait la France dans le courant du siècle prochain si elle n'avait pas établi en Algérie et en Tunisie une population de 2 à 3 millions d'hommes de race européenne? si elle n'était pas par la prospérité de ses possessions une grande puissance africaine et une grande puissance asiatique? pour quoi compterait-elle dans le monde et sur le continent même?

Le nouvel Empire colonial qu'elle a conquis en ce siècle autorise les plus belles espérances. Son avenir est donc bien dans nos mains. Certes, il ne faut point comparer « la Plus Grande France » à « la Plus Grande Bretagne ». Mais quelle comparaison serait plus injuste! L'Empire de la France ne comprend aucune province qui puisse être mise en regard de l'Inde avec ses 250 millions d'habitants, de l'Australie dont la superficie égale les deux tiers de l'Europe ou du Canada plus vaste encore ; l'Empire de l'Angleterre n'est pas seulement plus étendu, plus peuplé, plus riche que le nôtre, il est aussi fondé depuis plus longtemps, — et dans les régions les plus favorisées du monde, — parvenu à l'âge adulte alors que le nôtre est encore dans la période de l'enfance : l'Inde et le Canada sont possessions britanniques depuis 1763, l'Australie depuis 1788; nous n'occupons, au contraire, l'Algérie que depuis soixante ans, la Tunisie depuis dix ans, le Tonkin et Madagascar depuis moins de temps encore.

Mais cette « Plus Grande France » bien administrée, colonisée, mise en valeur, quelle augmentation de fortune et de puissance elle peut donner à la mère patrie! Nous avons dit plus haut la fertilité de l'Algérie et de la Tunisie, — terres où peut se développer une population française, — les richesses ici découvertes, exploitées, là seulement entrevues de l'Indo-Chine et de plusieurs contrées africaines.

Ce domaine est assez vaste, il ne faut plus songer à l'étendre, car il suffit à nos ambitions et à nos forces. La France, nation militaire et continentale, commettrait d'ailleurs une lourde faute si, insensiblement, elle oubliait sa situation de puissance européenne pour ses colonies, si elle étendait son domaine d'outre-mer comme seule peut le faire une puissance insulaire libre de rester étrangère aux événements du continent.

L'œuvre de demain, l'œuvre du siècle prochain est toute tracée : la République a donné à notre pays vingt ans d'une paix réparatrice et féconde, elle a refait son armée, elle a considérablement étendu son Empire colonial. Dépositaire du patrimoine national, elle doit le bien gérer. En Europe il lui faut éviter toutes les aventures, sans rien compromettre de notre dignité, — hors d'Europe il lui faut achever la colonisation de l'Algérie et de la Tunisie, hâter la mise en valeur de nos provinces indo-chinoises, de Madagascar et des territoires africains, solliciter nos industriels à fabriquer pour ces pays les articles consommés par les indigènes, inciter nos capitalistes à engager une partie de leur avoir dans des entreprises profitables à nos établissements d'outre-mer, défendre notre protectorat catholique en Orient, en extrême-Orient et plus encore l'autorité morale qu'il nous procure, conserver, étendre, notre situation commerciale et financière dans nos « colonies libres », enfin veiller dans tout le monde sur les intérêts de notre commerce extérieur, lui chercher partout des débouchés [1].

[1] Nous devons, pour rester dans le cadre de cet ouvrage nous borner à écrire ces seuls mots « veiller dans tout le

Il y a dans les quatre lignes que nous venons d'écrire un programme entier, — programme dont nous nous sommes efforcés de donner la justification dans ce livre même. C'est un programme de *politique nationale, de politique extérieure, — coloniale et commerciale.*

Ainsi, ils sont assurément lourds et nombreux les devoirs qui incombent aux hommes chargés de la direction des destinées de notre pays, — de cette France, qui est la seconde nation coloniale et la se-

---

monde sur les intérêts de notre commerce extérieur, lui chercher partout des débouchés »; — et cependant combien il y aurait à dire sur un sujet aussi important!

Nous avons montré le commerce de la France dans ses « colonies d'État » et dans ses « colonies libres », mais nous n'avons rien dit des relations d'affaires, singulièrement plus étendues, que notre pays entretient avec les principales nations commerçantes du monde, l'Angleterre, l'Allemagne, la Belgique, la Suisse, les États-Unis, etc... Nos ventes dans ces pays font la richesse de notre industrie, donnent du travail à nos manufactures, du fret à nos navires. Conserver ces précieux débouchés, les étendre, y assurer la consommation de nos produits malgré la concurrence universelle, tel est le but que nous devons poursuivre, et nous ne saurions l'atteindre qu'en signant avec les différentes nations des « traités de commerce ».

Si le gouvernement et les Chambres venaient, comme ils sont sollicités de le faire par le parti protectionniste, à renoncer à la « politique des traités de commerce » ils exposeraient notre pays aux plus grands désastres économiques, car l'industrie française ne tarderait pas à être remplacée, sur plusieurs marchés, par l'industrie étrangère.

conde nation commerciale du monde, dont il faut défendre le patrimoine et le rang contre la concurrence universelle des peuples. Pour réussir, il faut avant toute chose que ses gouvernants — et derrière eux l'opinion publique — fassent preuve de beaucoup d'esprit de suite, d'une grande continuité de vues. La « politique coloniale » est une entreprise de longue haleine. Lorsqu'un pays nouveau est conquis, annexé, au prix, quelquefois, de longs et sérieux efforts, les résultats ne sont pas encore prochains. Suivant que ce pays est susceptible de devenir une « colonie de commerce » ou une « colonie d'exploitation » ou une « colonie de peuplement », vingt-cinq, cinquante années, un siècle même sont nécessaires pour que les colons arrivent, nouent de sérieuses relations commerciales, entreprennent des plantations ou s'établissent sans esprit de retour. Il faut donc savoir attendre, savoir patienter! Et pourquoi le cacher? notre plus grand défaut, notre seul défaut peut-être, en matière coloniale a été jusqu'ici ou le manque de patience ou le manque de ce précieux esprit de suite si nécessaire, — une certaine hésitation dans nos entreprises ou encore une absence de logique.

Sans revenir à nouveau sur les lourdes fautes des siècles passés, pouvons-nous dire que la France s'est, enfin, éveillée à une conscience plus claire qu'autrefois de ses destinées, qu'elle comprend aujourd'hui l'avantage que lui donnerait une « politique coloniale » active? Non assurément! Un semblable progrès n'est pas encore entièrement réalisé. Nous avons fait attendre près de dix ans à la Tunisie la loi douanière indispensable à son développement, et elle n'est pas encore dotée d'un bon réseau de chemins de fer et de routes. Nous avons en 1882 oublié les intérêts considérables que nous possédions en Égypte, laissant nos alliés, — en même temps nos rivaux, — intervenir seuls dans ce pays. Plus récemment, nous avons pour conquérir le Tonkin fait de longs efforts, dépensé des sommes importantes et les Chambres refusent encore à ce magnifique pays l'autorisation de se procurer la première mise de fonds sans laquelle une colonie nouvelle ne saurait sortir des difficultés du début.

Est-il nécessaire que, pour connaître notre erreur et nous en corriger, nous cherchions des exemples? L'Angleterre s'offre à nos yeux. Aux siècles précédents *elle a voulu* un Empire colonial et elle l'a conquis sur la France, la Hollande et l'Espagne. Depuis 1815, elle n'a pas cessé un seul jour de poursuivre dans la paix la « politique coloniale et maritime » qui dans la guerre avait fait sa grandeur. Les derniers actes du gouvernement britannique, pour ne rappeler que ceux-ci, sont dans toutes les mémoires : intervention en Égypte alors que la France se dérobe, partage des « terres sans maîtres » de l'Océanie avec l'Allemagne, partage des « terres sans maîtres » de l'Afrique avec l'Allemagne, la France, le Portugal et l'Italie.

Demandera-t-on pourquoi l'Angleterre ne cesse pas de réussir dans toutes ses entreprises? pourquoi la France échoue ou tarde à réussir? C'est, à n'en point douter, parce que l'Angleterre est depuis longtemps parvenue à la conscience de ses destinées, parce que ses hommes d'État ont l'esprit de suite, la persévérance indispensables à la réussite des entreprises coloniales, c'est surtout parce que les représentants britanniques, bien différents en cela des représentants français, ont une vue commune sur les « questions coloniales » à quelque parti qu'ils appartiennent, c'est que leur opinion sur la *politique intérieure* ne vient jamais influencer leur sentiment sur la *politique extérieure*, la *politique nationale*, — et aucun Anglais ne doute que la « politique coloniale » soit la « politique nationale » de son pays.

Ainsi nous avons des défauts à corriger, des erreurs à réparer, — et l'exemple de nos rivaux est sous nos yeux!

Lorsque l'on songe à ces choses, et lorsqu'en

même temps l'on envisage la grandeur de la tâche qui incombe à la France, la nécessité de la réussite si notre pays ne veut pas déchoir, on sent combien petites et mesquines sont la plupart des passions et des luttes qui chaque jour retiennent l'attention des esprits, les divisent dans les Chambres et dans le pays!

C'est que la France n'est pas seulement une nation située dans l'Europe occidentale entre l'Atlantique, les Pyrénées, la Méditerranée, les Alpes, le Jura, ayant une superficie de 530 000 kilomètres carrés et une population de 40 millions d'habitants. Son expansion, son rayonnement considérable fait qu'elle s'étend dans le monde entier, qu'on la rencontre en Afrique, en Asie, en Amérique, en Océanie, grâce à ses « colonies d'État » et à ses « colonies libres », à son commerce, à ses capitaux, à ses navires.

Aussi devons-nous prendre notre part de ce conseil que l'historien anglais Mac Carthy adresse à ses compatriotes : « Vous avez des yeux. Ouvrez-les. Regardez un peu plus loin que votre arrondissement, votre club, votre colonie, votre village. »

TABLE DES MATIÈRES

I. — Politique continentale et coloniale de la France du XVIᵉ au XIXᵉ siècle.

La situation géographique de la France explique son histoire continentale et coloniale.
La France en Europe. — Sa double expansion sur le continent et sur les mers.
Premier Empire colonial. — Rivalité entre la France et l'Angleterre pour les colonies. — Fautes de la politique continentale.
Situation actuelle de la France. — Elle a fondé un second Empire colonial.
Plan général des chapitres suivants.................... 1

II. — Politique continentale et politique coloniale de 1515 à 1688.

François Iᵉʳ commence la lutte avec la maison d'Autriche et fonde nos premières colonies. — Les Capitulations et le commerce de Marseille.
Règne de Henri IV.
Politique continentale de Richelieu. — Les traités de Westphalie et des Pyrénées. — La Ligue du Rhin.
Politique coloniale de Richelieu. — Acquisitions en Amérique et en Afrique. — Comment se peuplent nos colonies. — Les Compagnies privilégiées. — Le commerce de Marseille dans le Levant. — Développement parallèle des colonies anglaises.
Guerres d'ambition de Louis XIV en Europe. — Ministère de

Colbert. — État des colonies françaises et anglaises lorsqu'il prend les affaires. — Sa politique coloniale. — Régime commercial de nos possessions. — Les grandes Compagnies des Indes occidentales et des Indes orientales. — Prospérité de nos colonies. — Étendue de notre premier Empire colonial. — Importance du commerce de Marseille dans le Levant ; sa réglementation. — Influence politique de la France en Orient.
Grandeur de la France en Europe et sur les mers en 1688... 17

III. — Politique continentale et politique coloniale de 1688 à 1792.

Caractère propre de cette seconde période de notre histoire. — Une nouvelle guerre de Cent Ans entre la France et l'Angleterre. — Traité de Ryswick.
Guerre de succession d'Espagne et traité d'Utrecht. — Guerre de succession d'Autriche et traité d'Aix-la-Chapelle.
Situation de nos colonies des Antilles, de la Louisiane et du Canada.
Comparaison entre les colonies françaises et les colonies anglaises d'Amérique.
Dupleix fonde un empire dans l'Inde. — Sa lutte avec la Compagnie anglaise.
Guerre de Sept Ans. — Traité de Paris. — Ruine du premier Empire colonial de la France. — Triomphe de l'Angleterre sur les mers.
Administration coloniale de Choiseul. — L'expédition du Kourou. — Fin de la Compagnie des Indes orientales. — État du commerce de Marseille avec le Levant.
Guerre d'Amérique. — Traité de Versailles.................. 63

IV. — Politique continentale et politique coloniale de 1792 à 1815.

Action de la France sur l'Europe. — Continuation de la seconde guerre de Cent Ans entre la France et l'Angleterre pendant la Révolution et l'Empire.
La situation continentale de la France expose la Révolution aux attaques de l'Europe.

Première coalition. — Traité de Bâle. — Traité de Paris. — Traité de Campo-Formio. — La France atteint la rive gauche du Rhin. — Expédition d'Égypte.
Seconde coalition. — Paix de Lunéville. — Traité d'Amiens.
Grande situation de la France en Europe. — Politique que Bonaparte veut suivre aux colonies.
Troisième coalition. — Traité de Presbourg. — Confédération du Rhin.
Quatrième coalition. — Blocus continental. — Traité de Tilsitt. — Hégémonie de l'Empire français.
Guerre d'Espagne.
Cinquième coalition. — Traité de Vienne. — La lutte entre la France et l'Angleterre ne cesse point.
Expédition de Russie. — Revers. — Premier traité de Paris.
Waterloo. — Second traité de Paris.
La France perd les frontières acquises par la Révolution. — Nouvelle carte de l'Europe dressée au Congrès de Vienne. — Constitution de la « Confédération germanique » sur notre frontière de l'Est.
La France sort vaincue de la seconde guerre de Cent Ans, l'Angleterre victorieuse. — Situation comparative des colonies des deux pays... 96

V. — Politique continentale et politique coloniale de 1815 à 1890.

Relèvement de la France en Europe. — Fondation d'un second Empire colonial. — La France et l'Angleterre depuis 1815.
Indépendance de la Grèce. — Constitution du royaume de Belgique.
La question d'Orient en 1839.
Conquête de l'Algérie. — Acquisitions en Afrique et en Océanie. — État de nos colonies et leur régime économique en 1812. — Relations de Marseille avec l'Orient.
Règne de Napoléon III.
Guerre de Crimée. — Guerre d'Italie. — Guerre de Syrie. — Guerre du Mexique.
Succès de la Prusse en Allemagne. — Guerre de Prusse. — Traité de Francfort. — Constitution de l'Empire d'Allemagne sur notre frontière de l'est. — De 1648 à 1871.
La République.

La politique de « recueillement ». — Le Congrès de Berlin.
L'expansion coloniale sous le second Empire.
L'Algérie. — Les expéditions de Chine. — Conquête de la Cochinchine. — La France et l'Angleterre en extrême Orient. — Le Sénégal. — État de nos colonies en 1869.
L'œuvre coloniale de la République.
Expédition de Tunisie. — Expédition du Tonkin. — Fondation de l'Empire indo-chinois. — Progrès de la France en Afrique : Sénégal, Gabon, Congo, Madagascar. — Un nouvel Empire colonial français...................... 125

VI. — Notre empire colonial.

L'Empire colonial de la France. — Son étendue.
Il y a trois sortes de colonies.
L'Algérie et la Tunisie. — Leur état de développement. — Leur commerce. — Leur avenir.
L'Afrique est pour l'Europe un « Nouveau Monde ». — Colonies des nations européennes en Afrique. — Le domaine de la France. — Situation de l'Angleterre.
Le Sénégal, le Soudan et le Sahara français. — Les Rivières du Sud. — Les Établissements du golfe de Bénin. — Le Gabon ; le Congo français. — Madagascar. — Obock.
L'Angleterre, la Russie, la France et le Portugal en Asie.
L'Indo-Chine française. — Progrès du Tonkin et de l'Annam. — Le voisinage de la Chine. — Commerce de l'Indo-Chine. — Les Établissements de l'Inde.
Les colonies des puissances européennes en Amérique. — La Martinique et la Guadeloupe. — Les colonies de plantation de l'océan Indien. — La Guyane. — Saint-Pierre et Miquelon.
Les intérêts des puissances européennes dans l'océan Pacifique.
La Nouvelle-Calédonie. — Les archipels océaniens.
Mouvement général du commerce de notre Empire colonial. — Son régime économique. — Le privilège de la liberté commerciale.
Le Régime douanier de l'Algérie et de la Tunisie. — Essai d'un tarif protecteur de l'industrie française en Indo-Chine. — Abandon du système du « Pacte colonial ». — La liberté commerciale. — Le sénatus-consulte de 1866. — La pro-

tection des marchandises françaises à la Réunion et aux Antilles.

De la situation du commerce français dans nos établissements d'outre-mer. — Nos colonies sont-elles des débouchés ouverts à l'industrie métropolitaine? — Pourquoi les marchandises françaises ne se vendent pas également dans toutes nos colonies. — Les ventes en Algérie, en Tunisie, aux Antilles, à la Réunion. — La concurrence anglaise et allemande en Afrique et en Indo-Chine. — Manque d'initiative des industriels français. — Le régime protecteur temporaire, ce qu'on peut en attendre. — Comment la Grande-Bretagne est devenue une grande nation industrielle du fait de ses colonies. — Conséquence heureuse que pourrait avoir un réveil de l'industrie française en Afrique et en Asie. — Des importations des colonies en France. — Leur utilité pour l'industrie métropolitaine.

Est-il exact de prétendre que nos colonies soient des « colonies de fonctionnaires » ? — Examen de cette objection à la politique coloniale. — Notre émigration comparée à celle des autres peuples. — Les Français en Algérie et en Tunisie. — Nécessité de hâter le peuplement de ces provinces par une active propagande. — Exemple emprunté à l'Angleterre... 173

VII. — Nos colonies libres.

L'expansion de la France dans le monde. — Ses cinq grandes « colonies libres ».

La colonie de la République Argentine. — Son importance, son commerce. — Nombre de Français établis à la Plata.

La colonie des États-Unis. — Son origine, son importance. — Chiffre des Français établis aux États-Unis. — Envahissement des provinces du nord par les Franco-Canadiens.

La colonie du Canada. — Vitalité des Canadiens français ; leur nombre, leur esprit, leur langue.

Les colonies d'Orient. — Turquie d'Europe, Turquie d'Asie, Égypte. — Ancienneté de notre influence politique, religieuse, et commerciale. — La concurrence des principales nations européennes. — Situation du commerce français en Turquie et en Égypte. — Importance des capitaux français engagés dans ces pays. — Les capitaux anglais et allemands placés à côté des nôtres.

Le protectorat catholique de la France en Orient. — Les communautés catholiques indigènes. — Heureuse influence exercée par la France; ses écoles, ses hôpitaux. — Les ordres religieux et les sœurs de charité. — Concurrence religieuse de la Russie, de l'Angleterre, de l'Italie. — Rivalités suscitées par notre protectorat religieux. — Nos intérêts commerciaux, politiques et religieux sont une part du patrimoine national.

La France en Grèce.

Les colonies d'extrême Orient. — La France en Chine. — Situation de l'Angleterre, de l'Allemagne et de la Russie à côté de nous. — Notre commerce. — Comment l'Angleterre paye en Chine les soies achetées par la France.

Le protectorat catholique en Chine. — Influence qu'il nous donne.

La France voisine de la Chine par la possession du Tonkin. — L'industrie française en Chine. — Part que notre commerce, notre industrie et nos capitaux peuvent prendre dans ce pays au siècle prochain.

La France en Corée et au Japon. — Notre situation dans ce pays... 279

VIII. — Conclusions. Politique continentale et politique coloniale.

La politique continentale et coloniale de la France durant quatre siècles. — Ses résultats.

Double conclusion.

Le passé. — Les succès et les revers. — Pourquoi avons-nous éprouvé des revers? — La France a « deux fers au feu » au XVIIIe siècle. — La France commet les fautes d'une puissance continentale sous Napoléon Ier.

L'avenir. — Devons-nous « opter » ou suivre une double politique? — Nos charges militaires et maritimes. — Comparaison avec l'Angleterre et l'Allemagne. — Qualité de nos soldats, de nos colons et de nos explorateurs.

Les faits qui font la puissance d'une nation dans le monde. — Puissance de l'Angleterre. — Puissance de l'Allemagne. — Puissance de la France. — Sa richesse, son commerce, sa marine, ses colonies.

Il ne faut pas « opter », mais « orienter » notre politique. — Orientation coloniale. — La France en Europe, son « recueillement », son rôle défensif. — L'unité nationale. — Comparaison avec l'Angleterre et l'Allemagne. — Notre avenir aux colonies. — La « Plus Grande Bretagne » et la « Plus Grande France ». — Notre domaine colonial est assez vaste

La politique de demain. — Comment la politique coloniale est une œuvre de longue haleine. — La France hors d'Europe. — Grandeur de ses intérêts. — De la nécessité d'adopter et de suivre résolument une ligne de conduite. — Conclusion.. 339

www.ingramcontent.com/pod-product-compliance
Lightning Source LLC
Chambersburg PA
CBHW060553170426
43201CB00009B/758